비용편익분석

엑셀로 배우고 사례로 익힌다

이남수 · 배득종
이 효 · 신두섭

圖書出版 오래

서문(序文)

학문은 현실에서 잘 활용될 때 비로소 생명력이 인정된다. 한국 교육의 문제점 중 하나는 개념(what)만 가르치고, 그것을 활용할 수 있는 능력(how-to)을 키워주지 않는다는 점이다. 비용편익분석도 마찬가지이다. 이론을 배웠으면, 실제로 실행할 수 있어야 한다고 생각한다. 사실 우리는 생활하면서 다양한 형태 또는 성격의 의사결정 문제에 끊임없이 직면한다. 그때마다 나름의 현명한 판단을 하지만 그 근저에는 합리적 사고의 틀인 비용편익분석이 자리하고 있음을 인식하게 된다.

본서(本書)는 여느 서적의 전통적인 구성과는 달리 제1부에서 개념 소개에 앞서 엑셀로써 비용편익분석의 다양한 사례를 학습한다. 그만큼 연습과 실습을 중요시한다는 의미를 담고 있다. 제2부는 유럽연합위원회에서 발간한 「비용편익분석 가이드」를 근간으로 일반적인 원칙(제1장)을 위시하여 주요 분석사례(제2~4장)를 설명한다. 유럽연합의 환경·에너지·수송(교통) 부문에서의 로드맵 제시와 그에 따른 비용편익분석이 그것이다. 그리고 제3부는 규제관리에 관한 사항을 서술한다.

구체적으로 제2부 제1장은 '재무 분석을 포함한' 비용편익분석의 전체 과정(절차)을 해당 이론과 함께 설명하고 제2~4장은 상기 세 분야 공공투자사업을 수요분석·대안 분석 등 이론적·실무적 배경과 경제 분석 및 위험분석을 일관된 틀(frame)로써 설명한다. 제3부는 비용편익분석 기법이 적용되는 규제영향분석의 일반적 절차와 사례를 보여주고 그에 따른 합리적인 규제관리방안을 제시한다. 제1부와 제2부는 비용편익분석이라는 동일 주제를 분석하였으므로 개념 및 용어에 대한 설명에 있어 중복 또는 보완적 부분도 존재한다.

본서는 내용을 오랫동안 구상해 왔고 제1부의 엑셀 연습을 통해 실제 수업에서 적용도 많이 해왔지만, 공저(共著)하신 분들이 없었으면 전체를 완성하지 못했을 것이다. 후반부(2부와 3부)를 꼼꼼하게 집필해주신 이남수 박사님, 그리고 비용편익분석 실무 경험(엑셀)을 추가해주신 한국지방행정연구원의 이효 박사님과 신두섭 박사님께 감사의 말씀을 올린다.

특히, 30여 년 전에 백면서생(白面書生)이던 필자가 대학교수로 부임하던 때부터 지금까지 내 책을 쭉 출간해주신 황인욱 대표님은 큰 도움을 주셨다. 이처럼 감사한 일이 또 어디 있을까 싶다. "도서출판 오래"의 직원들도 고도의 전문성으로 본서를 만들어주셨다. 마지막으로 박민정, 유재민 두 박사과정 선생님께도 감사하지 않을 수 없다. 엑셀 작업 등 궂은 일을 뒤에서 다 처리해 주셨기 때문이다.

"少年易老學難成"(소년이로학난성) - 소년은 늙기 쉬우나 학문을 이루기는 어렵다, 그러니 순간순간의 세월을 헛되이 보내지 마라.

어려서 학습했던 한자성어 한 구절이 이렇게 가슴에 와 닿을 때가 없는 지금, 그나마 학생들에게 이 정도의 지침서라도 남겨줄 수 있게 되어 천만다행이라고 생각한다.

그리고 비용편익분석을 실무 중심으로 체계적인 틀로써 서술하고 있는 본서가 대학생뿐 아니라 공공투자사업을 담당하는 공무원 그리고 관심 있는 일반인에게도 다소나마 도움이 될 것으로 기대해본다. 비용편익분석은 실무적 특성상 그 내용을 차분히 읽고 꼼꼼하게 학습하는 자세가 중요하다.

2021년 3월

연세대학교 미래캠퍼스 배득종 이남수

차례

제1부 엑셀로 배우는 비용편익분석

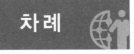

제2부 비용편익분석의 가이드와 공공사업분석

제3부 비용편익분석과 규제관리

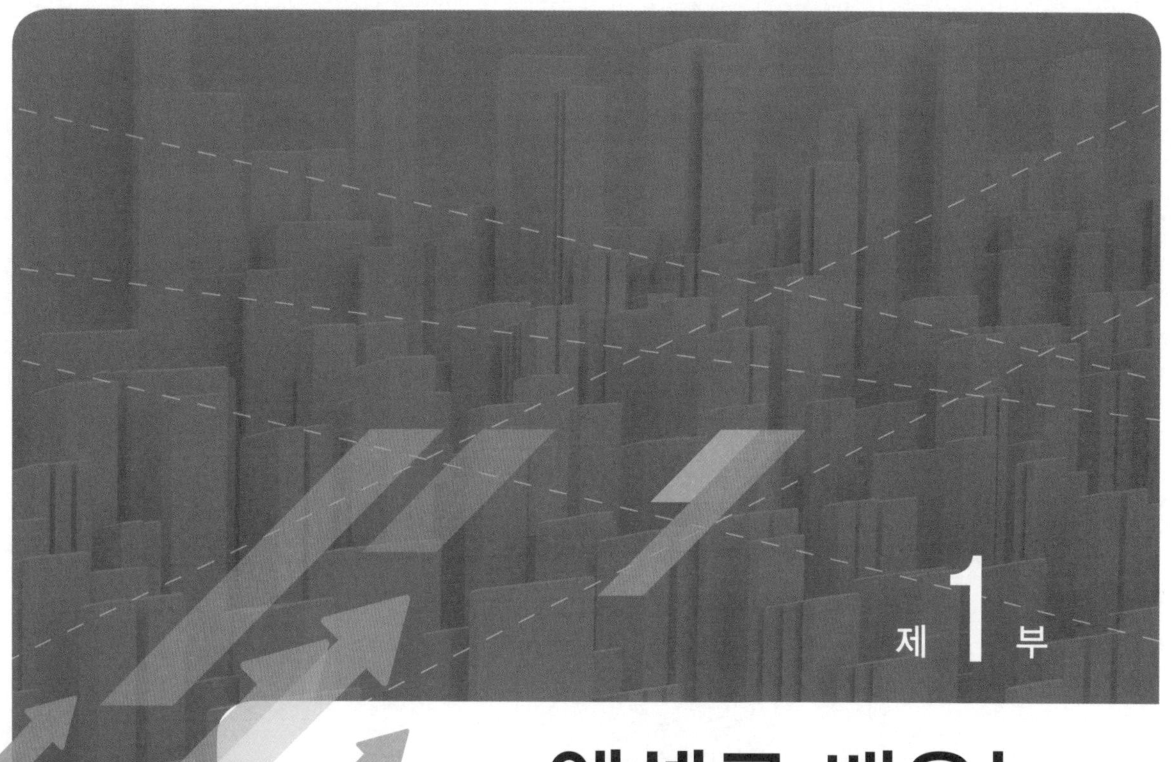

제 1 부

엑셀로 배우는 비용편익분석

제 1 장

CBA 입문

1. 나의 생애 최초 비용편익분석

"여러분의 대학교 교육을 비용편익분석해 보라."

학생들이 비용편익분익에 대하여 아무 것도 모르는 상태에서 CBA를 실시해 보라는 과제이다. 전혀 사전지식이 없는 사람들에게 이런 과제를 부여하면, 여러 가지 장점이 있다. 첫째는 보통사람들이 CBA에 대하여 어떤 인식을 하고 있는 지 알 수가 있다. 둘째로는, 본인들의 관점이, 나중에 살펴볼, 전문가들의 테크닉과 어떤 차이가 있는지 알 수가 있다.

완전 초보자에게 "본인의 대학교육에 대한 CBA"를 수행하라고 하면, 참으로 다양한 답변들이 나온다. 수 많은 답변들 중에서, 필자가 대표적인 사례라고 생각하는 것을 4개 선정하여 보았다.

〈학생 A〉

대학 비용편익분석 단위: 만원

구분	비용	내용
이익	678	국가장학금
	470	교내장학금
합계	**1,148**	
불이익	1,100	학자금 대출
	570	자비
	380	기숙사비
	300	식비
	800	교통비
합계	**3,150**	

이 학생은 비용을 불이익으로, 편익(또는 효익)을 이익으로 표현하고 있다. 그리고 이익과 불이익의 세부항목을 나눠서 각각 금액을 적고, 이를 취합하여 합계로 나타내고 있다. 이 친구는 "불이익"은 3,150만원인데, "이익"은

1,148만원이다. 그렇다면 대학 다니면 손해인데, 왜 대학을 다니고 있을까?

바보인가? 전혀 그렇지 않을 것이다. 무엇인가 빠져 있을텐데, 그 부분이 명확하지가 않다. 그리고 위의 표에 나타나 있는 금액들이 1년간의 비용인지, 4년간의 비용인지 불분명하다. 한 마디로 앞으로 학습을 많이 해야 할, 그런 상태의 CBA라고 할 수 있다.

〈학생 B〉

단위: ₩

비용 [한 학기/6개월 당 비용]		편익	
등록금	4,500,000	전산실무원 월급 6개월	7,500,000
기숙사비	550,000		
생활비	2,400,000		
기타 비용	900,000		
총 비용(4년간)	66,800,000	총 편익	7,500,000

이 학생은 대학 4년간의 비용과 편익을 모두 계산하고 있다. 그리고 비용은 왼쪽에, 그리고 편익은 오른쪽에 집계하고 있어서, 약간의 회계처리 개념이 있어 보인다. 비용은 대학 다니는 4년 간의 각종 지출을 뜻하고, 편익은 4년 동안의 수입 총액으로 인식하고 있다.

충분히 상식에 부합하는 계산법이다. 그런데 이 친구 역시 비용이 편익을 초과하는 것으로 계산하고 있다. 손해 보는 것을 하지 않는 것이 인간의 본성인데, 도대체 무엇을 빠뜨린 것일까?

〈학생 C〉

재학 시 비용 편익 단위: 만원, 기간: 학기당

내용	비용
전공관련지식	150
네트워크	30
형성교류를 통한 사회성 향상	10
다양한 분야 경험	100
전공 외 관심분야 지원 (멘토링, 세미나 등)	100
인적, 물적 인프라 형성 및 교류	50
기관 연락 시, 개인 접촉시보다 원활한 접근	200
학교 인지도 등을 통한 신뢰	30
선후배와의 교류	30
학생 할인	10
인식의 성숙	20
대학생 신분으로서 얻을 수 있는 기회	400
장학금	100
합계	**1,230**
등록금	-300
생활비	-200
합계	**-500**
학기 당 비용편익	730

이 학생의 경우는 앞의 사례들과 확연히 다르다. 편익을 금전적인 요인 뿐 아니라, 인적 네트워크 형성, 인식의 성숙 등 비금전적 요인까지 모두 고려하고 있다. 게다가 이런 추상적인 편익들을 일일이 화폐금액으로 나타내려고 하였다. CBA는 아직 세련되어 있지는 않지만, 생각하는 관점은 매우 훌륭하다고 할 수 있다.

이 친구는 비금전적인 요인까지 합하면, 대학 교육은 흑자가 나는 일이라고 생각한다. 실제로 이 친구는 대학생활을 매우 즐겁게, 활발하게 보내고 있고, NAVER JOBS&에도 사례가 소개된 적이 있다.

〈학생 D〉

손							합계	
등록금	3000							
기회비용(시급계산 4년간 40개월)	6000						11000	
생활비(숙식)	2000		고졸임금					
익	36000	27	27세 고졸 6000	27세 대졸임금	차이		36000	
		28	7800	3300	4500		55세까지	
		29	9600	6600	3000		편익	25000
		30	11400	9900	1500			
		31	13200	13200	0			
		32	15000	16500	-1500			
		33	16800	19800	-3000			
		34	18600	23100	-4500			
		35	20400	26400	-6000			
		36	22200	29700	-7500			
		37	24000	33000	-9000			
		38	25800	36300	-10500			
		39	27600	39600	-12000			
		40	29400	42900	-13500			
		41	31200	46200	-15000			
		42	33000	49500	-16500			
		43	34800	52800	-18000			
		44	36600	56100	-19500			
		45	38400	59400	-21000			
		46	40200	62700	-22500			
		47	42000	66000	-24000			
		48	43800	69300	-25500			
		49	45600	72600	-27000			
		50	47400	75900	-28500			
		51	49200	79200	-30000			
		52	51000	82500	-31500			
		53	52800	85800	-33000			
		54	54600	89100	-34500			
	정년평균	55	56400	92400	-36000			

이 학생 역시 놀라운 결과를 보여주고 있다. 특별히 배우지도 않았는데 기회비용(=대졸임금-고졸임금)의 개념을 어렴풋이 인지하고 있다. 그리고 대학교육의 비용은 4년간 발생하는데 비하여, 대학교육의 편익은 55세가 될 때까지 장기적으로 발생하고 있음을 잘 인식하고 있다. 이것은 우리가 앞으로 학습하게 될 바로 그런 내용들이다.

CBA를 배운 적인 없는 학생이 이미 표준적으로 많이 사용되는 CBA의 핵심요소들을 고려하고 있다는 점이 놀랍다. 아마 CBA에 대해서 예전에 어느 정도 배운 적이 있던지, 유튜브 등을 통해 사전 지식이 있는 상태라고 할 수 있다. 우리가 앞으로 학습할 내용들을 어느 정도 포함하고 있다는 점은 좋으나, 상상력은 별로이다.

이상 4개의 서로 다른 사례들을 살펴 보았다. 생애 최초의 비용편익분석을 해 보면, 그 다양성과 창의성에 놀라지 않을 수 없다. 이 점에 있어서는 경의를 표하지만, 비용편익분석은 국제적으로 통용되는 표준에 가까운 방식으로 수행되고 있다. 이것을 차근차근 단계별로 배우도록 한다.

2. 교과서의 비용편익분석 

"Musgrave의 대학교육에 대한 CBA를 보고,
여러분의 CBA와의 차이점을 찾으시오."

Musgrave 교수는 재정학계의 거장이다. 이 분의 교과서는 "미국의 대학교육"을 비용편익분석한 결과를 수록하고 있다.(다음 표 참조.)

이 분석표와 여러분이 시행한 CBA는 차이점이 많이 있을 텐데, 그들을 최대한 많이 찾아내어 나열하시오.

〈표 1-1〉 Musgrave의 대학교육에 대한 CBA

	A	B	C	D
1		여자	남자	전체
2	<40년간의 편익>			
3	1. 고교졸업생의 연평균소득	$ 9,404	$ 15,925	$ 14,255
4	2. 대학졸업생의 연평균소득	$ 13,078	$ 19,818	$ 18,093
5	3. 연평균소득의 증가분	$ 3,675	$ 3,893	$ 3,838
6	4. 소계(40년 합계)	$ 147,000	$ 155,720	$ 153,520
7	5. 현재가치(할인율 3%)	$ 84,947	$ 89,986	$ 88,714
8				
9	<4년간의 비용>			
10	6. 4년간의 대학등록금	$ 18,247	$ 18,247	$ 18,247
11	7. 4년간 취업 못한 기회비용	$ 30,516	$ 41,552	$ 36,628
12	8. 생활비 등 기타 부대비용	$ 10,000	$ 10,000	$ 10,000
13	9. 소계	$ 58,763	$ 69,799	$ 64,875
14	10. 현재가치(할인율 3%)	$ 54,603	$ 64,858	$ 60,286
15				
16	<순편익>			
17	11. 순편익 (=5항-10항)	$ 30,344	$ 25,129	$ 28,428
18	12. 비용편익비율(=5항/10항)	1.55	1.39	1.47
19	13. 내부수익율	6.80	5.70	6.30

출처: Musgrave & Musgrave (1984, p.207)

여러분들은 아마 다음과 같은 차이점들을 전부 또는 일부 발견할 수 있을 것이다.

① 편익은 대졸 후 40년에 걸쳐서 고려
② 기회비용 고려: 고교졸업 후 바로 취업 했을 경우의 소득을 감안
③ 현재가치(현가)로 환산
④ 사회적 할인율 사용
⑤ 현재가치로 환산된 총편익과 총비용
⑥ 순편익
⑦ 편익비용비율
⑧ 내부수익률
⑨ 남녀 학생별로 다른 CBA 값
⑩ 화폐금액으로 표시할 수 있는 것들만 CBA의 대상으로 삼았다.

평소에 잘 쓰지 않는 전문용어들이 나타나는데, 여러분들이 학습해 나아감에 따라 이런 용어들에 금새 익숙해질 것이다. 이들은 또 실무에서 매우 보편적으로 사용되고 있다는 것도 알게 될 것이다.

3. 엑셀로 재구성한 Musgrave 모형

"Musgrave의 대학교육 CBA를 엑셀로 구현하라."

앞에서 사례로 든 Musgrave 교수의 대학교육에 대한 CBA는 아주 오래전에 만들어진 것이다. 아마 1960년 대의 미국상황을 반영하고 있는 것으로 추정된다. 이 당시에는 컴퓨터가 보편화 되어 있지 않아서, 모든 계산을 수작업으로 했을 가능성이 크다.

그러나 요새는 MS Excel과 같은 스프레드 쉬트 애플리케이션이 널리 보급되어 있어서, 수작업으로 CBA를 하는 경우는 상상하기 어렵다. 따라서

여러분들에게 Musgrave 교수의 CBA를 Excel로 재생해보기를 권고한다.

다만 이 과제는 필수적인 것은 아니기 때문에, 선택적으로 실시해 보면 된다. 다음은 필자가 재구성한 Musgrave 교수의 CBA인데, 지금 단계에서는 참고하는 정도로 살펴 보면 된다.

Musgrave CBA를 재생하기 위해서, 다음과 같은 가정을 세우는 것이 편리해 보인다.

① 편의성을 위해, 남학생과 여학생을 합친 전체(Column D)의 수치를 사용한다

② 명목금액을 사용한다. (명목금액을 현재가치로 환산하는 것은 차후에 학습한다)

③ 4년간의 대학교육 비용은 각 년도에 동일하게 소요된다고 가정한다.

④ 연봉은 40년간 평균 연봉을 취업 초년도부터 은퇴할 때까지 동일하게 받는다고 가정한다.

〈표 1-2〉 Musgrave의 대학교육 CBA를 엑셀로 재현하기

	A	B	C	D	E	F	G	H
1								
2								
3	구분	YEAR						
4		1	2	3	4	5	6	7
5	* 학비	4,562	4,562	4,562	4,562			
6	* 기회비용	9,157	9,157	9,157	9,157			
7	* 부대비용	2,500	2,500	2,500	2,500			
8	비용합계(연간)	16,219	16,219	16,219	16,219			
9	* 고졸평균소득					14,255	14,255	14,255
10	* 대졸평균소득					18,093	18,093	18,093
11	차이=편익(연간)					3,838	3,838	3,838

(중간연도 생략)

39	40	41	42	43	44	45(합계)	구분
						18,247	* 학비, 4년 합계
						36,628	* 기회비용, 4년 합계
						10,000	* 부대비용, 4년 합계
						64,875	**명목 총비용**
14,255	14,255	14,255	14,255	14,255	14,255	570,200	* 고졸평균소득, 40년 합계
18,093	18,093	18,093	18,093	18,093	18,093	723,720	* 대졸평균소득, 40년 합계
3,838	3,838	3,838	3,838	3,838	3,838	**153,520**	**명목 총편익**

〈표 1-2〉는 Musgrave&Musgrave 책에 나와 있는 대학교육 CBA를 현대적인 엑셀로 재현한 것이다. 엑셀로 표현한 CBA는 오리지널 표에 비하여 다음과 같은 점들이 훨씬 더 상세한 정보를 포함하고 있다.

① 비용과 편익이 연도별, 항목별로 구체적으로 제시되고 있다.
② 현재의 엑셀 표에 나타나 있는 모든 수치는 명목 금액이다. 즉, 현재가치로 환산되지 않은 명목비용과 명목편익을 수록하고 있다.
③ 분석결과, 명목 총비용은 $64,875이지만, 명목 총편익은 $153,520으로 훨씬 더 크다. 명목 편익비용비율도 2.37이다. 즉, 미국의 1960년대~1970년대 상황에서, 대학교육을 받는 것이 고졸 후 취업보다 장기적으로 유리하다는 결론이다.
④ 비용편익분석은 보통 장기간에 걸친 비용과 편익을 계산하는데, 장기의 기간 중에 인플레이션도 발생하는 여러 상황이 발생한다. 그래서 미래의 비용편익을 현재 시점으로 환산해서 평가하는 것이 현재에 의사결정을 하는데 도움이 된다.

4. 세 단계로 이루어진 CBA 분석 절차

필자의 경험에 의하면, CBA는 다음과 같은 3단계 작업을 통해 완성된다. 구체적인 내용들은 제2장부터 순서대로 설명되는데, 저절로 다 알 수 있다.

〈표 1-3〉 CBA의 3단계

단계	내용	이 책에서의 위치
전반 작업	분석기간 설정	제2장
	비용계산 (+현가 환산)	
	편익계산 (+현가 환산)	
	순현금흐름	
분석 작업	순현재가치(NPV)	제3장
	편익비용비율(BCR)	
	내부수익률(IRR, FRR, ERR)	
후반 작업	민감도 분석	제4장
	시나리오 분석	
	포트폴리오 분석	

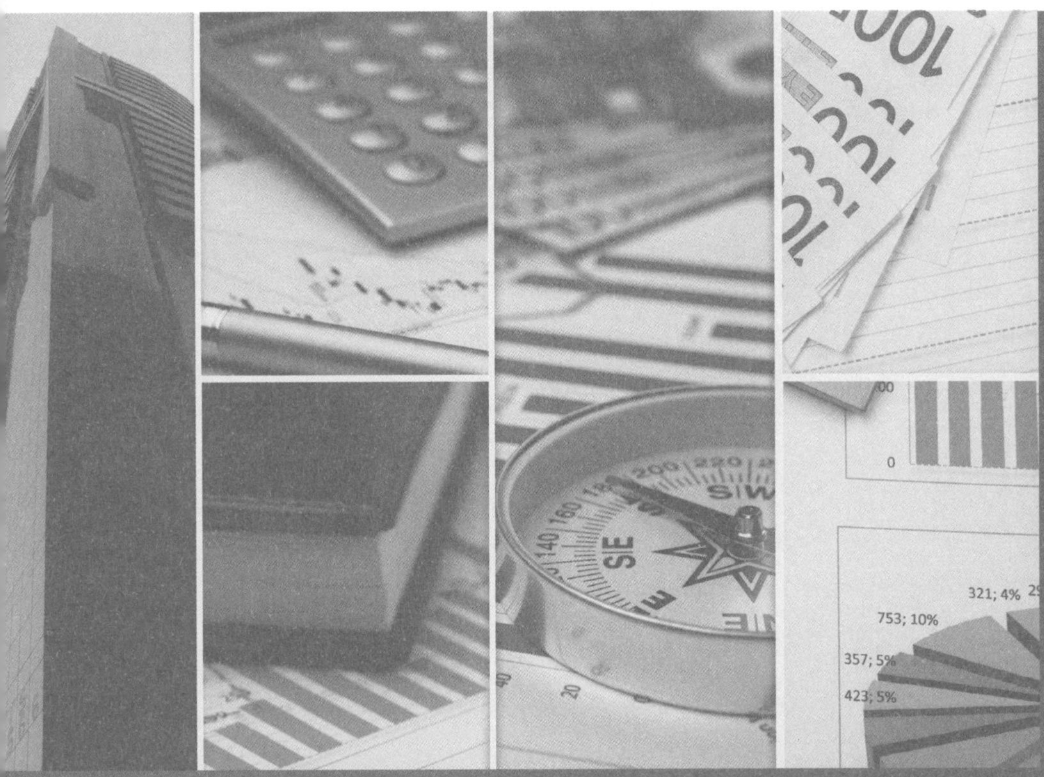

제 2 장

전반작업 단계

1. 엑셀 초보자를 위한 워밍업

Excel은 스프레드시트 프로그램 중에서 가장 대표적인 것인데, 셀(cell)을 중심으로 작동한다. 셀은 좌표로 표시되는데, 열(column) 값과 행(row) 값의 수치로 표시된다. 이 셀을 중심으로 다양한 수치 및 문자작업을 할 수 있으며, 유튜브 등에 소개 영상들이 많이 있다.

엑셀 연습의 가장 기초적인 것은 4칙 연산으로서, 성적표 작성모형이 가장 연습하기 좋다. 다음과 같이 국어, 영어, 수학, 사회과목의 중간고사와 기말시험의 종합총점 및 종합평균을 구하시오(유튜브에서도 엑셀기초학습 가능).

〈표 2-1〉 엑셀 기초연습

K6

	A	B	C	D	E	F	G
1	구분	중간고사	기말고사	합계	평균		
2	국어	90	80	170	85		
3	영어	90	95	185	92.5		
4	수학	85	80	165	82.5		
5	사회	85	90	175	87.5		
6	합계	350	345				
7	평균	87.5	86.25			종합총점	?
8						종합평균	?

2. 시간 모형

일반적으로 CBA는 어떤 사업의 장기적인 비용과 편익을 분석한다. 철도의 경우 30년, 도로의 경우 25년에서 30년, 항구의 경우 25년 간의 비용과 편익을 분석대상으로 한다. (보다 구체적인 것은 아래 표 참조)

이처럼 장기간의 분석을 하여야 하는데, 이를 엑셀로 표현하려면 다음과 같은 연습이 필요하다. 엑셀에서 Year 0에서부터 Year 10까지를 표시하려

〈표 2-2〉 Europa가 권고하는 CBA 분석 기간

부문	비용편익 분석기간
철도	30년
도로	25~30년
항만, 공항	25년
도시 도로망	25~30년
상수도 및 위생시설	30년
쓰레기 처리시설	25~30년
에너지	25~30년
통신망	15~20년
연구개발, 혁신	15~25년
산업지구	10~15년
기타	10~15년

자료: Europa(2014, p.42)

면 다음과 같은 세가지 방식이 있다.

첫째, 아래 표의 4행에 있는 것처럼, 일일이 수작업으로 숫자를 입력하는 것이다. 그러나 우리는 이런 수고스러운 작업을 안 하려고 엑셀을 사용한다. 한 10만년 간의 비용편익분석(예, 원자력폐기물)을 해야 한다면, 일일이 다 입력을 할 것인가?

둘째, 단순 복사 기능을 이용하는 방법이다. 셀 B6에 시작 연도인 0을 입력하고, 이를 L6 셀까지 복사한다. 그러면 표에 나온 것처럼 0이란 숫자만 복사되는 에러가 발생한다.

세 번째 방법은 수식을 이용하는 방식이다. 셀 B10에는 0을 입력하지만, C10에는 1 대신 "=B10+1"을 입력한다. 즉, 뒤의 셀 값은 앞의 셀 값 +1 이라는 공식을 입력한다. 그런 다음, 이 셀을 복사하면, 다음 〈표 2-1-3〉의 열 번 째 행(row)처럼 Year 0부터 10까지 쉽게 복사할 수 있다. 엑셀 용량이 허용한다면 Year 100,000까지도 확장 가능하다.

그럼 왜 CBA 시작연도가 Year 1이 아니고 Year 0부터 시작하는가? 이것은 나중에 배우겠지만, 돈을 빌려서 사업을 시작할 때, 이자를 내는 방식 등

〈표 2-3〉 시간 입력 모형

C10 =B10+1

	A	B	C	D	E	F	G	H	I	J	K	L
1												
2	수작업											
3	Year	0	1	2	3	4	5					
4												
5	단순복사											
6	Year	0	0	0	0	0	0	0	0	0	0	0
7												
8	수식이용											
9	후 복사											
10	Year	0	1	2	3	4	5	6	7	8	9	10

과 관련이 있어서이다. 그래서 특별한 이유가 없는 한 CBA에서는 Year 0가 시작연도이다. 그리고 Year 1은 사업을 시작한 지 1년이 지난 해라고 이해하면 된다. 또는 이것을 2년차라고 하기도 한다.

3. 비용의 계산

(1) 일반적인 비용 항목

어떤 사업을 시작하면 당연히 비용이 들어가는데, 크게 보아 두 가지 비용이 있다. 첫째는 투자비용(investment costs)이고, 둘째는 운영비용(operation costs)이다.

투자비용이란 사업을 하는데 필요한 건물, 기계장비 등을 구입하는데 소요된다. 운영비용은 매년 인건비, 재료구입비 등으로 지출되는 돈을 말한다. 세금 등도 운영비용에 포함된다. 그리고 금융비용이란 것도 있는데, 이것은 사업시행자가 융자를 받았을 경우 지불해야 하는 이자 등을 말한다.

비용편익분석에서 비용은 비교적 객관적으로 측정하기가 쉬운 편이어서,

〈표 2-4〉 KW 고속도로의 비용

(단위 : 억원)

구 분	합 계	2011	2012	2013	2014	2015	2016	2017	2018	2019	2020	2021	2043	2044	2045	2046	2047
1. 투자비용	3,310	190	296	683	874	748	518	-	-	-	-	-	-	-	-	-	-
조사비	16	16	-	-	-	-	-										
설계비	96	96	-	-	-	-	-										
공사비	4,240	-	276	869	1,336	1,166	594										
보상비	230	115	115	-	-	-	-										
부대비	169	51	11	26	47	25	10										
운영설비비	136	-	-	-	-	-	136										
제세공과금	15	15	-	-	-	-	-										
영업준비금	57	12	10	10	8	8	8										
(재정지원금)	(1,649)	(115)	(115)	(222)	(516)	(451)	(230)										
2. 운영비용	1,997	-	-	-	-	-	-	47	48	49	50	53	104	64	64	117	-
인건비	579	-	-	-	-	-	-	18	18	18	18	19	20	20	20	20	-
경비	283	-	-	-	-	-	-	9	9	9	8	9	10	10	10	10	-
유지관리비	814	-	-	-	-	-	-	15	16	16	19	18	30	30	30	49	-
보험료	143	-	-	-	-	-	-	5	5	5	5	5	5	5	5	5	-
유형자산 대체구입	178	-	-	-	-	-	-	-	-	-	-	3	40	-	-	34	-
총비용[1+2]	5,308	190	296	683	874	748	518	47	48	49	50	53	104	64	64	117	-

〈표 2-5〉 KW 고속도로의 편익

(단위 : 억원)

구 분	합 계	2011	2012	2013	2014	2015	2016	2017	2018	2019	2020	2021	2043	2044	2045	2046	2047
3. 통행료수입	10,317	-	-	-	-	-	-	167	179	197	216	241	403	405	409	412	-
4. 기타수입	-	-	-	-	-	-	-	-	-	-	-	-	-	-	-	-	-
편익=현금유입계[3 + 4]	10,317	-	-	-	-	-	-	167	179	197	216	241	403	405	409	412	-

꼼꼼하게 지출항목별로 빠짐없이 계상하면 된다.

〈표 2-4〉은 2017년에 실제로 개통된 KW민자고속도로 건설 및 운영 비용이다. 이 고속도로를 건설한 민간업체의 투자비용은 2011년부터 2016년까지 총 4,945이 소요되었지만, 그 중 1,649억 원은 정부지원금으로 충당하였으므로, 실제 투자비용은 3,310억 원이다. 표에서 (   )로 표시된 금액은 엑셀에서 마이너스 수치를 나타내는 방법 중 하나이다.

고속도로 운영비용은 2017년부터 2046년까지 30년에 걸쳐서 매년 지출되는데, 2017년의 47억 원에서 매년 증가하여 2016년에는 117억 원에 도달한다. 이런 투자비용과 운영비용을 총합하면, 총비용 5,308억 원이 도출된다.

(2) 기회비용(opportunity cost)

그런데 조금 생소한 개념으로 기회비용이라는 것이 있다. 이것은 이 사업을 하기 위해서 포기한 것을 비용으로 계상하는 것이다. Musgrave의 CBA에서, 대학을 다니기 위해서는 고졸 후 바로 취업해서 받을 수 있는 소득을 포기해야 한다. 이 포기한 비용을 기회비용으로 계상하여, CBA를 실행하였다.

그러나 현실 세계에서는 기회비용이란 개념을 잘 사용하지 않는다. 그 대신 시나리오를 사용하는 경우가 더 많다. 즉, 〈고졸 후 비용편익 시나리오〉와 〈대졸 후 비용편익 시나리오〉를 각각 분석하여, 그 결과값을 비교하는 방식을 더 많이 채택한다. 그 편이 훨씬 더 직관적으로 이해하기가 쉽고, 요즈음엔 엑셀 등을 편리한 애플리케이션이 많아서 계산상의 어려움도 없기 때문이다. 하지만 "기회비용"이란 용어는 많이 사용되기 때문에, 그 뜻만은 알아두는 것이 좋다.

4. 편익의 계산

비용편익분석에서 가장 어려운 것이 편익(Benefit)을 계상하는 것이다. 경영학에서는 이를 효익이라고 하는데, 편익이나 효익이나 영어로 쓰면 모두

Benefit이다.

편익에는 금전적인 편익처럼 손에 잡히는 편익(tangible benefit)도 있고, 언뜻 손에 안 잡히는(non-tangible) 비금전적인 편익이 있다. 금전적인 편익은 연봉, 매출액 등 가시적인 것이고, 비금전적 편익에는 프라이드, 환경 보호, 유대감 등이 있다.

또 고속도로를 이용한 사람들이 직접 느끼는 교통시간의 절약 등은 직접적인 편익이지만, 고속도로 개통으로 인한 지역경제의 파급효과 등은 간접적 편익이다. 그래서 비용편익분석을 할 때, 어떤 편익을 어디까지 포함시키느냐에 따라 결과 값이 많이 달라질 수 있다. 그러나 비용편익분석은 과학이 아니라 기술이기 때문에 상식적으로 이해되는 범위 내에서 편익을 계상하면 된다.

〈표 2-5〉는 KW 고속도로의 편익을 나타낸다. 여기서는 통행료수입만을 편익으로 잡았으며, 통행의 편리성, 쾌적성, 시간 절약 등은 논외로 하였다. 2017년 개통한 첫 해에 167억 원의 수입이 발생했으며, 그것은 매년 증가하여 2046년에는 412억 원에 달한다. 고속도로 운영 30년 간의 총 수입은 1조 317억 원으로 예상된다.

사업시행자는 구간별 통행요금 및 통행수요를 매우 꼼꼼하게 예측하였다. 예전에는 수요예측에 오차가 컸으나, 몇 십년에 걸친 경험이 축적된 요즈음에는 오차율이 많이 낮아졌다.

5. 순현금흐름(Net Cash Flow: NCF)

순(net) 현금흐름의 도출은 비용편익분석에 가장 핵심적이고 중요한 과정이다. CBA 전반단계에서 순현금흐름이 잘 못 도출되면, 그 이후의 분석작업이나 후반작업은 다 신뢰성을 잃게 된다. 순현금흐름이란 연도별로 편익에서 비용을 뺀 것으로서 개념은 매우 간단하다.

그러나 이것이 잘 만들어졌다는 것이 의미하는 바는 1) 사업의 구조와 작동체계를 전반적으로 정확하게 이해하고 있다는 것이며, 2) 이에 따른 비용 산정 범위와 내용, 3) 편익 설정의 적절성 등을 모두 내포하고 있다. 즉, 사업을 정확하게 꿰뚫고 있어야, 비로소 적절한 순현금흐름표를 작성할 수 있다.

순현금흐름표는 일반적으로 다음과 같이 작성된다. 가장 간단한 가상 사례를 살펴 보기로 하자.

- 어떤 프로젝트가 첫해(Year 0)에는 100만 달러의 비용을 투입하여 사업을 완공한다. 그러나 이 해에는 비용만 발생하고, 수익은 없다.
- 두 번째 해(Year+1) 부터는 더 이상 비용 투입이 없고, 50만 달러의 수익이 발생
- 세 번째 해(Year+2)에는 비용투입 없이, 40만 달러의 수입 발생
- 네 번째 해(Year+3)에는 비용투입 없이, 30만 달러의 수입이 발생하고 전체 사업이 종료된다.

이것을 상식적으로 표현하면, 다음 〈표 2-6〉과 같을 것이다.

〈표 2-6〉 **상식적으로 표현한 프로젝트 summary**

Year 0	Year+1	Year+2	Year+3
-100	+50	+40	+30

주: 마이너스 표시는 비용을, 플러스 표시는 수입을 나타냄

그런데 이것을 일반적인 순현금흐름(NCF)로 표현하면, 다음 〈표 2-7〉와 같다. 즉, 연도, 비용, 편익, 순현금흐름이 하나의 세트가 되어, 순현금흐름표가 된다.

〈표 2-7〉 **순현금흐름표**

구분/Year	0	1	2	3
비용	-100	0	0	0
편익	+0	+50	+40	+30
순현금흐름	-100	+50	+40	+30

이것을 엑셀에 입력하면, 다음과 같은데, 연도별 순현금흐름(Net Cash

Flow)은 공식으로 입력하는 것이 편리하다(예, B4셀 = b2 + b3). 그래야 매 연도의 순현금흐름들을 일일이 입력하지 않고, 마우스 드래그로 복사해서 사업종료 연도까지 한 번에 입력할 수 있다.

〈표 2-8〉 NCF를 엑셀에 입력한 모습

B4 | =B2+B3

	A	B	C	D	E
1	year	0	1	2	3
2	비용	-100	0	0	0
3	편익	0	50	40	30
4	Net Cash Flow	-100	50	40	30

이상과 같이 순현금흐름표를 작성하고 나면, 비로소 분석단계로 넘어갈 수 있게 된다. 다시 한 번 강조하지만, 순현금흐름표는 비용편익분석 전체 과정에서 가장 중요하다.

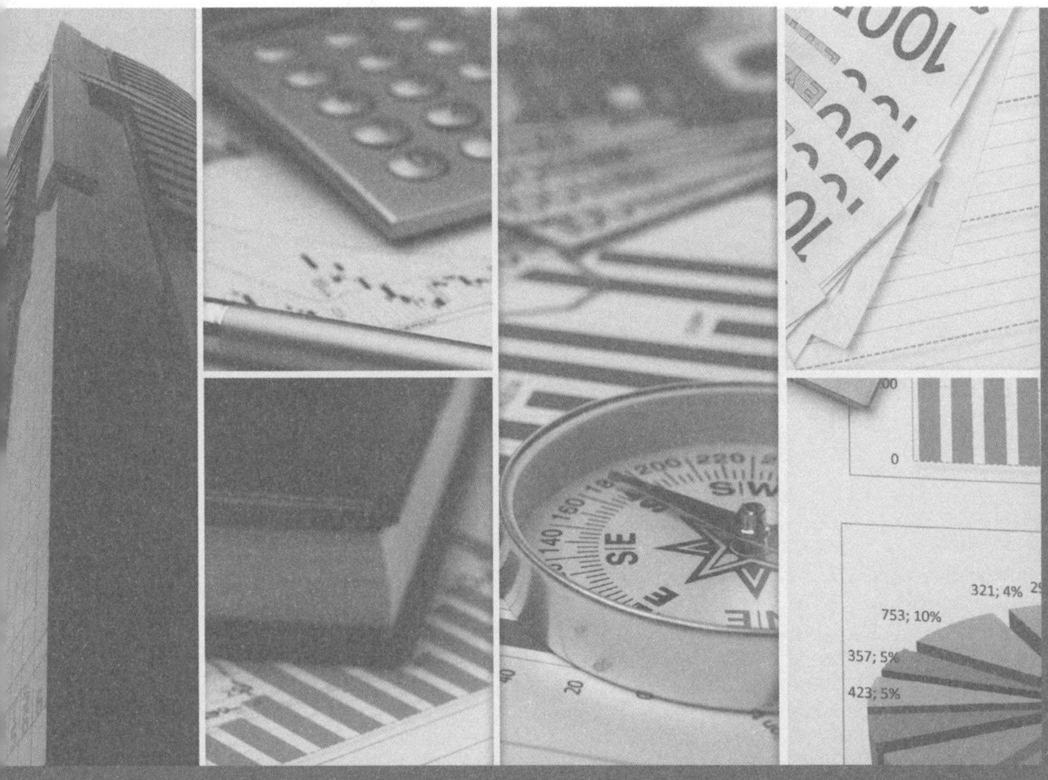

제 3 장

분석작업 단계

CBA에서는 최소 3개의 분석지표가 필수적으로 도출되어야 한다. 첫 번째는 순현재가치(Net Present Value; NPV)이고, 둘째는 편익비용비율, 그리고 마지막으로 내부수익률(Internal Rate of Return: IRR)이다. 이 세 지표 모두 분석대상이 되는 사업이 수익성이 있느냐 없느냐를 판단하는데 도움을 주는데, 상호 보완적인 역할을 한다. 그래서 3개의 분석정보가 모두 필요하다.

1. 순현재가치(NPV)

어떤 사업을 수행하여 비용 보다 수입(편익)이 많으면, 일단 수익성이 있다고 본다. 그런데 사업수행 기간이 단기간이면, 수익성을 이렇게 계산하는데 별 문제가 없다. 그러나 사업기간이 장기이면, 비용과 수입(편익)간의 단순 차익을 진정한 수익이라고 보기 어려운 요인이 개입한다.

바로 돈의 가치가 변하기 때문이다. 시간이 지나가면서 인플레이션이 발생하면, 돈의 가치가 떨어진다. 즉, 물건 가격이 비싸지면, 돈의 구매력이 감소하기 때문이다.

어떤 사람이 30년간 직장 생활을 한 결과, 현재 연봉이 초봉에 비해 4배 증가하였다고 하자. 그런데 같은 기간 동안 설렁탕 값도 4배 증가하였다면, 이 사람의 연봉은 증가한 것일까? 제자리 걸음을 한 것일까?

장기간에 걸친 돈의 가치를 “합리적으로” 반영하는 방법으로 “현재가치(present value)” 환산법이 널리 사용된다. 실무에서는, 현재가치를 줄여서 “현가”라고 한다.

(1) 현재가치(Present Value) 계산 방법

여러분은 이미 중,고등학교 때 등비수열이란 것을 배웠을 것이다. 예를 들어, 올해 100만 원을 은행에 정기예금으로 예치할 경우, 예금이자율이 연 3%라면, 1년 후 통장에는 103만 원이 찍혀 있을 것이다. 이 돈을 같은 돈으로 1년 더 예치하면, 106만원이 아니라 106만 9천원이 된다. 또 1년 더 예치하면, 109만 2,730원으로 증가한다. 즉, 이자에 이자가 복리로 붙는 경우이다.

복리의 마술

1626년에 아메리카 인디언들이 백인들에게 뉴욕의 맨하탄을 $24에 팔았다는데, 너무 헐값에 팔아넘긴 것 아닌가요? 그러나 그 돈을 쓰지 않고 연 12%의 복리로 예금했다면, 지금의 가치는 $8천경이나 된다네요. 현재의 맨하탄을 100번도 더 살 수 있답니다.

복리의 마술을 수식으로 쓰면, 등비수열이 된다.

〈표 3-1〉 현재 100만 원의 복리효과

	금액 (단위: 백만원)	일반화된 공식	
현재	100	p=	p(1+i)^0
1년 후	100×(1+0.03)=103	p(1+i)=	p(1+i)^1
2년 후	100×(1+0.03)×(1+0.03)=106.09	p(1+i)(1+i)=	p(1+i)^2
3년 후	100×(1+0.03)×(1+0.03)×(1+0.03)= 109.273	p(1+i)(1+i)(1+i)=	p(1+i)^3
……	……	……	……
n년 후			**p(1+i)^n**

주: p는 원금, i 이자율, n은 기간, ^는 승수를 표시함: ^2, ^3은 각각 2승, 3승, 즉, 제곱, 세제곱을 뜻함.

현재가치(Present Value)는 등비수열의 거꾸로 적용한 것이다. 현재의 100만 원과 내년의 100만 원은 명목 금액은 동일하다. 그러나 구매력에서는 차이가 있다. 물가 상승률이 연 3%라면, 내년의 100만 원은 3% 어치 가치가 손실된 97만 원이나 다름없다. 마찬가지로 내후년의 100만 원은 지금의 94만 원이나 마찬가지다. 이것을 표로 설명하면 다음과 같다.

〈표 3-2〉 미래 100만 원의 현재가치

(단위: 백만원)

	금액	현재 가치
현재	100	100.0
1년 후	100＝미래가치(1)×(1＋0.03) 미래가치(1) ＝100/(1＋0.03)	97.088
2년 후	미래가치(1) ＝미래가치(2)×(1＋0.03) 미래가치(2) ＝미래가치(1)/(1＋0.03) ＝(100/(1＋0.03))/(1＋0.03) ＝100/(1＋0.03)^2	91.3
3년 후	미래가치(2) ＝미래가치(3)×(1＋0.03) 미래가치(3) ＝미래가치(2)/(1＋0.03) ＝(100/(1＋0.03)^2)/(1＋0.03) ＝100/(1＋0.03)^3	88.6
……	……	……
n년 후	미래가치(n) ＝100/(1＋0.03)^n	**p/(1＋r)^n**

주: p는 원금, r은 이자율 또는 할인율, n은 기간, ^는 승수를 표시함

(2) 현재가치를 엑셀로 구하는 방법

앞에서 현재가치를 구하는 공식은 다음과 같다고 하였다.

p/(1＋r)^n

이 공식을 엑셀로 구함에 있어, 사례를 가지고 연습해보자. 다음 〈표 3-3〉은 첫해(year 0)에 100억 원을 투입하여, 2, 3, 4년차에 수입이 각각 50억 원, 40억 원, 30억 원 생기는 사업의 현금흐름표이다.

〈표 3-3〉 **현금흐름표에서 엑셀로 현재가치 구하기**

B5 =B4/(1+0.03)^B1

	A	B	C	D	E
1	Year	0	1	2	3
2	Cost	-100	0	0	0
3	Benefit	0	50	40	30
4	Net Cash Flow	-100	50	40	30
5	Present Value	-100	48.54369	37.70384	27.45425

이 표에서 셀 B5는 타원으로 표시된 함수로 만들어져 있다. 셀 B4는 명목 금액 -100이고, 0.03은 할인율(통상 장기이자율), 그리고 B1의 값은 0이다. 엑셀에서 위로 꺾은 표는 승수를 나타낸다. 그래서 ^0 승의 값은 1임을 이미 잘 알고 있을 것이다.

이처럼 B5 Cell을 수식으로 작성하고 나서, 이 셀을 E5까지 복사하고 나면, 각 년도의 명목 금액이 현가로 자동 전환되는 것을 볼 수 있다.

E5 = E4/(1 + 0.03)^B1

(3) 사회적 할인율(SDR)

위 사례에서는 할인율을 임의로 3%로 정하고, 편의상 이를 이자율이라고 하였는데, 전문적인 용어로는 사회적 할인율(Social Discount Rate: SDR)이라고 한다. SDR은 이자율도 포함하기는 하지만, 그 뿐 아니라 사회적 위험도까지 포함한 것이다. 어느 나라의 SDR은 대체로 다음과 같이 결정된다.

SDRi = 해당 국가의 장기이자율 + 해당 국가의 사회경제적 위험도
= (LIBOR + 해당국 가산이자율) + 해당 국가의 사회경제적 위험도

주: LIBOR = London Inter-Bank Offered Rate: 주요 은행간 단기자금 조달금리

다음은 유럽연합에서 공공프로젝트를 비용편익분석할 때 적용하는 SDR에 관한 권고문이다. EU는 여러 나라들의 집합체인데, 회원국가들 중 좀 못

사는 나라들(cohesion countries)은 사회적 불안정이 더 높기 때문에 5%의 사회적 할인율을 적용하기로 권고하고, 기타의 선진 국가들에는 3%의 사회적 할인율을 권고한다. 물론 권고사항이기 때문에 다른 수치의 SDR을 적용할 수도 있지만, 그때는 경제상황전망 등을 고려하여 설득력 있는 수준에서 SDR을 설정하여야 한다.

현재 Cohesion 국가는 불가리아, 크로아티아, 키프로스, 체코, 에스토니아, 그리스, 헝가리, 라트비아, 리투아니아, 몰타, 폴란드, 포르투갈, 루마니아, 슬로바키아 및 슬로베니아 등 과거 공산주의 국가들이 대부분이다.

사회적 할인율은 그 나라의 장기적인 이자율 하고도 관련이 있지만, 사회적 안정성과 투자금 회수에 있어서의 불확실성, 전쟁위험성, 사회적 갈등 등도 어느 정도 고려하여 결정된다.

2020년도 한국의 사회적 할인율은 몇 년 전까지만 해도 5%였다. 경제성장이 양호한 국가인데도 불구하고, 안보 위험 등이 상존하기 때문에 EU의 후진국 정도였던 것이다. 그러나 이제는 사회적 할인율이 4%대로 내려왔고, 조만간에 더 내려갈 것이다. 세계적인 금리인하 여파로 한국도 기준금리가 1%대에 접어들었기 때문이다.

(4) 순현재가치(NPV)의 도출

순(純, net) 자가 들어가는 것은 어떠한 것에서 비용을 빼고 남은 것이란 뜻이다. 여기서는 (편익의 현재가치를 모두 합한 것)에서 (비용의 현재가치를 모두 합한 것)을 차감한 것이란 뜻이다. 즉, 현재가치로 환산한 총편익에서 현재가치로 환산한 총비용을 뺀 것이 순현재가치(Net Present Value, 또는 줄여서 NPV)이다.

엑셀에는 @NPV라는 함수가 있어서, 이것을 사용하면, 손쉽게 순현재가치를 구할 수 있다. (주의: 순현재가치는 매년 구하는 것이 아니라, 한 번만 구하면 된다. 왜냐하면 각 년도의 현가들을 모두 합산한 결과치이기 때문이다.)

〈표 3-4〉 @NPV 함수로 순현재가치를 구하는 방법

	A	B	C	D	E
1	Year	0	1	2	3
2	Cost	-100	0	0	0
3	Benefit	0	50	40	30
4	Net Cash Flow	-100	50	40	30
5	Present Value	-100	48.54369	37.70384	27.45425
6					
7	Net Present Value	@NPV(0.03,b4:e4)	13.30269		
8		⇧ ⇧⇧⇧	⇧		
		1 (2, 3: 4)	5		

엑셀에서 순현재가치(Net Present Value: NPV)를 구하는 것은 매우 쉽다. @NPV 함수를 사용하면 키 스트로크 하나로 그 값이 구해진다. 그러나 알아둬야 할 문법이 있다.

〈표 3-4〉에서 NPV 값은 13.30269인데, 이 값을 구하는 방법은 셀 b7에 설명되어 있다. 우선 c7 셀에서 @npv(또는 한글 엑셀에서는 =npv)를 입력한다. 둘째로 괄호 열고, 사회적 할인율(이 경우는 연 3%, 즉, 0.03)을 입력하고, 코마(,)를 한다.

그 다음엔 npv 함수를 계산하기 시작하는 셀인 b4를 입력하고, 콜론(:)을 입력한 후 끝나는 셀 e4을 타이프 한 후에 괄호를 하고 엔터 키를 누른다. 이때 시작 셀과 끝 셀을 연결하는 기호로 콜론(:)을 사용함에 유의하여야 한다. 세미 콜론(;)이 아니다.

NPV 값이 양수이면, 이 프로젝트는 일단 흑자를 내는 사업으로 추정한다.

2. 편익비용비율(BCR)

총편익을 총비용으로 나눈 값을 편익비용비율(BCR; Benefit-Cost Ratio)이라고 한다. CBR이라고 하는 경우도 있는데, 표현은 다르지만 둘은 개념이 동일하다.

BCR은 분자 값으로는 현재가치로 평가한 총편익을 사용한다. 분모 역시 현재가치로 평가한 총비용을 사용한다.

만약 총편익이 총비용보다 크다면, 이 둘을 뺀 값은 양(+)의 값을 가질 것이다. 이것이 앞에서 살펴본 순현재가치(NPV)이다.

그런데 총편익과 총비용을 비율로 표시할 수도 있다. 그래서 총편익이 총비용 보다 크다면, 이 둘을 나눈 값은 당연히 1보다 클 것이다. 이럴 경우, 이 사업은 수행할 가치가 있는 사업으로 일단 평가된다.

If 총편익>총비용, then (총편익−총비용)>0 .... NPV
or(총편익/총비용)>1 .... BCR

가령, 편익비용비율이 1.5라면, 들어간 비용이 1일 때, 편익은 1.5배라는 것이다. 반대로, 편익비용비율(BCR)이 0.8이라면, 편익이 비용의 80% 밖에 안된다. 즉, 20% 손실이 난다는 뜻이다.

엑셀로 계산하면 다음과 같은데, 약간의 수작업이 필요하다(셀 c7과 셀 c8).

BCR이 1.137이 의미하는 바는 투입한 비용 보다 편익이 13.7% 더 많다는 것으로서, 이 사업은 "일단" 수익성이 있는 것으로 판정한다. 여기서 "1단"이라 용어를 쓴 이유는 "2단"이 있기 때문이다. 그것은 내부수익률이란 것으로서, 실무에서는 가장 많이 사용되는 전문용어이다.

〈표 3-5〉 엑셀로 편익비용비율 구하는 방법

	A	B	C	D	E
1	Year	0	1	2	3
2	Cost	-100	0	0	0
3	Benefit	0	50	40	30
4	Net Cash Flow	-100	50	40	30
5	Present Value	-100	48.54369	37.70384	27.45425
6					
7	Total Benefit	@sum(c5.e5)	113.7018		
8	Total Cost	=-b5	100		
9					
10	Cost Benefit Ratio (CBR)	=c7/c8	1.137018		

주의: c8셀에서 b5셀에 마이너스 부호를 붙이는 이유는 BCR 값을 양수로 전환하기 위한 것임.

3. 내부수익률(IRR)

비용편익분석의 마지막 구성요소는 내부수익률(IRR; internal rate of return)이다.

투자사업들은 대체로, 초기 몇 년 동안 투자해서, 오랜 기간에 걸쳐서 편익을 얻는다. 예를 들어, 고속도로 건설의 경우, 초기 몇 년간 집중적인 투자가 이루어지고, 향후 몇 십년 간 통행료 수입이 생긴다.

그런데 "복리의 마술"이나 현재가치를 환산하면서 배운 것처럼, 시간이 많이 지나가면 갈수록 복리 또는 할인의 효과가 커진다고 하였다. 그리고 그 복리효과는 이자율 또는 할인율이 크면 클수록 더욱 더 커진다. (반대로 이자율 또는 할인율이 작아지면 작아질수록 장기적인 효과는 줄어든다.)

따라서, 할인율을 크게 하거나, 작게 줄이거나 하다보면 NPV를 0이 되게 만드는 할인율이 나온다. 바꿔 말해 (현재가치로 환산한) 총비용과 총편익이 똑같아지게 만드는 할인율이 하나 나온다. 이 할인율을 내부수익률(IRR)이라고 한다.

예를 들어, 내부수익률이 10%이 나왔는데, 현재 금리수준이 5%라면, 이 사업은 수익성이 아주 좋은 사업이다. 투자금액을 은행에 예치해 둬봐야 5%의 이자밖에 못 받는데, 이 사업을 수행하면 은행이자의 2배인 10%의 수익을 올릴 수 있기 때문이다.

반대로 금리는 5%인데, IRR이 3%라면, 이 사업의 수익성은 어떤가? 가지고 있는 투자금액을 은행에 예치만 해 두어도 5%의 수익을 올리는데, 힘들게 일을 해 보아야 3%의 수익 밖게 못 올리는 사업이다.

앞에서 BCR이 1.137인 사업을 일단 수익성이 있다고 하였는데, 이 사업의 IRR이 3% 밖에 안 된다면, 이 사업은 수익성이 없는 것으로 다시 판정해야 한다. 수익이 있기는 하지만, 너무 적어서, 고생한 값을 못하기 때문이다.

Irr은 사업의 수익성을 알려주는 매우 간단한 지표이다. 따라서 비용편익분석에서 가장 많이 쓰이는 개념이자, 가장 대표적인 지표라고 할 수 있다.

〈표 3-6〉 엑셀로 IRR 구하는 방법

C8 | =IRR(B4:E4)

	A	B	C	D	E
1	Year	0	1	2	3
2	Cost	-100	0	0	0
3	Benefit	0	50	40	30
4	Net Cash Flow	-100	50	40	30
5					
6	NPV	@npv(0.03,b4:e4)	13.30269		
7					
8	IRR	@irr(b4:e4)	10.65%		

4. IRR값이 계산이 안 되는 경우

간혹 엑셀에서 IRR이 안 구해지거나 마이너스 값이 나오는 경우가 있다. 보통의 사업들은 창업 초기에는 투자금도 들어가고, 매출도 많지 않아 적자를 보다가 점차 수입이 늘어난다. 이런 경우는 당연히 IRR이 잘 구해진다.

그러나 초기 투자금은 투입되었으나, 사업기간이 다 지나도록 투자금 이상의 수익을 올리지 못하는 경우가 있다(다음 〈표 3-7〉에서 사례 2). 개인 사업의 경우도 이런 경우가 있지만, 정부 사업의 경우는 거의 대부분 여기에 속한다. 예를 들어, 사업비 300억 원이 소요되는 지방도로의 경우, 통행료를 징수하지 않기 때문이 도로사업 자체만 놓고 보면, 항상 적자이다. 이런 경우, 마이너스 IRR 값이 나온다. 예를 들어 IRR이 −6%일 때 문자 그대로 해석하면, 시중금리가 −5%만 되어도 이 사업은 수익성이 있는 것으로 해석된다. 거의 모든 적자 사업들이 거의 모두 수익성이 있는 것으로 해석되는 오류가 발생한다.

그래서 정부 사업들의 대부분은 IRR 대신 편익비용비율(BCR)을 사용한다. 그리고 대체로 BCR이 1을 밑도는 경우가 많다. 그렇다면 정부사업은 비용편익분석을 할 필요가 없다는 것일까? 그렇지 않다. 여러 사업들을 분석해 보면, 그 중에서도 BCR이 큰 사업이 있고, BCR이 작은 사업들이 있어서, 이들을 서로 비교해 볼 수 있다.

〈표 3-7〉 엑셀에서 IRR이 구해지지 않는 경우

	Year 0	Year 1	Year 2	Year 3
1. 보통 사업의 경우	-100	50	40	30
	irr=	11%		
2. 적자 사업의 경우	-100	40	30	20
	irr=	-6%		
3. 실질 투자금이 0인 경우	0	40	30	20
(창업비를 전액 지원받음)	irr=	#NUM!		
4. 창업 첫 해부터 흑자	100	40	30	20
	irr=	#NUM!		

엑셀에서 IRR이 안 구해지는 경우는 〈표 3-7〉에 수록된 사례 3과 사례 4이다. 사례 3은 초기 투자비가 하나도 없이 창업하여 수익을 내는 경우이다. 그런데 이런 상황은 드물기 때문에, 아마도 정부지원금 등을 받아 사업을 시작하는 경우일 것이다. 또는 Year 0에 초기 투자비를 지출하였지만, 곧 바로 수익이 발생하여, 연말 결산 값이 0가 되는 경우이다.

상황이야 어떻든, 이런 경우 엑셀의 @IRR 함수는 제대로 작동하지 않아서, "#NUM!"라는 에러 메시지를 보낸다. 사례 4도 마찬가지여서, Year 0부터 수익이 많이 나서, IRR이 구해지지 않고 "#NUM!" 메시지가 나온다.

그렇다면, Year 0에는 흑자이지만, 그 후 계속 적자가 발생하는 경우는 어떻게 될까? 다음 경우를 스스로 연습해보기 바란다.

〈표 3-8〉 자습과제

Year	0	1	2	3	4
NCF	100	-20	-30	-40	-50
IRR	?				

5. 심화 연습: 나의 대학교육에 대한 CBA-두 번째 버전

영국의 대문호 셰익스피어는 정체가 묘한 사람이다. 일설에는 시칠리아 출신 이탈리아 사람이란 설도 있고, 철학자이자 과학자인 Francis Bacon의 필명이란 설도 있다. 그런데 Bacon은 다음과 같은 유명한 말을 남겼다.

"배움을 무시하는 사람은 바보다. 배우기를 열심히 하는 사람은 바람직하다. 그러나 정말 훌륭한 사람은 배운 것을 활용하는 사람이다."

여러분도 이제 CBA를 조금 배웠으므로, 이것을 자기 자신의 인생에 도움이 되도록 활용할 필요가 있다. 다음은 지금까지 배운 내용을 모두 활용하여, 본인들 입장에서 대학교육의 비용편익분석을 실시하시오. 분석기간은 대학 4년간 비용을 투입한 결과, 편익은 졸업 후 36년 간 발생한다고 본다. 즉, 총 분석기간이 40년이다.

단, 대학교육의 편익 중에서 금전적인 부분만 감안하여 CBA를 수행하시오. 비금전적인 편익을 계산하는 방법은, 나중에 자세히 다룬다.

학생들마다 현재와 미래의 상황이 다를 것이므로, CBA 역시 서로 다른 결과물을 생산할 것이다. 참고로 몇몇 학생들이 제출한 우수 사례를 보면 〈표 3-9〉과 같다.

이 학생은 4년 동안 대학 다닌 후, 졸업 하자마자 취업하여 60세가 될 때까지 근무하는 것을 상정하여 비용편익분석을 실시하였다. 이러한 상정을 전문적인 용어로는, 시나리오(scenario)라고 한다.

학생 A의 시나리오에 사용된 변수 값이 몇 가지 있다. ① 대학 다니는 기회비용은 고졸 후 취업하여 최저임금을 받는 금액(연간 15,600,000원)으로 계상하였다. ② 이 학생이 대학 졸업 후 받게 되는 연봉을, 민간기업 대졸 평균연봉(연간 40,380,000원)으로 가정하여, 입사 때부터 정년퇴직 때까지 동일한 금액으로 계산하였다. ③ 기회비용으로는 민간기업 고졸 평균연봉을 5년차부터 40년차까지 동일하게 연간 32,090,000원으로 가정하였다. ④ 즉, 대졸자는 고졸자에 비하여 연평균 8,290,000원을 더 받는데, 이것이 36년간

〈표 3-9〉 과제수행 사례 예시

	A	B	C	D	E	F	G	H	I
1	나의 대학교육의 (금전적) 비용편익분석		연차						
2			0	1	2	3	4	5	6
3	비용	대학학비	₩ 7,000,000	₩ 7,000,000	₩ 7,000,000	₩ 7,000,000			
4		기회비용	₩ 15,600,000	₩ 15,600,000	₩ 15,600,000	₩ 15,600,000			
5		기타 부대비용	₩ 5,000,000	₩ 5,000,000	₩ 5,000,000	₩ 5,000,000			
6		비용합계	₩ 27,600,000	₩ 27,600,000	₩ 27,600,000	₩ 27,600,000			
7	편익	고교졸업생의 연평균소득					₩ 32,090,000	₩ 32,090,000	₩ 32,090,000
8		대학졸업생의 연평균소득					₩ 40,380,000	₩ 40,380,000	₩ 40,380,000
9		연평균소득의 증가분					₩ 8,290,000	₩ 8,290,000	₩ 8,290,000
10		편익합계					₩ 8,290,000	₩ 8,290,000	₩ 8,290,000
11	순현금흐름		-₩ 27,600,000	-₩ 27,600,000	-₩ 27,600,000	-₩ 27,600,000	₩ 8,290,000	₩ 8,290,000	₩ 8,290,000
12	NPV(Net Present Value, 할인율 3%)		₩60,682,134						
13	내부수익률(internal rate of return)		6.09%						

(중간년도 생략)

AK	AL	AM	AN	AO	AP	AQ	AR
34	35	36	37	38	39	40	합계
							₩ 28,000,000
							₩ 62,400,000
							₩ 20,000,000
							₩ 110,400,000
₩ 32,090,000	₩ 32,090,000	₩ 32,090,000	₩ 32,090,000	₩ 32,090,000	₩ 32,090,000	₩ 32,090,000	₩1,187,330,000
₩ 40,380,000	₩ 40,380,000	₩ 40,380,000	₩ 40,380,000	₩ 40,380,000	₩ 40,380,000	₩ 40,380,000	₩1,494,060,000
₩ 8,290,000	₩ 8,290,000	₩ 8,290,000	₩ 8,290,000	₩ 8,290,000	₩ 8,290,000	₩ 8,290,000	₩ 306,730,000
₩ 8,290,000	₩ 8,290,000	₩ 8,290,000	₩ 8,290,000	₩ 8,290,000	₩ 8,290,000	₩ 8,290,000	₩ 306,730,000
₩ 8,290,000	₩ 8,290,000	₩ 8,290,000	₩ 8,290,000	₩ 8,290,000	₩ 8,290,000	₩ 8,290,000	₩ 196,330,000

지속된다고 가정한 것이다.

이런 시나리오와 가정 하에 작성된 CBA 결과를 보면, IRR이 6.09%로서 현재의 시중금리인 약 2% 보다 매우 큰 수치이다. 즉, 금전적인 측면만 가지고 평가하건데, 이 학생에게 있어서 대학교육은 수익성이 좋은 투자사업이다.

그런데 연봉이란 매년 변동하는 것인데, 전 생애에 걸쳐서 평균 연봉을 적용한다는 것은 다소 비현실적으로 보인다. 그러나 현재 단계에서의 연습은 이 정도로 충분하다. 다음 레벨의 연습에서는 연봉이 해마다 변동하는 경우를 상정하게 될 것이다.

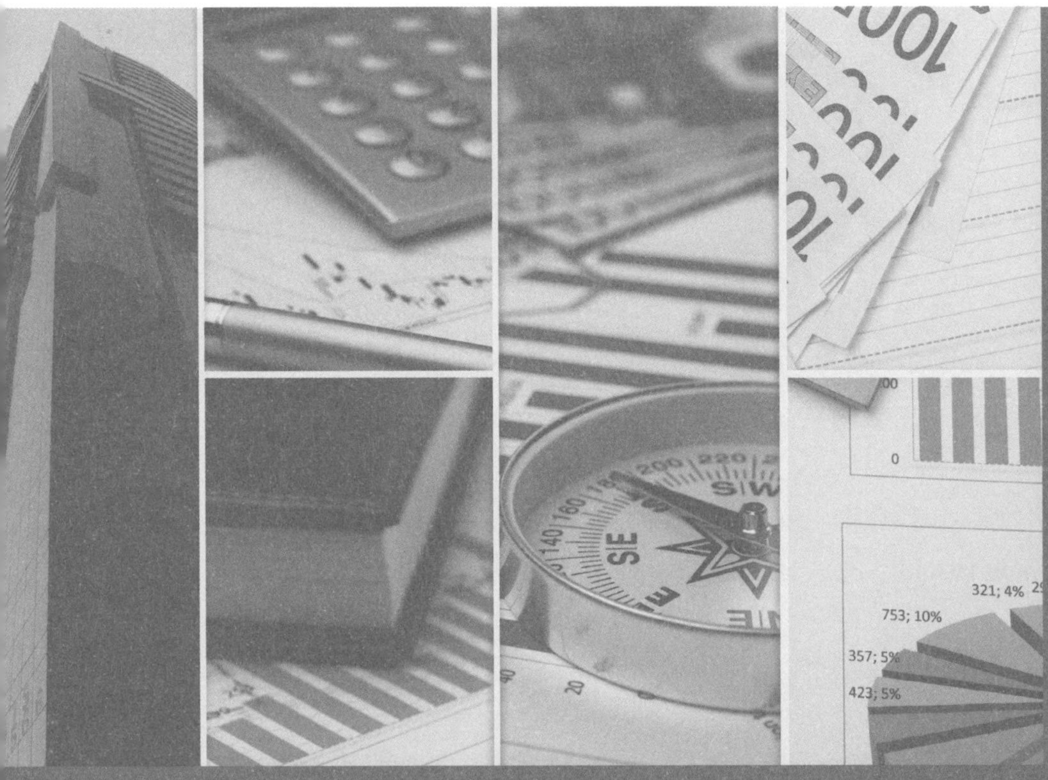

제 4 장

후반작업 단계

비용편익분석의 후반작업에 들어 가기에 앞서, 지금까지 준비단계와 분석단계에서 새로 배운 것이 많기 때문에 이들을 요약하는 것이 필요하겠다.

1. 비용에는 다양한 구성요소들이 있다.
2. 기회비용이란 것도 고려해야 한다.
3. 편익에도 매우 다양한 구성요인들이 있다.
4. 비금전적 편익도 많은데, 이들을 금전으로 표현하는 것은 고급기법이다.
5. 비용과 편익 모두 다년간에 걸쳐 발생하는 것이 보통인데, 이들을 연차별로 계산하여 제시한다.
6. 비용은 마이너스(-) 부호로, 편익은 플러스(+) 부호로 표기한다.
7. 편익에서 비용을 빼면, 순현금흐름이 된다.
8. 순현금흐름 역시 연차별로 제시한다.
9. 순현금흐름을 사회적할인율을 적용하여, 현재가치로 표시할 수 있다.
10. 간단하게 @NPV 함수를 이용하여, 순현재가치를 구한다.
11. 순현재가치가 0보다 크면, 일단 사업의 경제성이 있다고 한다.
12. 또는 편익을 비용으로 나눈 편익비용비율이 1보다 크다면, 이것 역시 일단 경제성이 있다고 볼 수 있다.
13. 그러나 순현재가치가 0보다 크다 하더라도, 그 값이 매우 작을 수 있다. 이런 경우에는 경제성이 있다 할 수 없다.
14. 마찬가지로 편익비용비율이 1보다 크다 하더라도, 그 값이 매우 작으면, 경제성이 있다 할 수 없다.
15. 이를 판별하기 위해 내부수익률을 구한다. (@IRR 함수 사용)
16. IRR이 금리보다 크다면, 사업의 경제성이 있다고 판별한다.
17. 편익은 보통 미래에 발생하는데, 미래는 확정적으로 알 수 없다. 그래서 다양한 미래를 상정할 수 있는데, 이를 시나리오라고 한다.
18. 여러 시나리오별로 IRR을 구한 후, 어떤 시나리오가 가장 경제성이 좋은지 또는 어떤 시나리오가 가장 경제성이 나쁜지를 판별할 수 있다.
19. 일반적으로 CBA는 가장 낙관적인 시나리오의 경우, 가장 비관적인 시나리오의 결과, 그리고 가장 발생할 가능성이 높은 경우의 IRR 등을 함께 제시한다.

20. 최종적인 판단은 인간(의사결정자)이 종합적으로 수행한다.
21. 비용편익분석은 어디까지나 의사결정을 도와주는 지표 역할을 할 뿐이다.
22. 일반적으로 비용편익분석 결과를 참고(reference)하면서, 많은 검토와 토론을 거쳐 의사결정이 도달한다.

1. 미래, 리스크, 의사결정지원시스템

미래는 시간의 함수이고, 시간은 신(神)의 고유 영역이다. 그래서 사람은 미래 시간에 벌어질 일을 알 수가 없다.

그러나 사람들은 항상 이런 미지의 세계를, 자기 능력으로 다루려고 한다. 그래서 항상 계획도 세우고, 대비책도 마련한다. (하지만 그 때마다 신은 사람을 비웃는다. "네 생각대로 되나 봐라.")

대부분의 비용편익분석은 장기간의 시간을 분석한다. 그래서 불확실한 미래에서 발생할 리스크(risk)를 관리할 준비를 하여야 한다. 즉, NPV, BCR, IRR 등의 기초적인 분석 작업이 끝나면 곧바로 리스크 관리를 위한 후반 작업을 하여야 한다.

가장 대표적인 리스크 관리 또는 후반작업은 (1) 민감도 분석(sensitivity analysis)과 (2) 시나리오 분석(analysis by scenario)이다. 그런데 여기에다 여러 가지 시나리오를 동시에 분석하는 (3) 포트폴리오(portfolio) 분석까지 추가하면 더 좋다.

2. 민감도 분석(Sensitivity Analysis)

의사결정지원시스템에서 미래의 불확실성을 다루는 방법이 많이 있지만, 그 중에서도 가장 기본적인 것은 민감도 분석이다. 만약 미래에 이러저러한

일이 일어난다면, 어떤 결과가 오겠느냐 하는 질문에 답을 구하는 것이다. 영어로는 what if라는 질문에 답을 하는 것이 민감도 분석이다. CBA에서 전형적으로 제기되는 질문은 다음과 같은 것들이다.

What if 사회적 할인율이 변동한다면?
What if 변동금리로 은행대출을 받았는데, 금리가 갑자기 오른다면?
What if 공사 중에 사고가 나서, 공기가 지연되서, 수입이 생기는 기간이 늦어진다면?
What if 수요예측이 잘 못 되어, 수입이 예상보다 적다면?

이처럼 비용편익분석을 구성하는 주요 변수 값이 바뀔 때, 우리는 엑셀 모형에 있는 해당 수치를 변경시킴으로써, 최종 결과가 어떻게 변하는지 계산할 수 있다. 그런데 어떤 변수 값 하나를 조금 변경했는데, IRR이나 편익비용비율이 크게 변했다. 그러면 우리는 이것을 민감하다고 판정한다.

반대로 어떤 변수 값을 좀 바꿔도, 여전히 IRR이 높은 수준이고, 편익비용비율도 1보다 큰 상태를 유지한다면, 우리는 이것을 "민감하지 않다"고 판정한다.

그렇다면 민감한 결과가 좋은가? 둔감한 결과가 좋은가? 그것은 경우에 따라 다르다. 따라서 분석가들의 분석결과를 좋다, 나쁘다 하지 않고, 민감하다 민감하지 않다고 표현한다.

대체로 우리는 불확실성을 싫어한다. 비용편익분석 결과가 민감한 사업은 싫어 하는 편이다. 여러분들한테 가장 선호하는 직업이 무엇이냐고 물어 보면,공무원이란 답이 거의 항상 1등을 한다. 배우자의 직업 선호도 역시 공직이 1등을 한다. 여러 가지 이유가 있겠지만, 그 중의 하나는 공직 인생이 민감도가 높지 않기 때문일 것이다.

1990년 대 초반의 일이다. 그 때는 정부가 「민자유치법」이란 것을 만들어 민간의 재원으로 공공시설(고속도로, 항만, 터널 등)을 건설하고자 하였다. 인천공항고속도로 건설사업이 제1호 사업이었는데, 그 당시에 적용된 사회적 할인율(또는 정부보장 이율)은 9%였다. 2020년 한국의 기준금리가 0.5%인 것을 보면, 지금 금리의 18배를 벌 수 있는 좋은 기회였다. 그러나 이 사업에 참여하려는 기업들이 많지 않았다. 당시의 은행예금 이자율 중에는 15% 짜리도 수두룩했다.

이처럼 시중 금리 보다도 낮은 보장수익율에 매력을 느낄 기업은 별로 없었다. 비록 9%의 수익률이 30년간 유지된다고 했어도… 그러나 1990년 이후 한국 및 국제 환경은 너무나도 다이나믹했다. 1997년 외환위기 때와 2008년 세계 금융위기 때에는 시중금리가 20%에 도달한 적도 있었다. 하지만 2020년 코로나 사태 때는 전세계의 금리가 0% 또는 마이너스 금리인 곳도 있다.

따라서 인천공항고속도로 사업을 민감도 분석한다면, 할인율을 (1) 9%를 기본으로 하되, (2) 그것이 20%일 때와, (3) 0.5%로 변할 때를 각각 분석을 했었어야 한다. 즉, 보통의 경우, 최선의 경우, 최악의 경우를 모두 분석한 다음, 의사결정에 임하여야 한다.

그러나 이것은 전지적 작가 시점에서 본 것이고, 보통은 2~3개의 What if의 상황을 고려하여 비용편익 후반작업을 한다. 즉, (1) 가장 가능성이 높은 경우의 기본적인 변수 값, (2) 기본 값 보다 어느 정도 큰 변수값, (3) 기본보다 보다 어느 정도 낮은 변수 값을 각각 대입하여 결과분석을 하는 것이 보통이다.

이것이 함축하고 있는 뜻은 미래 상황은 이들 세 가지 상황 속에서 전개될 가능성이 높다는 것이다. 그러나 세상은 이런 단순 가정을 뛰어 넘는 쇼킹한 상황전개로 뒤덮여 있기 마련이고, 심지어 6번째 지구멸종이 우리 시대에 일어날 수도 있다. 그러나 우리는 이런 사태를 Force Majeure(불가항력)라고 하며, 불가항력적 상황은 분석에 포함시키지 않는다.

3. 시나리오 분석

민감도 분석은 이미 만들어진 기본모형에 대하여, 일단 그 모형을 받아들이는 선에서 일부 변수 값이 변동할 때의 결과 변동을 분석한다. 이에 비하여 시나리오 분석법은 기본 모형 자체가 많은 고려 사항들 중 하나일 뿐이고

〈표 4-1〉 시나리오별 CBA의 연습

	A	B	C	D	E	F	G	H
1		시나리오별 나의 대학교육 CBA:	연차					
2			2014	2015	2016	2017	2018	2019
3			0	1	2	3	4	5
4		대학학비	7,000,000	7,000,000	7,000,000	7,000,000		
5	비용	기회비용	15,000,000	15,000,000	15,000,000	15,000,000		
6		기타 부대비용	5,000,000	5,000,000	5,000,000	5,000,000		
7		비용합계	27,000,000	27,000,000	27,000,000	27,000,000		
8		고교졸업생의 연평균소득					29,138,400	29,138,400
9	시나리오 1	7급공무원의 연평균소득					34,457,000	34,457,000
10	편익	연평균소득의 증가분					5,318,600	5,318,600
11	NCF	Net Cash Flow 1	-27,000,000	-27,000,000	-27,000,000	-27,000,000	5,318,600	5,318,600
12		고교졸업생의 연평균소득					29,138,400	29,138,400
13	시나리오 2	국립000문화재단의 연평균소득					40,756,000	40,756,000
14	편익	연평균소득의 증가분					11,617,600	11,617,600
15	NCF	Net Cash Flow 2	-27,000,000	-27,000,000	-27,000,000	-27,000,000	11,617,600	11,617,600
16		고교졸업생의 연평균소득					29,138,400	29,138,400
17	시나리오 3	한국000진흥원 연평균소득					50,754,000	50,754,000
18	편익	연평균소득의 증가분					21,615,600	21,615,600
19	NCF	Net Cash Flow	-27,000,000	-27,000,000	-27,000,000	-27,000,000	21,615,600	21,615,600

(중간연도 생략)

AJ	AK	AL	AM	AN	AO	AP	AQ
2047	2048	2049	2050	2051	2052	2053	2054
33	34	35	36	37	38	39	40
29,138,400	29,138,400	29,138,400	29,138,400	29,138,400	29,138,400	29,138,400	29,138,400
34,457,000	34,457,000	34,457,000	34,457,000	34,457,000	34,457,000	34,457,000	34,457,000
5,318,600	5,318,600	5,318,600	5,318,600	5,318,600	5,318,600	5,318,600	5,318,600
5,318,600	5,318,600	5,318,600	5,318,600	5,318,600	5,318,600	5,318,600	5,318,600
29,138,400	29,138,400	29,138,400	29,138,400	29,138,400	29,138,400	29,138,400	29,138,400
40,756,000	40,756,000	40,756,000	40,756,000	40,756,000	40,756,000	40,756,000	40,756,000
11,617,600	11,617,600	11,617,600	11,617,600	11,617,600	11,617,600	11,617,600	11,617,600
11,617,600	11,617,600	11,617,600	11,617,600	11,617,600	11,617,600	11,617,600	11,617,600
29,138,400	29,138,400	29,138,400	29,138,400	29,138,400	29,138,400	29,138,400	29,138,400
50,754,000	50,754,000	50,754,000	50,754,000	50,754,000	50,754,000	50,754,000	50,754,000
21,615,600	21,615,600	21,615,600	21,615,600	21,615,600	21,615,600	21,615,600	21,615,600
21,615,600	21,615,600	21,615,600	21,615,600	21,615,600	21,615,600	21,615,600	21,615,600

시나리오	IRR
시나리오 1 (7급 공무원)의 IRR	3%
시나리오 2 (국립000문화재단)의 IRR	9%
시나리오 3 (한국000진흥원)의 IRR	16%

주: 직원 평균 연봉을 36년간에 걸쳐 동일하게 적용. 차후에 근속연도별로 연봉 자료를 수정하는 연습을 하게 될 것임.

미래에는 훨씬 더 다양한 선택지가 있음을 상정하는 분석기법이다.

예를 들어, 어떤 학생이 공무원이 되기로 결정하고(기본 모형), 5년 마다 승진한다면? 7년마다 승진한다면? 10년마다 승진한다면? 이런 식으로 분석하는 것에 민감도 분석이다.

이에 반해 시나리오 분석은, 이 학생이 공무원이 되었을 경우의 미래는? 대기업으로 진출한다면? 중소기업을 간다면? 창업 등 자영업?이런 상황을 다루는 것을 시나리오 분석이라고 한다.

비용편익분석을 할 때는 보통 3개 이상의 시나리오를 만들고요. 각각의 시나리오 별로 순현금흐름표를 만든다. 그리고 나서 NPV, BCR, IRR 등의 분석지표들을 구한다. 일반적으로 가장 가능성이 높은 시나리오를 하나 만들고, 최악의 시나리오와 최선의 시나리오를 설정한다.

다음은 앞의 〈표 4-1〉에서 어느 학생이 자신의 대학교육에 대한 비용편익분석을 실시한 것인데, 이 분석을 세가지 시나리오에 각각 적용한 것이다. 그는 자신의 진로를 (1) 7급 공무원 합격, (2) 공공기관인 국립○○○문화재단에 취업, (3) 한국○○○진흥원에 취업하는 것으로 상정하였다. 각 기관의 연평균연봉을 검색한 후, 앞에서와 동일한 방식으로 CBA를 수행하였다. 해당 공공기관의 2017년도 연평균연봉은 공공기관 홈페이지 알리오(www.alio.go.kr)에서 참조하였다.

각 시나리오별로 대학교육의 (금전적) 비용편익분석을 실시한 결과, 이 학생에게 대학교육은 수익성이 있는 투자이다. 물론 금전만 고려한 것이지만, 이 학생이 한국000진흥원에 입사하는 것이 IRR 16%로서 가장 경제성이 높다. 그런 한편, 국립000문화재단에 입사한다면, IRR이 9%로 조금 낮아지지만, 여전히 수익성이 좋은 편이다.

그런데 이 학생이 7급 공무원으로 채용된다면 IRR이 3%로 낮아진다. 이것에 대한 좀 더 심층적인 해석이 필요한데, 현재의 비용편익분석에 사용된 공무원 임금은 봉급표에 나온 보수만 계산된 것이다. 공무원 임금은 이 봉급표에 나와 있는 금액 이외에 각종 수당이 있는데, 수당은 현재 계상되지 않은 상태이다. 보통 공무원 연봉을 100이라 한다면, 그 중 봉급이 60%이고 수당이 40%를 차지한다고 한다. 따라서 수당을 감안한 7급 공무원의 IRR은 5%~6%에 달할 것으로 보인다. 그리고 미래에는 어떻게 변할지 모르겠지만, 현행 제도상 공무원연금까지 감안하면 IRR은 더 높아질 것이다.

그러나 인생은 복잡한 것이므로, 비용편익분석 결과가 곧 의사결정 결과는 아니다. 비용편익분석 결과는 최종적인 결정에 이르도록 도와주는 많은 정보자료들 중 하나로서 역할을 할 뿐이다.

하지만 비용편익분석도 안 해 보고 내린 결정과 비용편익분석을 포함한 다양한 정보를 검토하고 내린 결정은 품질에 있어 큰 차이가 발생한다. 실무에서 대부분의 중요하거나 규모가 큰 결정에 있어서 비용편익분석은 필수적이고, 여타의 의사결정지원시스템도 총동원된다.

4. 포트폴리오 분석

시나리오별 CBA를 한다는 것은 곧 여러 가지 대안을 서로 비교 평가한다는 뜻이다. 여러 대안들을 서로 비교할 때 많이 쓰이는 분석기법 중 하나는 포트폴리오(portfolio) 분석이다.

단순 논리에 의하면, 여러 대안을 비교해서 IRR이나 BCR이 가장 높은 순서대로 선택을 한다고 본다. 그러나 현실 세계에서는 그것보다 훨씬 다양한 의사결정기준이 있을 수 있다.

앞에서 예로든 Musgrave 교수의 경우 대안 선택 기준은 다음과 같이 다양하다고 한다.

1) 어떤 고위직은 비용 불문하고 편익이 가장 큰 대안을 선택한다(예, 진시황제).
2) 어떤 의사결정자는 예산범위 내에서 가장 많은 숫자의 사업을 선택한다. 두루두루 만족시키기 위해서이다. (불만의 최소화)
3) 또 어떤 경우는, 일부는 IRR 등 경제성 기준으로, 또 일부는 복지사업 등 당위성 기준으로 결정하기도 한다.
4) 예산 범위 내에서 여러 투자사업들을 결정하다보면, 잔액이 생길 수 있다. 이런 때는 비용이 적은 사업 위주로 선택을 할 수도 있다.

이렇듯 다양한 상황과 다양한 선택기준이 혼합되어서, 실제 선택이 결정될 수 있는데, 여기서는 가장 간단한 포트폴리오인 2×2 매트릭스 선택법을 학습하고자 한다. 여러 시나리오 또는 여러 대안들에 대하여 비용편익분석을 실시하면 각 대안별로 총비용과 총편익이 도출된다.

다음 [그림 4-1]에서 x 축에는 비용을 표시하고, y 축에는 편익을 표시한

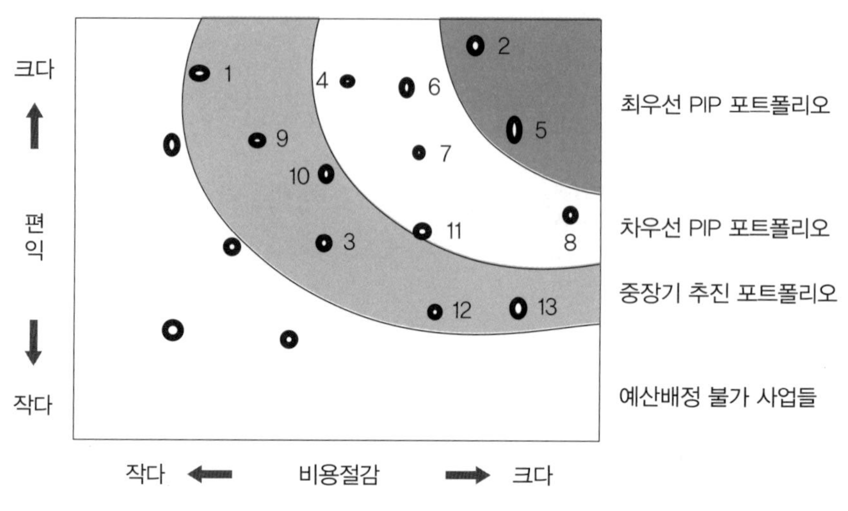

[그림 4-1] **비용-편익 포트폴리오의 예시**

다. 그런 다음 총 17개의 대안에 대하여 각각 비용과 편익을 도출하여 그들의 위상을 2차원 평면 위에 표시한다.

누구나 비용은 적게 들고, 편익이 크기를 바랄 것이므로, 이 [그림 4-1]에서 가장 우상단에 있는 대안들이 최우선으로 선택될 공공투자프로젝트(Public Investment Project)일 것이다. 이 그림에는 프로젝트 2번과 5번이 거기에 속한다(참고로 [그림 4-1]에서 원호는 무차별곡선(Indifference Curve)를 나타낸다).

투자사업 4번-6번-7번-8번-11번은 두 번째로 선호되는 포트폴리오가 될 것이며, 좌하단에 있는 프로젝트들은 편익도 적으면서 비용만 비싸므로, 탈락할 사업들이다. 그래서 사업번호도 부여하지 않았다.

이 방법은 간단하면서도, 직관적으로 사업 간의 우열을 보여주기 때문에 컨설팅 회사 등에서 많이 사용한다. IRR, BCR, NPV 같은 숫자 정보보다 그림 정보가 훨씬 더 인간의 본성에 호소하는 바가 크기 때문이다.

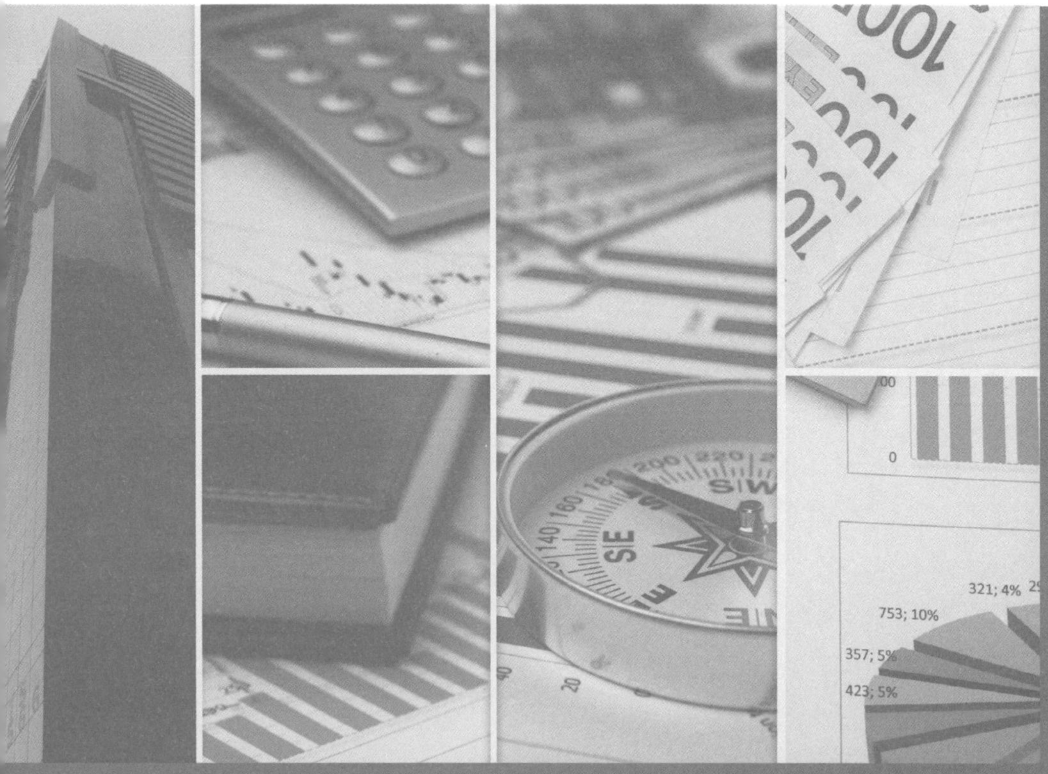

제 5 장

실제 사례의 Reproduction 연습

몇 해 전 한국의 일류 작가가 일본 작품을 표절했다는 논란이 있었다. 문외한이 보기에도 두 작품의 일부 문장들은 거의 유사하였다. 그런데 이 사태에 대한 평론가들의 논평이 이채롭다. 이런 표절 사태는 언제 발생해도 이상하지 않을 사태라는 것이다. 문제가 되는 작가도 자신이 표절했는지 아닌지도 모르는 상태에서 결과가 그렇게 되었을 거란 논평이었다.

무슨 말이냐 하면, 한국의 작가 지망생들은 일본 작품을 손으로 일일이 쓰는 필사를 함으로써 수련을 한다는 것이다. 필사 과정에서 저절로 저술능력이 향상된다는 것이다. 이 필사 훈련을 열심히 수행한 작가일수록 필력이 좋아져서 나중에 유명작가가 될 수도 있는데, 그 대신 자기가 표절을 했는지도 안 했는지도 모르는 상태에 빠지기 쉽다는 것이다.

이 사례는 비용편익분석의 학습방법에도 시사하는 바가 크다. 즉, 남이 해놓은 좋은 사례를 똑같이 복제(reproduction)하다 보면, 저절로 실력이 향상될 수 있다는 것이다. 원래 지혜를 배우는 가장 빠른 방법은 남이 어떻게 하는지 관찰하는 것이라고 했다. 마찬가지로 좋은 사례를 많이 복제하면 할수록, 모방을 통한 창조의 길을 갈 수 있다.

그래서 우리는 이미 Musgrave의 대학교육에 대한 CBA 모형을 기반으로 여러 가지 실습을 수행하였다. 이제는 좀 더 현실성이 높게 Campbell & Brown(2003)의 National Fruit Grower(NFG) 사례를 가지고 CBA를 학습하고자 한다. 물론 NFG 모형을 그대로 복제하는 것은 아니고, 필자가 학생들을 위하여 좀 더 간편하게 만든 축약형을 사용하며, 그 명칭을 KOC(Korean Orchard Company)로 변경한다. 그리고 각종 비용 및 수입을 한국의 실정에 맞도록 일부 조정하였다. 모방은 창조로 가는 지름길이고, 연습은 실력으로 이끄는 비결이다.

본 장에서 연습할 KOC모형은 3개의 모듈로 이루어져 있다.

1) KOC 기본모형: 사업주는 이 과수원 사업에 착수하기 이전에 이 사업이 수익성이 있는지 알고 싶어서 비용편익분석을 실시한다. 이 모듈에서는 각종 투자금과 운영비용을 계산하고, 또 과일을 팔아서 얻게 될 수입들도 예측한다.
2) KOC 기본모형+금융모형: 사업 투자비는 보통 은행에서 융자를 받아

서 지출하기 때문에, 사업자이자 농장주인은 은행 빚을 상환하는 방법도 미리 고민해야 한다. 이 모듈을 기본 모형에 추가하는 것이 KOC 기본모형+금융모형이다.

3) KOC 기본모형+금융모형+정부모형: 농장을 운영하여 수입이 발생하면, 세금도 내야 한다. 그런데 농업분야에는 보통 정부의 지원금도 다양하게 많이 있기 때문에 이런 요소들도 고려하여야 한다. 따라서 정부모듈을 만들어서 기존의 모형에 추가하면, 종합적인 KOC 분석이 된다.

1. KOC 기본 모형

(1) 비용 정보

KOC를 창업하여 운영하려면 비용이 소요된다. 비용에는 1) 투자비용과 2) 운영비용이 있는데, 투자비용은 다시 건물, 기계 등을 구입하는 고정투자비와 운영자본비가 들어간다.

운영비용에는 토지임대료, 묘목구입, 비료, 노동인건비 등 매년 사용되는 투입비용들이 포함된다.

다음 〈표 5-1〉은 KOC에 투자하고 운영하는 비용들을 제시하고 있다.

KOC 농장을 개업하려면 1) 초기 투자비와 2) 연간 운영비가 필요하다. 초기 투자비에는 농장에서 쓸 기계장비, 건물, 차량 등을 구입하는 데 소요되는 고정투자비가 필요하다. KOC는 고정투자비로 10억 2천만원을 지출한다.

그리고 운전자본(working capital)이 필요한데, 이것은 연료, 비료, 살충제, 장비부품 등의 비축분으로서, 유사시 팔아서 현금으로 전환할 수 있는 것들이다. KOC는 운전자본 7천1백5십만 원이 필요하다. 그래서 초기투자비는 총 1,091,500(천원), 약 11억 원이 소요된다.

그 뿐 아니라 매년 운영비용으로 2억9천만원을 지출하여야 하는데, 여기에는 인건비, 물건비, 행정비, 기타비용이 포함된다. 즉, KOC는 초기투자비

〈표 5-1〉 KOC의 기본적인 비용들

비용의 성질	지출항목	단위	필요수량	단가(천원)	지출금액(천원)
<초기 투자비>					
(1)고정투자비					
	농장 장비	개	5	70,000	350,000
	차량	대	3	30,000	90,000
	건물	제곱미터	330	1,000	330,000
	과실수	본	500	500	250,000
	소계				**1,020,000**
(2)운전자본					
	비료 비축분	톤	2	500	1,000
	살충제 비축분	리터	2,000	30	60,000
	장비부품 비축분	종/개	10	1,000	10,000
	연료 비축분	리터	500	1	500
	소계				**71,500**
<연간 운영비>					
	토지임대료	ha	10	5,000	50,000
	연료비	리터	2,000	1	2,000
	묘목구입	본	50	50	2,500
	비료	톤	5	500	2,500
	살충제	리터	3,000	30	90,000
	물	톤	900	20	18,000
	장비소모품	개	12	1,000	12,000
	인건비	m/m	1,000	50	50,000
	행정비	월	12	1,000	12,000
	각종 보험료	년	1	10,000	10,000
	관리자 임금	월	12	3,000	36,000
	잡비	년	1	5,000	5,000
	소계				**290,000**

주: Campbell & Brown(2003, p.80)의 NFG 사례를 참조하여, 한국 상황에 부합하도록 일부 비목과 수치를 조정함.

약 11억 원과 연간 운영비용 약 3억 원이 소요되는 사업이라고 할 수 있다.

이런 비용들을 연간 비용흐름표로 표시하여야 하는데, 그 사례는 다음 〈표 5-2〉와 같다. 이렇게 비용이든 편익이든 연간 흐름표로 바꿔 놓아야, 비용편익분석에서 가장 핵심적인 요소인 순현금흐름(Net Cash Flow, NCF)을 도출하기 쉽다.

총 분석기간은 21년이다. 1년 준비후 20년 운영하는 모형이다. 총투자비와 총운영비용을 연도별로 나열하면 되는데, 기본모형에서는 초기 값들을 마지막 해까지 복사하는 식으로 만들면 된다. 그러나 엑셀로 모형을 만들 때

〈표 5-2〉 **비용흐름표의 도출**(에러 발생 사례)

D32 =G28

	A	B	C	D	E	F	G
1							
2		비용의 성질	지출항목	단위	필요수량	단가(천원)	지출금액(천원)
3		<초기 투자비>					
4		(1)고정투자비					
5			농장 장비	개	5	70,000	350,000
6			차량	대	3	30,000	90,000
7			건물	제곱미터	330	1,000	330,000
8			과실수	본	500	500	250,000
9			**소계**				**1,020,000**
10		(2)운전자본					
11			비료 비축분	톤	2	500	1,000
12			살충제 비축분	리터	2,000	30	60,000
13			장비부품 비축분	종/개	10	1,000	10,000
14			연료 비축분	리터	500	1	500
15			**소계**				**71,500**
16		<연간 운영비>	토지임대료	ha	10	5,000	50,000
17			연료비	리터	2,000	1	2,000
18			묘목구입	본	50	50	2,500
19			비료	톤	5	500	2,500
20			살충제	리터	3,000	30	90,000
21			물	톤	900	20	18,000
22			장비소모품	개	12	1,000	12,000
23			인건비	m/m	1,000	50	50,000
24			행정비	월	12	1,000	12,000
25			각종 보험료	년	1	10,000	10,000
26			관리자 임금	월	12	3,000	36,000
27			잡비	년	1	5,000	5,000
28			**소계**				**290,000**
29							
30		Year	0	1	2	3	4
31		투자비	1,091,500	0	0	0	0
32		운영비	0	290,000	290,000	290,000	290,000
33		총비용	1,091,500	290,000	290,000	290,000	290,000

주: 이 표는 Year20까지 확장됨. 뒷부분은 같은 숫자가 반복되기에 생략함.

자칫하면 에러가 발생하기 쉽다. 이 표의 하단부에 보면, Year 1부터는 비용금액이 (−)로 표시된 에러를 볼 수 있다.

〈표 5-3〉 비용흐름표의 수정 및 편집

Year	0	1	2	3	4	5	6	
투자비	1,091,500	0	0	0	0	0	0	
운영비	0	290,000	290,000	290,000	290,000	290,000	290,000	290,00
총비용	1,091,500	290,000	290,000	290,000	290,000	290,000	290,000	290,00

비용 | 수입 | 현금흐름 | ⊕

주: 이 표는 Year20까지 확장됨. 뒷부분은 같은 숫자가 반복되기에 생략함.

■ 에러 수정

복사할 셀을 $표시로 고정할 필요가 있다. 예를 들어 위의 〈표 5-2〉에서 d32셀은 단순히 =g28로 하면 안 되고, =g28로 고정시켜주면 좋다. 그리고 이것을 Year 20까지 복사하면 된다. 또한 Year 1부터는 투자비가 지출되지 않기 때문에 그 값을 0으로 입력해야 하는데, 그 때 [오른쪽 마우스 클릭]-[셀서식]-[숫자]로 지정해주면 된다. 그런 다음 Year 20까지 복사하면, 최종적으로 다음 〈표 5-3〉과 같이 비용흐름표가 잘 수정되어 나온다.

그런데 여기서 많이 사용되는 기능을 한 두세 가지 더 학습해 두면, 매우 편리하다.

① 비용흐름표가 박스(box) 선으로 표시되고 있는데, 이것은 엑셀에서 "모든테두리" 기능을 사용하면 된다.

② 또 〈표 5-3〉의 아래쪽 메뉴 바를 보면 "비용" 이란 말이 있다. 원래는 디폴트로 "sheet1"으로 표시되어 있는데, 이것을 [오른쪽 마우스 버튼] 클릭 후에 "이름바꾸기" 기능을 사용하여 "비용"이라고 명칭을 변경한 결과이다.

③ 마지막으로 "비용"이란 스프레드쉬트 명칭의 오른쪽 옆에 ⊕ 사인이 있다. 여기를 클릭하면, 새로운 sheet2가 열린다. 이제 sheet2의 명칭을 "수입"으로 바꾸고, 수입비용 정보 입력 및 수입흐름표를 만들어 보자.

(2) 수입 정보

KOC 농장을 운영하면, 과일을 팔아서 수입을 얻게 된다. 계절별로 포

〈표 5-4〉 수입정보 및 수입흐름표

	A	B	C	D	E	F	G	H	I	J
1										
2			생산량(톤)	매출단가(천원)	매출액(천원)					
3		포도	50	3,000	150,000					
4		사과	100	2,000	200,000					
5		배	40	2,500	100,000					
6		총수입			450,000					
7										
8		Year	0	1	2	3	4	5	6	7
9		수입	0	112500	225000	337500	450,000	450,000	450,000	450,000

주: 이 표는 Year20까지 확장됨. 뒷부분은 같은 숫자가 반복되기에 생략함.

도, 사과, 배를 생산한다고 하자. 그런데 포도, 사과, 배 등 과수 나무는 아직 어린 처음 3년 동안 최대생산가능량의 각각 25%, 50%, 75% 밖에 생산하지 못한다고 가정한다. 4년째가 되어서야 과일이 100% 생산되어, 마지막 해까지 유지된다고 간주한다. (즉, 여기서는 과실수의 노후화는 고려하지 않는다. 과실 나무도 나이가 들면 생산량이 감소한다.)

이 과수원에서 매년 포도는 50톤, 사과는 100톤, 배는 40톤 생산한다. 그리고 톤당 매출단가는 각각 3백만원, 2백5십만원, 그리고 2백만원이다. 생산자 매출단가는 중간유통 마진이 있기 때문에 소비자 구입단가보다 항상 싸다. 그래도 KOC는 매년 4억5천만 원의 매출을 올린다.

수입과 관련한 이상의 정보를 엑셀에 입력하고, 그것을 수입흐름표로 만들어서, 그 일부분을 제시하면 다음 〈표 5-4〉와 같다. Year 4부터 Year 20까지는 연간수입금액이 동일하다고 가정한다. 단 셀 g9의 경우, =e6로 복사할 셀을 고정시켜 놓으면, 편리하다.

(3) 현금흐름표

이제 비용흐름표와 수입흐름표를 구하였으므로, 순현금흐름표(NCF)도 어렵지 않게 구할 수 있다. 엑셀에서는 워크쉬트를 새로 열어서 "순현금흐름" 이란 명칭을 부여한 다음, 수입흐름에서 비용흐름을 빼면, 순현금흐름이 된다. 실행하는 방법은 다음과 같다.

본 사례에서는 셀 b2에 =비용!c33를 입력하고, 셀 b3에는 =수입!c9을 입력한 후, 이 값을 Year 20까지 복사하면 된다. 느낌표(!)는 어떤 워크쉬트

〈표 5-5〉 **현금흐름표의 도출**

B2 =비용!C33

	A	B	C	D	E	F	G	H	I	J
1	Year	0	1	2	3	4	5	6	7	8
2	비용	1,091,500	290,000	290,000	290,000	290,000	290,000	290,000	290,000	290,000
3	수입	0	112,500	225,000	337,500	450,000	450,000	450,000	450,000	450,000
4	순현금흐름	-1,091,500	-177,500	-65,000	47,500	160,000	160,000	160,000	160,000	160,000

주: 이 표는 Year20까지 확장됨. 뒷부분은 같은 숫자가 반복되기에 생략함.

인가를 표시해주는 기능을 한다. "비용!c33"는 "비용"이라고 이름 붙여진 워크쉬트의 c33 셀을 뜻한다. 마찬가지로 "수입!c9"은 수입이라는 명칭의 워크쉬트에 있는 c9셀을 의미한다.

매년 수입에서 비용을 뺀 값이 순현금흐름이 된다. 순현금흐름에서 (−)값은 적자, (+) 값은 흑자를 의미한다. 따라서 KOC는 처음 3년은 적자, Year 3에는 소폭 흑자, 그리고 Year 4부터 Year 20까지는 매년 1억6천만 원의 흑자를 지속적으로 기록하게 된다.

(4) KOC의 기본모형 분석

순현금흐름표가 작성되면, 비용편익분석의 3대 분석지표가 다 생성될 수 있다. 즉, 순현재가치(NPV), 편익비용비율(BCR), 그리고 내부수익률(IRR)이 스트로크 몇 개로 다 구해진다.

① 순현재가치

앞의 제3장에서 현재가치의 개념과 그것을 구하는 방법을 학습하였다. 다소 복잡하였지만, 이미 이 개념을 알고 있다고 전제하면, 엑셀에서는 너무 쉬운 방법으로 순현재가치를 구할 수 있다.

순현재가치(Net Cash Flow)는 어떤 사업을 수행한 결과 편익이 비용보다 더 큰가 아닌가를 알려줌으로써, 상식적인 의사결정을 도와준다. 그 개념은 1) 연간 편익을 모두 현재가치로 환산한 후 합한 금액에서, 2) 연간 비용을 모두 현재가치로 환산한 후 합한 금액을 빼주는 것이다. 그래서 (+)의 값이 나오면(즉, 편익이 더 크면) 그 사업은 사업성이 있다고 보는 것이다. 물론

〈표 5-6〉 KOC 기본모형에서의 순현재가치

B7 =NPV(0.03,B4:V4)

	A	B	C	D	E	F	G	H	I
1	Year	0	1	2	3	4	5	6	7
2	비용	1,091,500	290,000	290,000	290,000	290,000	290,000	290,000	290,000
3	수입	0	112,500	225,000	337,500	450,000	450,000	450,000	450,000
4	순현금흐름	-1,091,500	-177,500	-65,000	47,500	160,000	160,000	160,000	160,000
5									
6	분석지표								
7	순현재가치(3%)	627,368							
8	순현재가치(5%)	266,440							
9	순현재가치(10%)	-278,747							
10	내부수익율	7%							

(−)의 값이 나오면(즉, 비용이 더 크다면) 사업성이 없겠다.

그러나 순현재가치 계산법은 워낙 많이 쓰기에, 엑셀에서는 @npv라는 함수를 이미 만들어 놓고 있다. 앞의 KOC 기본모형에서 도출한 순현금흐름에서 NPV를 구하면 〈표 5-6〉과 같다.

사회적 할인율이 3%일 때 순현재가치는 b7셀에 =npv(0.03,b4:v4)를 입력하고 클릭하면 자동으로 그 값이 구해진다. b8셀은 사회적 할인율이 5%일 때 순현재가치를 구하는 것으로서 =npv(0.05,b4:v4)를 입력하면 된다. 이 때 세미콜론(;)이 아니라 콜론(:)을 사용하여야 함에 유의해야 한다. 사회적 할인율이 10%일 때도 동일한 방식으로 순현재가치를 구할 수 있다.

② 내부수익률

내부수익률(IRR)이란 순현재가치의 값을 0으로 만드는 할인율이다. 앞의 표를 자세히 보면 사회적 할인율이 3%에서 5%로, 그리고 다시 10%로 커질수록, 순현재가치의 값이 +627,368(천원) 흑자에서 +266,440(천원) 흑자로 줄었다가 결국에는 278,747(천원) 적자로 변하는 것을 볼 수 있다.

따라서 순현재가치가 할인율 5%에서 할인율 10% 사이에 흑자에서 적자로 변하는데, 그 정확한 수치를 컴퓨터가 다 계산을 해준다. 그렇게 계산된 할인율을 내부수익률이라고 부른다. 앞의 표에서 내부수익률은 7%이다. 좀 더 정밀하게 보면 6.9981%인데 반올림해서 7%로 표시되고 있다.

만약 KOC가 각종 비용을 은행에서 연 3%의 이자율로 조달했다면, 내부수익률이 7%이므로, 자기 노력을 통해서 4%에 달하는 이익을 더 창출했다고 볼 수 있다. 그러나 이 회사가 신용등급이 좋지 않아서, 각종 비용을 연 10%의 이자율로 조달했다면, 아무리 노력해도 7% 수익 밖에 못 올리기 때문에, 은행만 좋은 일시키는 나쁜 사업이 되고 만다.

이렇듯 내부수익률은 조달금리와의 상대적인 차이를 통해 해당 사업의 수익성을 판단하는 지표이다. 실무에서는 가장 널리 쓰이는 비용편익분석지표이다.

③ 비용편익비율

IRR이 가장 많이 사용되는 분석지표인 것은 맞다. 그러나 공공부문에서는 비용편익비율(BCR)이 더 많이 사용된다. 그 이유는 공공사업은 아예 적자만 나는 사업이 많다. 예를 들어, 통행료를 받지 않는 지방도로 건설의 경우, 건설비와 유지비 모두 정부에서 지불되지만, 수입은 없다. 이럴 경우 IRR이 아예 계산되지 않는다.

그래서 정부부문에서는 IRR보다 BCR이 더 많이 사용된다. 본 KOC 사례에서 비용편익비율을 구하기 위해서는 추가적인 작업이 필요하다.

〈표 5-7〉에서 셀 b12는 비용편익비율을 구하는 출발점이다. Year 0의 현

〈표 5-7〉 편익비용비율(BCR) 구하기

B12 =B2/(1+0.03)^B1

	A	B	C	D	E	F	G	H	I
1	Year	0	1	2	3	4	5	6	7
2	비용	1,091,500	290,000	290,000	290,000	290,000	290,000	290,000	290,000
3	수입	0	112,500	225,000	337,500	450,000	450,000	450,000	450,000
4	순현금흐름	-1,091,500	-177,500	-65,000	47,500	160,000	160,000	160,000	160,000
5									
6	분석지표								
7	순현재가치(3%)	627,368							
8	순현재가치(5%)	266,440							
9	순현재가치(10%)	-278,747							
10	내부수익율	6.9981%							
11									
12	비용의 현재가치	1,091,500.00	281,553	273,353	265,391	257,661	250,157	242,870	235,797
13	수입의 현재가치	0	109223.3	212084.1	308860.3	399819.2	388174	376867.9	365891.2
14	비용합계	5,405,967.71							
15	수입합계	6,052,156.27							
16	비용편익비율(bcr)	1.119532449							

재가치는 다음 공식에 의해 구해진다.

[Year0 비용의 명목가치]/(1+사회적할인율)^기간

엑셀에서는 b2/(1+0.03)^b1이다. 이것은 사회적할인율을 3%로 가정했을 경우이다. 셀 b12를 v12까지 복사하면, 21년간의 모든 비용이 현재가치로 환산된다.

편익(수입)도 마찬가지이다. 셀을 b13을 =b3/(1+0.03)^b1으로 정의하고, 이것을 21년 후인 v13까지 복사하면 된다.

이렇게 구한 각 년도의 현재가치를 총합해서 나누면, 최종적으로 셀 b16에 나와있는 BCR=1.1195 값이 나온다.

현재까지의 엑셀에 BCR을 자동으로 구하는 함수가 없든지, 필자가 모르고 있든지 하기 때문에, BCR은 약간의 수작업을 거쳐서 구하는 수 밖에 없다. 하지만 미래에는 AI가 자동으로 그 값을 알려줄 것이다.

2. KOC의 금융모형

(1) 금융기관의 입장에서 본 KOC 프로젝트

기업은 사업에 투자를 할 때, 그 비용을 금융기관(은행)으로부터 차입을 하는 것이 일반적이다. 그리고 금융기관은 융자 등 다양한 방식으로 사업자에게 돈을 빌려주고, 나중에 원금과 이자를 상환받는다. 지금부터는 금융기관 입장에서 본 KOC 융자사업에 대한 비용편익분석을 실시해보자.

KOC는 사업 첫 해에 고정투자비 10억 2천만 원과 운전자본 7천1백50만 원이 필요하다. 그런데 고정투자비의 약 70%인 7억 원은 은행에서 융자를 받을 수 있다고 가정한다. 융자 조건은 10년에 걸쳐 연이율 5%로 원리금균등상환을 하는 것이다.

원리금균등상환이란 매회 이자와 원금을 합해서 동일한 금액을 상환하게 하는 방식이다. 이것이 가장 단순한 상환방식이기에 가장 많이 선호된다. 그러나 차용자는 매년 동일한 금액을 상환하지만, 상환 초기에는 이자가 구성하는 비율이 더 높고, 원금은 조금씩 갚는다. 상환 후기로 갈수록 이자는 적어지고, 원금의 비중이 높아진다. 그 이유는 은행이 이윤을 극대화하기 위해, 원금을 가능하면 늦게 받으려 하고, 그리하여 이자를 더 많이 받으려 하기 때문이다.

• 한국주택금융공사로부터 1억 원을 연이율 2.2%로 빌려서 10년간 상환하는 경우

[그림 5-1] **다양한 대출금 상환방법**

출처: 한국주택금융공사 (2020) https://www.hf.go.kr/hf/sub01/sub02_02_01.do

KOC 사업주는 원리금균등상환법에 따라서, 매년 얼마씩 갚아나가야 할까? 엑셀에는 그것을 계산하는 매우 유용한 함수가 있다. @ppmt와 @ipmt 함수이다. Ppmt란 principal(원금) payment의 약자이고, ipmt는 interest(이자) payment의 약자이다.

[그림 5-1]은 은행이 7억 원을 연이자 5%로 대출해주고, 10년에 걸쳐서 원리금균등상환 방식으로 상환을 받는 경우를 보여주고 있다. 셀 d4에는 -700이란 숫자가 있는데, 단위가 백만원이므로 7억 원을 의미한다. 마이너스 부호가 붙은 것은 은행입장에서 돈이 나간 것을 표시한다.

셀 e5는 첫 번째 원금상환액을 표시한다. 이 때 ppmt 함수가 적용되는데,

〈표 5-8〉 ppmt 함수와 ipmt 함수의 사용 방법

E5 =PPMT(0.05,E3,10,D4)

	A	B	C	D	E	F	G	H	I	J	K	L	M	N	O
1															
2		단위	(백만원)												
3			Year	0	1	2	3	4	5	6	7	8	9	10	합계
4		은행	대출금	-700	0	0	0	0	0	0	0	0	0	0	-700
5		관점	원금상환	0	56	58	61	64	68	71	75	78	82	86	700
6			이자상환	0	35	32	29	26	23	20	16	12	8	4	207
7			은행의 순현금흐름	-700	91	91	91	91	91	91	91	91	91	91	207

이 함수의 문법은 다음과 같다.

=ppmt(이자율, 납입회차, 총납입수, 원금)

〈셀 e5 설명〉 이자율=0.05, 납입회차=1회차, 총납입수=10년, 원금=셀d4(d4로 고정)
단, 납부회차는 Row 3에 표시되어 있음에 유의할 것. 1회차 납입은 셀e3, 2회차는 셀 f3, 3회차는 g3와 동일하다.

셀 e6에는 ipmt 함수가 적용되는데, 이 함수의 문법은 다음과 같다.

=ipmt(이자율, 납입회차, 총납입수, 원금)

〈셀 e6 설명〉 이자율=0.05, 납입회차=1회차(또는 셀 e3, 총납입수=10, 원금=셀 d4 (d4로 고정할 것) 단, 납부회차는 Row 3에 표시되어 있음에 유의할 것.

셀 e7은 e5의 원금 납입액과 e6의 이자납입액을 합한 금액으로서, 매회차 KOC사업주가 납부해야 하는 금액이다.

납부 1회차의 내용을 마지막 회차인 10회차까지 복사하면, 매 회 납부해

야 하는 금액이 91(백만원)으로 동일하다는 것을 알 수 있다. 단, 원금상환분은 처음에는 작다가 나중에는 커진다. 반대로 이자상환분은 처음에는 크다가 나중에는 작아진다.

은행은 최초에 KOC에게 7억 원을 빌려 줬지만, 이자를 합해 KOC로부터 총 상환받은 금액은 9억이 조금 넘는다. 그렇다면 이 대출에 대해 KOC의 내부수익률(IRR)은 얼마일까? 앞의 〈표 5-8〉을 사용하여, =IRR(d7:n7)을 실행하면 5%가 된다. 이것은 대출이자율 5%와 동일하다.

(2) 금융부문을 감안한 KOC의 비용편익분석

앞의 〈표 5-8〉은 은행 입장에서 본 순현금흐름이다. 이것을 KOC의 기본모형에서 도출한 순현금흐름에서 빼면, 금융부문을 고려한 KOC의 순현금흐름을 구할 수 있다. 다시 말해, 전체 프로젝트에서 은행가의 입장을 빼고 나면, 사업주의 입장이 남는다.

다음 〈표 5-9〉는 KOC가 은행에서 대출받고 상환한 금액을 모두 감안한 새로운 순현금흐름표가 된다.

이렇게 순현금흐름표가 생성되면, 그것을 기초로 새로운 내부수익률을 구할 수 있다. 그 값은 7.71%로서, 기본모형에서의 IRR 값 7.00% 보다 상승한 값이다. 즉, 같은 사업을 하더라도 은행에서 투자금을 대출 받아서 하는 것이 이자를 상환하더라도 훨씬 더 수익성이 좋다는 말이 된다. 조달이자율이 낮으면 낮을수록 사업성은 더 좋아진다.

〈표 5-9〉 **금융부문 고려한 KOC의 새로운 순현금흐름**

C3 =기본순현금흐름!B4

	A	B	C	D	E	F	G	H	I	J
1										
2		Year	0	1	2	3	4	5	6	7
3		기본모형의 순현금흐름	-1,091,500	-177,500	-65,000	47,500	160,000	160,000	160,000	160,000
4		은행의 순현금흐름	-700000	90,653	90,653	90,653	90,653	90,653	90,653	90,653
5		금융감안 KOC의 순현금흐름	-391,500	-268,153	-155,653	-43,153	69,347	69,347	69,347	69,347

8	9	10	11	12	13	14	15	16	17	18	19	20
160,000	160,000	160,000	160,000	160,000	160,000	160,000	160,000	160,000	160,000	160,000	160,000	160,000
90,653	90,653	90,653	0	0	0	0	0	0	0	0	0	0
69,347	69,347	69,347	160,000	160,000	160,000	160,000	160,000	160,000	160,000	160,000	160,000	160,000

〈표 5-10〉 IRR의 변화

기본 모형에서 KOC의 IRR	7.00%
금융부문 추가 모형에서 KOC의 IRR	7.71%

단, 이것은 "이자보상비율"이 좋을 때에 한해서 유효한 말이다. 이자보상비율이 높다는 것은 사업수익으로 이자를 충분히 갚고도 남을 정도의 사업성이 있는 경우를 말한다.

3. 정부부문까지 고려한 KOC의 CBA

소득 있는 곳에 세금 있다. 사업자가 농장을 잘 운영하여 수입이 생기에 되면, 정부가 세금을 걷으러 온다.

그런데 세금제도는 보통 복합한 규정과 예외인정 등을 포함하고 있다. 원래 개인의 소득세 또는 기업의 법인세에는 Haig-Simons 원칙이란 것이 있다. 개인의 수입 또는 기업의 매출이 바로 과세의 대상이 되는 것이 아니라, 소비할 수 있는 능력에 세금이 부과되어야 한다는 것이다.

예를 들어 내가 1년에 1억 원을 벌었다고 해서, 1억 원이 과세대상이 되는 것이 아니다. 나의 소비 능력을 보고 그것에 과세해야 한다는 것이다. 예를 들어, 내가 1억 원을 벌었지만, 질병이 생겨서 병원에 5천만 원을 지불했다면, 나의 사실상의 소비능력은 5천만 원 밖에 안된다. 따라서 세금도 5,000만 원에 대해서만 일정비율 부과된다. 그러나 개인들의 모든 사정을 일일이 감안하여 그것을 소비능력에서 뺀다면, 과세행정이 너무 복잡해진다. 그래서 정부는 소득공제 및 감면제도를 미리 만들어 놓아서, 그 범위 내에서 소비능력을 측정한다.

KOC와 같은 기업에 대해서는 매출에서 ① 운영비를 차감하고, 여기다 ② 감가상각비도 빼준다. ③ 금융기관에 이자를 지급하면, 이것도 지출능력이 저감된 것으로 인정하여, 순수익(profits)에서 빼준다. 이렇게 하여 최종적으로 순수익이 결정되면, 여기에 세율을 곱하여 납부해야 할 과세대상 금액

〈표 5-11〉 세금 납부 후 KOC의 순현금흐름

Year	0	1	2	3	4	5	6	7	8	9
기본모형의 순현금흐름	-1,091,500	-177,500	-65,000	47,500	160,000	160,000	160,000	160,000	160,000	160,000
은행의 순현금흐름	-700000	90,653	90,653	90,653	90,653	90,653	90,653	90,653	90,653	90,653
금융감안 KOC의 순현금흐름	-391,500	-268,153	-155,653	-43,153	69,347	69,347	69,347	69,347	69,347	69,347
정부부문(세금) 추가										
매출액	0	112,500	225,000	337,500	450,000	450,000	450,000	450,000	450,000	450,000
운영비	0	290,000	290,000	290,000	290,000	290,000	290,000	290,000	290,000	290,000
이자지급액	0	35	32	29	26	23	20	16	12	8
세전 순이익	0	-177,535	-65,032	47,471	159,974	159,977	159,980	159,984	159,988	159,992
세율	0.10									
납부세액	0	0	0	4,747	15,997	15,998	15,998	15,998	15,999	15,999
세후 KOC의 순현금흐름	-391,500	-268,153	-155,653	-47,900	53,349	53,349	53,349	53,348	53,348	53,348

(계속)

10	11	12	13	14	15	16	17	18	19	20
160,000	160,000	160,000	160,000	160,000	160,000	160,000	160,000	160,000	160,000	160,000
90,653	0	0	0	0	0	0	0	0	0	0
69,347	160,000	160,000	160,000	160,000	160,000	160,000	160,000	160,000	160,000	160,000
450,000	450,000	450,000	450,000	450,000	450,000	450,000	450,000	450,000	450,000	450,000
290,000	290,000	290,000	290,000	290,000	290,000	290,000	290,000	290,000	290,000	290,000
4	0	0	0	0	0	0	0	0	0	0
159,996	160,000	160,000	160,000	160,000	160,000	160,000	160,000	160,000	160,000	160,000
16,000	16,000	16,000	16,000	16,000	16,000	16,000	16,000	16,000	16,000	16,000
53,347	144,000	144,000	144,000	144,000	144,000	144,000	144,000	144,000	144,000	144,000

(tax liability)을 산출한다.

그런데 여기서는 감가상각은 잠시 논외로 하고, 운영경비 및 이자지급액을 차감한 과세표준액에 10%의 세율을 적용한다고 가정한다. 한국의 법인세는 세전 순이익이 2억 원 이하일 때 10%의 세율을 적용한다.

납부세액을 계산하는 절차는 1) 연간 매출액에서 2) 연간 운영경비를 차감하고, 3) 은행에 납부한 이자지급액을 차감하여 4) 세전 순이익(before-tax profit)을 도출한다. 여기에 5) 세율 10%를 적용하여 납부 세액을 결정한다. 6) 그런데 회사가 적자인 경우에는 납부 세액이 마이너스 값일 경우가 있는데, 이 때는 세액을 0으로 처리한다. (다음 〈표 5-11〉에서 Year1과 Year2가 이 경우에 해당한다.)

이상의 현금흐름표에 기초하여 IRR을 새로 구하면, 그 값이 6.20%로 낮아진다. KOC 기본모형에서의 IRR인 7.00%는 은행에서 투자금을 일부 융자 받음으로써 7.71%까지 높아졌다. 그러나 납세 후에는 당연히 낮아져서 6.20%가 되었다.

〈표 5-12〉 세후 IRR의 변동

기본 모형에서 KOC의 IRR	7.00%
금융부문 추가 모형에서 KOC의 IRR	7.71%
정부부문 추가 후 KOC의 IRR	6.20%

4. 민감도분석

KOC 사업자 입장에서 가장 먼저 하여야 할 민감도분석은 대출이자율이다. 기본모형에서는 조달금리를 고정금리로 연 5%를 상정하였다. 그러나 만약 이것이 변동금리라면, 금리는 수시로 변동할 수 있기 때문에, KOC의 대출상환금에 큰 영향을 줄 수 있다.

그래서 KOC는 대출금리가 연 3%에서부터 연 8%까지 변동한다고 가정하고, 민감도 분석을 해 보았다. 그런데 민감도분석을 하기 위해서는 매번 계산을 다시해야 하는 불편함이 있다. 하지만 엑셀을 잘 이용하면, 민감도분석 회수가 많아져도 어렵지 않게 과제를 수행할 수 있다.

KOC의 경우 "은행순현금흐름" 워크쉬트로 돌아가면, 원리금균등상환방식에서 ppmt와 impt 함수를 사용하는 부분이 있다. 다음 〈표 5-13〉의 셀 e5를 보면 =ppmt(D11,E3,10,D4)로 함수 값이 입력되어 있다. 그리고 셀

〈표 5-13〉 민감도 분석 쉽게 하기

E5   =PPMT(D11,E3,10,D4)

	A	B	C	D	E	F	G	H	I	J	K	L	M	N	O
1															
2		단위	(백만원)												
3			Year	0	1	2	3	4	5	6	7	8	9	10	합계
4		은행	대출금	-700	0	0	0	0	0	0	0	0	0	0	-700
5		관점	원금상환	0	48	58	61	64	68	71	75	78	82	86	692.67
6			이자상환	0	56	32	29	26	23	20	16	12	8	4	228
7			은행의 순현금흐름	-700	104	91	91	91	91	91	91	91	91	91	220
8															
9															
10															
11		은행	대출이자율	0.08											

d11에는 0.08이란 값이 입력되어 있다. 이것은 대출이자율이 연 8%라는 것을 의미하는데, 이 값을 0.07, 0.05, 0.03 등 임의의 숫자로 바꾸면, 다른 워크쉬트에 있는 최종적인 IRR까지 자동으로 계산된다.

원리금균등상환 방식에서 이자상환금도 같은 방식으로 수식으로 바꿀 수 있다. 위 표에서 셀 e6를 =ipmt(D11,E3,10,D4)로 지정하면 된다.

이처럼 대출이자율이 변동할 때, KOC의 납세후 IRR의 변동을 보면, 다음 〈표 5-14〉와 같다.

〈표 5-14〉 대출이자율의 변동과 KOC의 세후 IRR

대출이자율	KOC세후IRR
3%	6.29%
4%	6.25%
5%	6.20%
6%	6.16%
7%	6.11%
8%	6.06%

기본모형에서 대출이자율이 5% 였을 때, KOC의 세후 IRR은 6.20%였다. 그런데 이자율이 낮아지면, 당연히 KOC가 납부할 이자 금액이 줄어들어서 IRR은 상승한다. 그러나 반대로 이자율이 상승한다면, KOC의 내부수익률은 하락할 것이다.

위 표에서 대출이자율이 지금보다 1% 높은 6%만 되어도, KOC의 IRR은 6.16%가 되어서, KOC 사업자는 창업을 결심하기가 쉽지 않다. 그런데 거기서 이자율이 1% 더 올라서 7%가 되면, KOC의 IRR은 6.11%로 낮아져서, 이 때는 확실히 사업성이 없어져 버린다. 합리적인 사업자라면 KOC 농장을 창업하지 않을 것이다.

결론적으로 KOC 사례의 경우 은행 금리수준에 따라서 수익성이 있었다 없었다 할 정도로 다소 민감한 상황에 놓여 있다고 할 수 있다. 이 기업의 경우, 금리상승에 따른 위험을 회피할 방안을 마련해 놓아야 한다. 예를 들어, 현재 5%인 변동금리 대출에 대하여, 이자를 조금 더 주더라도 20년간 5.5%의 고정금리로 대출을 받든지 해야 한다.

이처럼 기본적인 수익구조를 만들어 놓은 다음에, 추가적으로 이익을 낼

수 있는 방안을 모색해야 한다. 예를 들어서 정부의 보조금이나 추가적인 감세혜택 또는 과실 생산량을 늘릴 수 있는 방안등이 있겠다. 이런 방안들에 대해서는 다음 절에서 시나리오를 작성하여 비용편익분석을 하면 된다.

5. 시나리오 분석

(1) 시나리오 1: 특별우대융자제도의 활용

기본모형에서는 KOC가 은행에서만 투자금을 융자해준다고 설정하였다. 그러나 한국 정부는 영농인에 대한 특별우대융자제도를 운영하고 있다. 즉, 영농인이 농협 등을 통해서 약 2억 원~3억 원의 금액을 연이율 2%로 20년 상환하도록 융자해준다.

만약 KOC가 은행에서 빌린 7억 원 이외에, 농협에서 추가로 2억 원을 대출받을 수 있다면, KOC의 수익성은 얼마나 향상될 것인가? 다시 엑셀 모형의 "은행순현금흐름" 워크쉬트로 돌아가자.

다음 〈표 5-15〉은 특별우대융자 제도를 반영한 금융순현금흐름을 새로 구한 결과이고, 〈표 5-16〉는 새 현금흐름을 감안해서 IRR을 다시 구한 과정을 보여준다. 이미 유사한 작업을 여러번 수행하였기 때문에, 구체적인 설

〈표 5-15〉 특별우대융자 제도를 반영한 새 금융순현금흐름

E9 =PPMT(D17,E3,20,D8)

	B	C	D	E	F	G	H	I	J	K	L	M	N	O	P	Q	R	S	T	U	V	W	X
1																							
2	단위	(백만원)																					
3		Year	0	1	2	3	4	5	6	7	8	9	10	11	12	13	14	15	16	17	18	19	20
4	은행	대출금	-700	0	0	0	0	0	0	0	0	0	0	0	0	0	0	0	0	0	0	0	0
5	관점	원금상환	0	56	58	61	64	68	71	75	78	82	86	0	0	0	0	0	0	0	0	0	0
6		이자상환	0	35	32	29	26	23	20	16	12	8	4	0	0	0	0	0	0	0	0	0	0
7		은행의 순현금흐름	-700	91	91	91	91	91	91	91	91	91	91	0	0	0	0	0	0	0	0	0	0
8		대출금	-200	0	0	0	0	0	0	0	0	0	0	0	0	0	0	0	0	0	0	0	0
9	농협	원금상환	0	8	8	9	9	9	9	9	9	10	10	10	10	10	11	11	11	11	12	12	12
10	관점	이자상환	0	4	4	4	3	3	3	3	3	3	2	2	2	2	2	1	1	1	1	0	0
11		농협의 순현금흐름	-200	12	12	12	12	12	12	12	12	12	12	12	12	12	12	12	12	12	12	12	12
12	합계	금융순현금흐름	-900	103	103	103	103	103	103	103	103	103	103	12	12	12	12	12	12	12	12	12	12
13																							
14																							
15																							
16	은행	대출이자율	0.05																				
17	농협	대출이자율	0.02																				

〈표 5-16〉 새로운 금융순현금흐름을 반영한 KOC의 IRR

Year	0	1	2	3	4	5	6	7
기본모형의 순현금흐름	-1,091,500	-177,500	-65,000	47,500	160,000	160,000	160,000	160,000
합계-금융부문 순현금흐름	-900,000	102,885	102,885	102,885	102,885	102,885	102,885	102,885
금융감안 KOC 순현금흐름	-191,500	-280,385	-167,885	-55,385	57,115	57,115	57,115	57,115
정부부문(세금) 추가								
매출액	0	112,500	225,000	337,500	450,000	450,000	450,000	450,000
운영비	0	290,000	290,000	290,000	290,000	290,000	290,000	290,000
이자지급액	0	35	32	29	26	23	20	16
세전 순이익	0	-177,535	-65,032	47,471	159,974	159,977	159,980	159,984
세율	0.10							
납부세액	0	0	0	4,747	15,997	15,998	15,998	15,998
세후 KOC의 순현금흐름	-191,500	-280,385	-167,885	-60,132	41,118	41,118	41,117	41,117
(year 8이후 생략)								
기본 모형에서 KOC의 irr	7.00%							
은행부문 추가 모형에서 KOC의 irr	8.84%							
은행부문+납세후 KOC의 irr	6.20%							
특별우대융자 시나리오- KOC의 irr	7.03%							

명은 생략하도록 한다.

결론적으로 KOC의 IRR은 다시 7.03%로 향상되었다. 정부의 정책이 제대로 효과를 발휘한 것이다.

(2) 시나리오 2: 농업부문에 대한 인건비 보조

최근 정부의 과제 중 하나는 일자리 창출이다. 그 대책 중 하나로 농업부문 인건비에 대하여 정부가 20%를 보조한다고 가정하자. 즉, 특별우대융자 제도에 더하여 추가적으로 인건비 20% 보조가 이루어진다는 것이 〈KOC 시나리오 2〉가 된다.

이 시나리오에 대한 분석을 실행하려면, 가장 먼저 "기본비용" 워크쉬트로 돌아가야 한다. 그 다음 인건비를 아래와 같이 수정한다. 그러면 연간 인건비지출은 50,000(천원)에서 40,000(천원)으로 감소하고, 이에 따라 연간 운영비도 29억 원에서 28억 원으로 줄어든다.

〈표 5-17〉 인건비 보조 정책에 따른 운영비 감소

F23 =50*(1-I23)

	A	B	C	D	E	F	G	H	I
15		<투자비>	소계				71,500		
16		<연간 운영비>	토지임대료	ha	10	5,000	50,000		
17			연료비	리터	2,000	1	2,000		
18			묘목구입	본	50	50	2,500		
19			비료	톤	5	500	2,500		
20			살충제	리터	3,000	30	90,000		
21			물	톤	900	20	18,000		
22			장비소모품	개	12	1,000	12,000		
23			인건비	m/m	1,000	40	40,000	보조율	0.2
24			행정비	월	12	1,000	12,000		
25			각종 보험료	년	1	10,000	10,000		
26			관리자 임금	월	12	3,000	36,000		
27			잡비	년	1	5,000	5,000		
28			소계				280,000		

"기본비용" 워크쉬트의 이런 변화는 즉각적으로 새로운 IRR값을 생성하는데, 그 값이 8.41%(세후)이다.(다음 〈표 5-17〉 참조) 이것은 기본모형의 IRR이 6.20%(세후)이었고, 특별우대융자 정책만 적용했을 때의 IRR 7.03%(세후) 보다 크다.

〈표 5-18〉 인건비 보조 정책의 효과

Year	0	1	2	3	4	5	6	7
기본모형의 순현금흐름	-1,091,500	-167,500	-55,000	57,500	170,000	170,000	170,000	170,000
합계-금융부문 순현금흐름	-900,000	102,885	102,885	102,885	102,885	102,885	102,885	102,885
금융감안 KOC 순현금흐름	-191,500	-270,385	-157,885	-45,385	67,115	67,115	67,115	67,115
정부부문(세금) 추가								
매출액	0	112,500	225,000	337,500	450,000	450,000	450,000	450,000
운영비	0	280,000	280,000	280,000	280,000	280,000	280,000	280,000
이자지급액	0	35	32	29	26	23	20	16
세전 순이익	0	-167,535	-55,032	57,471	169,974	169,977	169,980	169,984
세율	0.10							
납부세액	0	0	0	5,747	16,997	16,998	16,998	16,998
세후 KOC의 순현금흐름	-191,500	-270,385	-157,885	-51,132	50,118	50,118	50,117	50,117
(year 8이후 생략)								
시나리오 2- KOC의 irr	8.41%							

특별우대융자 정책으로는 KOC의 IRR을 0.83%(=7.03-6.20) 포인트 향상시켰다. 그러나 인건비 보조정책으로는 KOC의 IRR을 1.38%(=8.41-7.03) 포인트나 향상시킨다. 이 두가지 정책을 모두 적용한 〈KOC 시나리오 2〉의 총 정책효과는 IRR 2.21% 포인트 향상으로 나타난다. 일반적으로 이

정도의 효과는 매우 큰 효과로 평가한다.

농업부문에 대한 정부의 재정세제 지원은 그 종류와 지원금액, 지원조건 등이 매우 다양하므로, 이것만 잘 파악하고 있어도 수익성 향상에 크게 도움된다. 그런데 농업부문에서의 가장 큰 리스크는 역시 기후(climate)이다. 장마와 가뭄, 그리고 바람으로 인한 과수농장의 피해가 큰데, 이것 역시 시나리오를 잘 짜서 대응할 필요가 있다. 그러나 요새는 이런 위험을 "농작물재해보험"(농업정책보험금융원)으로 줄일 수 있으므로, 그런 요소까지 비용편익분석에 포함시키면 매우 훌륭한 분석모형이 될 수 있다.

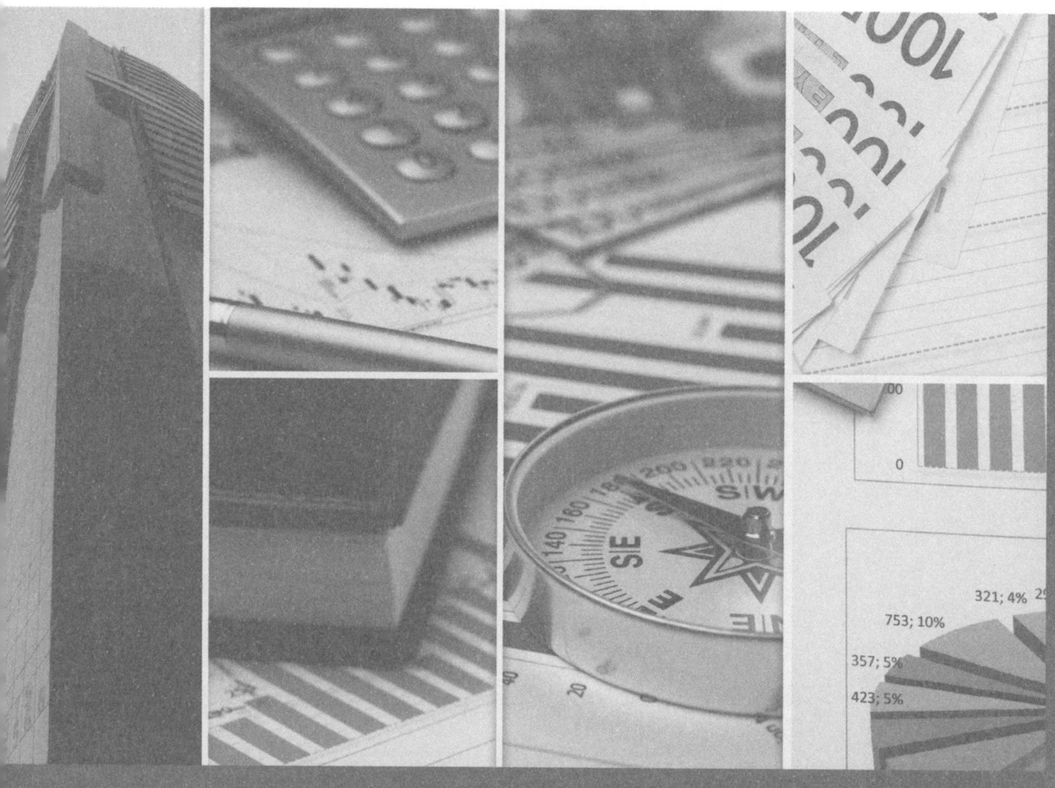

제 6 장

비용편익분석에서 비경제적 재화의 평가

이번 장에서는 비시장재의 가치측정에 대해서 학습한다. 여러 대상들 중 문화시설을 중심으로 보고자 하는데, 우선 문화시설과 이 시설들이 갖고 있는 가치에 대한 주요 개념들을 소개하고자 한다. 두 번째로는 문화시설의 개념 및 그간의 관련 논의에 대해 알아보고, 세 번째로는 문화시설의 가치 분석 방법론을 보다 구체적으로 살펴보고자 한다. 마지막으로 분석의 사례 소개와 그 시사점을 찾으며 본 장을 마치고자 한다.

1. 문화시설과 가치의 주요개념

(1) 시장재와 가치재

시장에서 거래되는 재화들은 그 가치가 가격에 의해 결정된다. 그리고 그 재화들은 시장에서 자유롭게 거래가 되고 있다. 하지만 시장에서 거래가 되지는 않으나 우리 실생활에서 꼭 필요한 경우, 이를 다른 방법으로 소비를 하게 되는 재화가 있다. 이러한 재화를 생산, 공급 및 소비하는 과정을 살펴보면 우리가 시장에서 거래되는 일반적인 재화와는 차이가 있다.

그렇다면 왜 이러한 비시장재의 가치 측정이 필요한 것일까? 그 이유는 시장에서 접하기 어려운 비시장재가 갖고 있는 가치들이 과소평가되는 경우가 있기 때문이다. 이는 사회 현상 속에서 이러한 가치가 제대로 평가 받고 수요에 따라 적절히 생산 및 공급이 이루어져야 한다는 말이기도 하다. 이러한 재화들은 다양한 유형이 있고 그 가치들을 측정하는 방법 또한 다양하다. 따라서 본 장에서는 이 모든 분야를 모두 다룰 수 없고 문화 분야로 한정하여 설명하고자 한다.

우리가 일반적으로 시장에서 거래되는 재화와 다르게, 비시장재로서 민간부분에서 시장원리에 따라 공급을 기피하거나 경제적 이익이 적다고 하여 참여를 기피하는 재화와 같은 경우, 국가 혹은 지자체에서 그 필요에 의해 꼭 공급을 해야 하는 경우가 생기게 된다.

이럴 때 과감하게 정책적 투자 결정을 하는 경우와, 이를 사전에 충분히 검토하여 신중한 결정을 하는 경우가 있을 것이다. 두 가지 경우 모두 어려운 사항이기는 하지만, 사전에 충분한 검토를 통해 그 재화의 가치가 국가단위 혹은 지역 단위에서 투자가 반드시 필요한가에 대한 결정에 이르기까지는 상당한 시간과 노력이 필요하게 된다.

(2) 사용가치와 비사용가치

위에서 언급했던 투자의 대상(재화)이 투자 가치가 있는가, 즉 재화가 가지고 있는 가치가 얼마나 되는지 파악하는 것은 정책 결정 과정에 있어 중요한 기준이 될 수 있다. 이 가치는 크게 사용가치(Use Value)와 비사용가치(Non-use Value)로 구분할 수 있다.

사용가치는 인류가 현재의 생산 및 소비 행위에 공공재를 직접 연관시킴으로써 발생하는 가치를 말하며, 그 예로 새로운 미술관의 개관, 못 보던 미술작품 감상에 따른 만족감 증대와 결부된 가치 등이 이에 해당된다. 아울러 이 가치는 성격 규정이 곤란하여 유사사례를 통한 분석을 하게 된다. 국·내외 유사사례 분석은 시설의 종류, 규모, 운영방식 결정 시 참고자료로 중요하게 된다.

비사용가치는 사용가치 이외의 가치를 통틀어 지칭하게 되는데, 예를 들어 야생 생태계와 같이 직접 접촉할 것이라는 기대 없이 그것의 보존, 존재에 대해 만족을 얻을 수 있음을 반영하는 경우이다. 비사용가치의 경우 크게 선택가치(Option Value), 존재가치(Existence Value), 유산가치(Bequest Value) 등으로 세분화 할 수 있다.

(3) 문화시설과 가치개념

가치재를 구분할 때 비금전적 가치재로 표현하는 경우가 있다. 즉, 환경이나 문화와 같이 눈에는 보이지 않으나, 특별한 금전적 지출을 하지 않아도 본인이 편익을 얻을 수 있게 되는 경우의 재화를 뜻한다.

눈에는 보이지 않으나 환경과 같은 비금전적 가치재는 그 중요성(가치)은 누구나 잘 알고 있다. 최근 대기환경의 경우, 대기질 오염(미세먼지 등)에 따른 환경 피해 사례가 증가하고 있다. 평소 눈에 보이지 않기 때문에 경시되어 왔던 환경 문제들이 경제발전, 대기환경 변화 등에 따라 사람에게 미치는 직·간접적인 영향이 크다는 것을 인지하고, 1970년대부터 전 세계적 차원에서 연구가 활발히 진행되는 이유가 바로 그것이다.

문화적 재화들이 가지고 있는 가치 역시 쉽게 인식되기 어렵고, 비가시적인 경우가 많다. 문화시설이나 문화재와 같은 경우는 눈으로 건조물 자체를 볼 수 있다. 하지만 각각의 건조물들이 가지고 있는 가치에 대한 측정은 이해하기 어렵고 설명이 쉽지 않다. 따라서 이러한 문화적 재화에 대한 투자에 있어서는 지역적 특수성 등을 고려하여 그 가치의 중요성을 부여하려는 시도가 이어져 오고 있다.

2. 문화시설의 개념 및 가치 측정

(1) 문화시설 및 문화적 재화의 개념

문화가 가지는 문화적 재화의 가치는 무엇일까? 이 질문에 답변하기에 앞서 문화 및 문화 시설이 무엇인지를 파악하는 것이 선행되어야 할 것이다.

경제학에서는 일반적으로 재화를 크게 사적재와 공공재로 구분하고 있으며, 특히 공공재의 공급 주체에 대한 논의가 분분하다. 하지만, 공공재 역시 민간, 즉 사적인 부문에서 공급이 가능하다. 공공재라고 하여 공공부문에서 반드시 공급하라는 것은 아니라는 것이다. 단지 그 수요 및 사용자를 특정하기 어렵고, 반드시 공급해야 한다면 이를 국가 혹은 지방자치단체에서 사전에 공급 가능 여부에 대해 검토가 충분히 이루어져야 한다.

공공재 성격에서 문화적 재화의 가치는 비배제성(non-excludability)과 비경합성(non-rivalry)을 가지고 있어서, 시장 재화처럼 가치를 측정하기 어렵다. 특히 문화시설(문화재 등 포함)은 여기에 더하여 커뮤니티와 개인, 직접이용과 공유 등 보다 복잡한 요인들을 고려하여 그 가치를 검증하여야 한다. 그리고 검증작업(정량적 작업 또는 가치분석 작업)을 통해 낮은 수치를 얻었다고 하여 문화재로서의 가치가 없다는 결론을 쉽게 내려서는 안 된다.

Throsby(1999)의 문화적 가치에 대한 연구는 문화자본(문화유산) 개념을 도입하여 자산으로서의 스톡(stock) 가치와 플로어(flow) 가치를 동시에 지닌다고 주장하고 있다(ex. 문화유산의 문화경제학). 따라서, 정량적으로 찾을 수 있는 비용과 편익의 비교만으로 그 가치를 따지기에는 한계가 있다는 것이다.

문화시설의 경우 그 유형 및 성격이 다양하고 복잡하며 복합화된 경우가 많다. 또한 제도적 측면에서도 법적 기준에 의한 문화시설의 구분은 각 시설의 개별법에 의한 설치 기준 등에 따르는 경우도 많다.

하지만 복합시설 건립으로 인한 시설의 정의 및 규명은 곤란한 상황이다. 성격규정이 곤란하기 때문에 유사사례를 통한 분석이 이루어지고 있으며, 국·내외 유사사례 분석은 시설의 종류, 규모, 운영방식의 결정 시 참고자료로 중요하게 다루어진다. 아울러 문화시설 건립 시에도 그 타당성을 검토하기 위하여 시설의 특성(성격) 규명이 중요하며 특히 시설의 규모, 거리, 장르, 기능 등의 고려가 필요하다. 추가로 지역적 특수성이나 정책적 방향성 등 또한 고려가 필요하다.

이러한 문화적 재화, 특히 문화시설에 대한 개념을 이해하기 위해 관련 제도를 살펴보도록 하겠다. 법에서도 이러한 시설을 활용한 문화예술을 진흥하고자 하였다. 이를 위한 법으로 문화예술진흥법을 개정하였고, 2020년 12월 22일부터 시행하게 된다.

이 법에서는 공연, 전시, 문화보급, 문화전수 등 문화예술 활동에 지속적으로 이용되는 시설들을 규명하고 있으며, 각 시설들에 대한 개념을 다음과 같이 정의하고 있다.

- 공연시설: 「공연법」에 의한 공연장(종합, 일반 소공연장), 영화상영관, 야외음악당
- 전시시설: 「박물관 및 미술관 진흥법」에 의한 박물관 및 미술관, 화랑, 조각공원
- 도서시설: 「도서관법」에 의한 도서관(국립, 국회, 공공, 학교, 대학, 전문특수 도서관), 문고
- 지역문화 복지시설: 문화의 집, 복지회관, 문화체육센터, 청소년활동시설

- 문화보급 전수시설: 지방문화원, 국악원, 전수회관
- 문학관: 「문학진흥법」에 따른 문학관

「국토의 계획 및 이용에 관한 법률」에서도 문화관련 시설이란 "문화시설 기반시설 중 공공·문화체육시설의 하나로, 도시·군 관리계획으로 결정하여 설치하거나 도시·군 관리계획으로 결정하지 않고도 설치할 수 있는 시설"이라고 정의하고 있다. 이때, 「문화예술진흥법」에 의한 문화시설 외에 「문화산업진흥기본법」에 의한 문화산업진흥시설 및 문화산업단지 「과학관육성법」에 의한 과학관을 포함하게 된다.

아울러, 지방재정법 시행령 제41조에서는 "문화·체육시설 신축" 투자사업 심사대상 중, "문화시설: 「문화예술진흥법」 제2조 1항 3호의 '문화시설'이 해당(도서관은 제외)"과 "체육시설: 「체육시설의 설치·이용에 관한 법률」 제5조의 '전문체육시설' 해당(생활 및 직장체육시설 제외)"을 각각 설명하고 있다.

또한, 지방투자사업 심사 분야 및 부문별 분류 기준에 따르면, '문화·관광' 분야의 '문화예술' 및 '문화 및 관광 일반' 부문에 해당하는 업무로 설명하며 그 내용은 다음과 같다.

- 문화·예술·출판·방송·영상·광고·종교 관련 행정관리·감독 및 규제
- 공공도서관
- 문화예술사업 및 지원
- 예술·국악단 등 육성
- 관련 사업소(문예회관, 박물관, 미술관, 음악당) 운영경비
- 종교 관련 예산, 민속예술, 향토축제 등
- 기타 문화 및 관광시설
- 복합시설 등

그렇다면 이러한 문화시설의 특성은 무엇일까. 문화시설의 가장 큰 특성은 관련 시설들이 다양하고 세분화 되어 있다는 것이다. 기능 및 운영방식, 시설규모, 시설형태 등에 따라 구분하게 되며 그 분류는 다음과 같다.

- 기능: 공연시설, 전시시설, 문화보급 전수시설, 지역문화시설, 정보제공 시설 등으로 구분

• 운영방식: 소유 주체(국립시설, 공립시설, 사립시설)
• 운영방법: 기획시설, 대관시설, 전용 시설 등
• 시설형태: 복합시설(장르복합시설, 기능복합시설), 전용시설로 구분

또한 시설규모 별로는 대규모시설, 중소규모시설, 생활권시설로 구분하며 시설단위, 설치단위, 설립주체, 시설입지에 따라 구분하여 그 기능들을 파악할 수 있다.

〈표 6-1〉 문화시설의 종류

	대규모 시설	중소규모 시설	생활권 시설
시설단위	거점시설	예술시설	생활문화시설
설치단위	국가 · 도시	민간	공공
설립주체	국가 · 광역자치단체	민간기업 · 재단	기초지자체 · 지역개발사업
시설입지	거점지역(도심, 밀집지역)	도심, 밀집지역	생활권(기초지자체별)
주요역할	주요장르 발표/ 전시, 세계와 교류	예술품 발표/ 전시, 소비자와 교류	문화교육 및 체험, 시민의 교류
주요기능	국가적인 문화력 상징	예술의 시장적 가치 창출	시민문화권 형성

자료: 김연진, 2015 : 재인용 서울시정개발연구원, 2004 재인용

(2) 문화시설의 가치평가와 문제점

이러한 문화시설을 건립할 때 기존에 행하였던 사전 예비타당성 조사 사례 연구를 통해 분석 방법 및 결과 등에 대해 살펴보고자 한다. 다양한 사례를 통한 시사점은 마지막 절에 언급하고자 한다.

2015년 김연진에 의해 조사된 사례에서는 문화시설 주요 유형을 도서관, 박물관, 미술관, 복합시설 등으로 구분하여 조사를 실시하고 있다. 주요 가치 측정방법으로는 CVM(Contingent Valuation Method)방식을 취하였는데, 경제적 및 타당성 확보율이 떨어지는 결과를 얻었다. 이는 현재 문화 분야의 고유한 특성 반영이 미비하여 타당성 검토 기준에 그대로 반영하는 것에는 한계가 있다는 것이다.

특히 지금과 같은 판단기준에서는 경제적 타당성 미확보 시 사업시행에

상당히 부정적인 영향을 미치는 것이 사실이다. 문화시설 분류별 차이에 있어서도 모든 종류의 시설이 경제적 타당성보다 종합적 타당성에 대한 의존도가 높은 상황이며, 사업규모에 따른 차이도 있어서 대규모의 사업(총사업비 1,778억 원 이상)은 경제적 타당성 확보에 불리하다. 즉 사업비가 클수록 CVM에 의한 편익추정이 불리하여 NPV 값이 낮게 나타난다.

그렇다면 문화적 재화의 가치는 무엇일까? 앞서 설명한 공공재가 갖고 있는 고유한 가치 외에, 문화는 준공공재로서 정(+)의 외부성을 가지게 되며 그 가치가 과소평가되어 과소 공급의 가능성이 높아 질 수 있다. 이 논의에 따르면, 문화는 시장에 의한 효율적 자원 배분이 곤란한 요인(옵션가치, 존재가치, 유증가치, 위신가치 등)이 존재하게 된다. 예를 들어, 문화적 경관은 무임승차(free rider)가 발생할 가능성이 높으며, 이로 인해 시장실패가 발생하고 그 가치를 유지하고 관리하기 위해 정책적 개입이 필요하게 되는 것이다.

이러한 재화가 가지는 편익을 표로 정리해 보면 다음과 같다.

〈표 6-2〉 편익 분류와 문화재

<table>
<tr><th>구분</th><th colspan="4">편익의 종류</th></tr>
<tr><td rowspan="4">사적재</td><td>사용가치</td><td>직접적 이용가치</td><td colspan="2">예술문화시설을 이용함으로 얻게 되는 가치</td></tr>
<tr><td rowspan="3">비사용가치</td><td>옵션가치</td><td colspan="2">장래에 방문을 희망하여, 보존을 원하는 가치</td></tr>
<tr><td rowspan="2">존재가치</td><td>* 유증가치</td><td>문화재를 차세대에 남기고자 하는 동기로부터의 가치</td></tr>
<tr><td>**대위가치</td><td>다른 사람이 문화재를 이용할 것이라는 동기로부터 발생하는 가치를 말하며, 동세대 타인의 이용에 따른 효용을 목적으로 함</td></tr>
<tr><td rowspan="3">공공재(외부성)</td><td>기술적 외부성</td><td></td><td>위신가치</td><td>지역 시설이 가지는 지역의 아이덴터티와 자랑거리, 위신에 대한 가치</td></tr>
<tr><td rowspan="2">금전적 외부성</td><td>단기</td><td>수요측면 파급효과</td><td>주변 가게 등에 미치는 지역에의 부차적 경제파급효과</td></tr>
<tr><td>장기</td><td>공급측면 경제효과</td><td>민간자본 스톡과 노동력의 유치, 생산성의 향상</td></tr>
</table>

주: * 유증가치는 유산가치(bequest value),
** 대위가치는 대체가치(vicarious value)로 사용되기도 함
자료: 林(2012: 60) 에서 재인용

즉, 크게는 사적재와 공공재로 구분하여 볼 수 있으며, 사적재의 경우 사용가치와 비사용가치로, 그리고 공공재의 경우 기술적 외부성과 금전적 외부성으로 구분하고, 각 성격별로 직접적 이용가치와 옵션가치, 존재가치(유증가치, 대위가치), 위신가치 등으로 구분할 수 있을 것이다.

위의 편익을 귀속주체별로 구분하여 정리하면 다음과 같다.

〈표 6-3〉 **귀속주체별 편익**

구분	소범주	편익의 귀속주체
가치창출	① 소비자의 이용자 편익	일반 국민
	② 부가가치 창출편익	관련 기업
비용절감	③ 불편비용 절감편익	일반 국민
	④ 생산비용 절감편익	관련 기업

즉, 가치창출에 있어서는 소범주로서 소비자의 이용자 편익과 부가가치 창출편익으로 구분해 볼 수 있으며, 이는 각각 일반 국민과 관련기업으로 편익이 귀속될 것이다. 비용절감 측면에서는 불편비용 절감편익과 생산비용 절감편익 또한 국민과 기업이 각각 그 편익을 얻게 될 것이다.

이때 불편비용 절감편익은 해당 시설이 없어서 지역민들의 불편을 초래하였기 때문에, 해당 시설 건립으로 그 불편비용(Inconvenience Cost)이 절감되는 편익을 말한다. 아울러 이동시간 절감 편익(방문객의 기존 및 신규 시설을 이용하는데 걸리는 평균이동 시간의 차이, 평균 단축 시간 등을 산출 후 예상 방문객 이전 수요에 적용)과 교통비 절감 편익(방문객의 기존 및 신규 시설 이용 시 지출되는 평균 교통비의 차이, 평균 교통비 절감액 산출 후 예상 이전 수요에 적용) 또한 고려하여야 한다.

이어서 문화시설의 외부성 분석 사례를 살펴보자. 그 대상은 비시장가치로서, 분석 방법은 금전적 외부성을 측정하게 되는데, 수요창출에 의한 경제파급효과를 산업연관표를 활용하여 분석한 사례가 있다. 대표적인 연구 사례들은 다음과 같다.

① 梅棹(1993): 국립민족학박물관을 대상으로 사회적 편익 분석, 최종수요로부터의 생산유발효과 등 산업연관표를 사용한 경제효과 계측 및 지역경제에 미치는 영향 분석
② 伊藤(2006): 문화자본 정비가 지자체에 미치는 경제효과 분석
③ 枝川(2006): 지역문화의 경제파급효과 측정 및 사회적 파급효과 측정

3. 문화시설 가치 분석 방법론

이러한 문화시설의 가치측정 즉 경제성을 평가하기 위해서는 대표적으로 비용과 편익을 분석하게 되는데, 크게 현시선호법과 진술선호법으로 구분해 볼 수 있다. (다음 〈표 6-4〉 참조)

〈표 6-4〉 공공재의 2대 평가방법

비용 · 편익분석	프로젝트의 비용과 실적을 평가하는 분석방법((Nas(1996), Bordman(2001)), *편익 추계의 정확성 중요	
비용 · 편익분석	비시장재에 대한 가치를 금전적으로 환산하여 측정하는 방법으로 Snowball (2010)에서 '현시선호법(간접적 방법)'과 '진술선호법(직접적 방법)'으로 분류	
공공재의 평가방법	현시선호법	• 대체법(Replacement Cost Method): 별도의 상품으로 교환하였을 경우 비용에 근거한 평가액을 추정 • 여행가치법(Travel Cost Method)*: 레크레이션 등 가치를 여행비용과 방문회수 등의 관계에 근거한 추정 • 헤도닉법(Hedonic Price Method): 환경어메니티 등을 평가하기 위한 지대와 주택선호 등의 관계를 분석
공공재의 평가방법	진술선호법	• 조건부가치측정법CVM(Contingent Valuation Method): 설문조사를 이용하여 직접평가를 함 • 컨조인트분석(Conjoint Analysis): 상품선호에 대한 속성별 개별 효과를 추정

주: *여행가치법에서 사전평가 시에는 진술선호법에 해당
자료: 垣内(2011:37)에서 인용하여 재작성

(1) 현시선호법

현시선호법은 대체법, 여행가치법(사전평가시 표명선호법에 해당), 헤도닉법으로 구분한다. 이 중 헤도닉법은 "사람들의 선호가 부동산 가격의 차이"로 표명된다는 연구에 많이 사용된다. 즉, 강물의 뷰(view) 가치는 강이 보이는 아파트와 보이지 않는 아파트의 가격 차이로 평가한다.

그리고 현시선호법의 또 다른 예로는, 실무에서 많이 사용되는 객단가 방식이 있다. 이는 다시 재무적 및 경제적 방식으로 구분한다. (다음 〈표 6-5〉 참조) 우선, 재무적 객단가 방식은 문화시설의 입장료 및 체험시설 객단가, 부대시설 및 숙박시설 객단가를 추정하는 것이며, 경제적 객단가 방식은 여행비용(travel cost)으로 목적지까지의 거리 및 시간비용을 추정하는 것이다. 이 두 가지 방식의 객단가를 합하여 총 객단가가 구해지게 된다. 단, 재무적 객단가에서는 다목적 여행(Multi-Purpose Trips)의 과대추정이나, 비사용가치에 대한 원천적 배제로 과소추정되는 현상, 그리고 유류비 외 차량운행비용 추정의 불완전성으로 인해 때에 따라 과대 또는 과소추정 될 가능성을 배제할 수 없다.

〈표 6-5〉 **재무적 객단가와 경제적 객단가**

재무적 객단가 방식
- 문화시설의 입장료 및 체험시설 객단가, 부대시설 및 숙박시설 객단가 추정

경제적 객단가 방식
- 여행비용(travel cost)으로 목적지까지의 거리 및 시간비용 추정

총 객단가 = 재무적 객단가 + 경제적 객단가
= 시설에서의 지출에 초점을 맞춘 객단가 + 거리비용 및 시간비용 관점 객단가

재무적 객단가에 대한 논의
- Multi-Purpose Trips: 과대추정
- 비사용가치에 대한 원천적 배제: 과소추정
- 유류비 외 차량운행비용 추정의 불완전성: 과대 또는 과소추정 등

(2) 진술선호법

현시선호법이 실제로 지불된 금액으로 비경제적 가치를 측정하려고 하는

것에 비하여, 진술선호법은 주로 응답자의 주관적인 지불의사(willingness to pay)를 측정한다. 진술선호법은 최근 가장 널리 사용되는 조건부가치측정법(Contingent Valuation Method)과 컨조인트분석(Conjoint Analysis) 등으로 구분된다. 물론 방법마다 특징이 있어 정론은 없다. 그러나 최근 각 기관이나 연구자들은 CVM을 많이 채택하는 경향이 있다.

이러한 CVM방식을 활용하여 문화재의 가치측정 사례로는 국내에서 다음과 같은 사례가 있다.

1) 문경일 외(2003): 고궁의 이용가치를 분석
2) 이희승 외(2006): 창덕궁의 사용가치를 추정
3) 정미선 외(2008): 근대문화유산의 가치를 평가분석
4) 한상헌(2007): 문화유산 관광자원의 가치를 평가
5) 옥성수 외(2009): 문화재의 공익적·경제적 가치 분석

이밖에 국외에서는 Snowball(2008, 2010)의 문화관련 CVM에 관한 광범위한 조사를 비롯하여 다수의 연구가 있다.

〈표 6-6〉 문화재 관련 국내외 CVM 적용 사례

국내	국외
문경일외(2003) 고궁의 이용가치를 분석 이희승외(2006) 창덕궁의 사용가치를 추정 정미섭외(2008) 근대문화유산의 가치를 평가분석 한상헌(2007) 문화유산 관광자원의 가치를 평가 옥성수외(2009) 문화재의 공익적 · 경제적 가치 분석	◦ Snowball(2008, 2010): 문화관련 CVM에 관한 광범위한 조사 ◦ Noonan(2002): 유럽의 역사유적과 건축물 등 조사 ◦ Santagata and Signorello(2000):이탈리아 나폴리의 미술관의 공공문화가치 분석 ◦ 青山외 (2000): 교토 문화재의 경제적 가치측정(CVM) ◦ 정책연구대학원대학(2006a): 문화자본으로서의 시장가치와 비시장가치를 분석 ◦ 寺田외(2007): 오하라미술관의 편익측정과 방문자의 가치의식 ◦ 横田외(2002): 공공문화시설 건설계획에 대한 주민의식, 평가분석

(3) 현시선호법과 진술선호법의 비교

이상에서 살펴 본 현시선호법과 진술선호법의 장·단점을 각각 비교해 본

〈표 6-7〉 **현시선호법 vs. 진술선호법**

방법		장점	단점
현시 선호법	대체법	◦ 조사와 분석을 동반하지 않아 용이하게 적용 가능	◦ 적절한 대체시장재의 선정이 곤란
	헤도닉법	◦ 지가데이터를 기본으로 하기 때문에 데이터를 모으기가 용이	◦ 변수끼리 밀접한 관계가 있는 경우(다중공선성이 있는 경우)는, 안정성을 잃을 수 있음
	여행가치법	◦ 레크레이션 시설의 이용가치 평가에 적절함	◦ 외부불경제 측정할 수 없음 ◦ 복수 목적지에서의 행동이 포함되며, 과대평가 가능성이 높음
진술 선호법	조건부 가치평가법	◦ 가장 적용범위가 넓은 수법이며, 원리적으로는 대부분의 효과 평가가 가능함	◦ 적절한 수순을 밟지 않으면 바이어스 등으로 추계정도가 낮아질 가능성이 있음 ◦ 조사 단계에서 효과의 부호를 정(+) or 부(-) 중 하나로 설정해야 하며, 결국 초기 설정한 부호의 효과만 측정 가능
	컨조인트법	◦ 조건부 가치평가법과 동일 ◦ 효과의 정 또는 부에 상관없이 복수의 항목을 동시에 평가 가능	◦ 적절한 수순을 밟지 않으면 바이어스 등으로 추계정도가 낮아질 가능성이 있음

다면 〈표 6-7〉과 같다. 따라서 실제 편익을 평가하기 위해서는 방법마다 장단점을 파악하여 적절한 접근법을 선택하는 것이 중요하다.

지금까지 설명한 내용을 정리하면 다음과 같다.

① 문화시설 종류, 역할, 기준이 다양하여 표준화된 조사방식 적용이 어렵다는 점이 있다. 문화시설은 건립비 대비 운영비 비중이 높은 특성이 존재하며, 타당성 분석에서 시설별로 운영 프로그램이 상이하므로, 각 시설의 특수성을 반영한 조사방식이 필요하게 된다.

② 지역시설의 타당성 조사는 비용 및 편익 발생 범위에 대한 신중한 분석이 필요하므로 국가사업과 달리 지역주민을 대상으로 하는 경우가 많다. 따라서 사업의 영향력을 전 국민이 아닌 해당 지역 시민으로 한정해야 하는 경우가 발생하게 된다.

③ 복합시설 또는 두 개 이상의 사업을 한꺼번에 진행할 경우, 시설별 편

익을 추정할지 여부 판단이 필요하다.

④ 지역별 특성을 반영한 시설 수요분석이 필요하다. 지역별 인구구성, 경제 여건 등이 지역별로 상이하여 지역 여건 분석을 바탕으로 공공서비스 수요, 효과적 입지 등에 대한 전문적인 검토 과정이 필요하게 된다.

4. 문화시설 가치분석 사례

(1) 주요 연구 사례

첫 번째 사례는 2009년 옥성수 등에 의해 조사된 사례이다. 이 조사에서는 문화재의 공익적, 경제적 가치분석이라는 제목으로 조사가 수행되었고, 연구대상은 창덕궁 외 5개 시설에 대한 가치를 분석하였다. 표본이 5,900명인 이 연구가 채택한 방법은 ① 대상 문화재의 지불의사금액구간 산정, ② 가치분석 설문지 작성, 사용가치와 비사용가치로 구분, ③ 자료정리 및 인터뷰어 효과, ④ 제시금액 수용 분석을 위해 양분선택형 폐쇄형 질문법 사용, ⑤ 모델 추정방법 ⑥ 총 가치의 추정, ⑦ 지역변수의 영향을 추정 등이다. 그 결과 지불용의(willingness to pay, WTP) 3,092원의 값을 얻었다. 이는 5개 문화관련 시설에 대한 가치분석으로 그 의의가 크다. 다만 비용에 대한 개념 적용이 없었다는 한계가 있다.

두 번째 사례는 2009년 임상오 등의 연구진이 안성 남사당 바우덕이 풍물단의 비시장적 가치를 측정한 사례이다. 이 조사는 CVM 방식을 통해 측정하였으며, 그 조사대상을 안성시 200가구와 수도권 376가구로 하였다. 지불수단으로 소득세를 선정하였으며, 매월 2,078원의 지불의사가 있음을 알 수 있으며, 관람료로는 4,083원의 지불의사가 있었다. 하지만 실질적 정책 활용에 대한 구체적 시사점이 미비하다는 한계가 있다.

세 번째 사례는 일본의 아오야마(青山) 외에 의해 2000년에 조사된 교토시의 9개 문화지구에 대한 조사이다. 샘플 수 2,904개로 방법론은 CVM 방법을 사용하였다. 개인속성별 총가치를 구했으며, 이를 다시 9개 문화지구로

〈표 6-8〉 연구 사례 요약

사례 명	연구대상	연구방법	연구결과	문제점 및 시사점
1. 옥성수외(2009), '문화재의 공익적, 경제적 가치분석'	창덕궁외 5개 시설에 대한 가치 분석: ◦ 조사대상: 소득세를 내는 만 20세 이상 성인 남녀 ◦ 조사지역: 전국 ◦ 조사방법: 전화 및 방문면접 ◦ 샘플: 모집단 20,816명 중 총 5,900명	① 대상 문화재의 지불의사금액구간 산정 ② 가치분석 설문지 작성, 사용가치와 비사용가치로 구분 ③ 자료정리 및 인터뷰어 효과 ④ 제시금액 수용 분석을 위해 양분선택형 폐쇄형 질문법 사용 ⑤ 모델 추정방법 ⑥ 총 가치의 추정 ⑦ 지역변수의 영향을 추정	◦ 창덕궁 월간 지불의사 3,595원, 연간 지불의사는 12,156원, 입장료 지불의사는 3,092원의 결과를 얻음	◦ 6개 문화관련 시설에 가치분석을 하였다는데 큰 의의가 있음 ◦ 비용에 대한 개념 적용 없고, 분석 결과에 대한 적용 및 활용 방안 필요
2. 임상오외(2009), '안성 남사당 바우덕이 풍물단 비시장적 가치'	CVM적용 ◦ 조사대상: 안성시, 수도권 대상으로 무작위 선정 ◦ 조사방법:일대일 개별면접 ◦ 샘플: 안성시 200가구, 수도권 376가구	① 대상재화 선정, 시나리오 작성, 설문지 작성, 현장설문 ② 지불의사 유도방법은 양분선택형 질문법 ③ WTP에 의한 설문 ④ 단일경계모형과 이중경계모형의 중간단계인 1.5경계 모형 ⑤ 모델 추정 ⑥ 가치의 추정	◦ 매월 가구당 소득세는 2,078원 (연간 15.98억 원), ◦ 수도권 지역에 대한 성인 1인당 1회 관람료 4,083원(연간 281.21억 원)	◦ CVM 적용 ◦ 이중경계모형의 편의를 줄인 1.5경계모형 적용 ◦ 실질적 정책 활용에 대한 구체적 시사점 미비
3. 青山외(2000)의 'CVM과 현시선호법을 이용한 역사적 문화재의 경제적 가치계측방법'에 관한 연구	◦ 교토시의 9개 문화지구, ◦ 샘플 수 총 2,904	◦ 신뢰도가 높은 현시선호법을 적용, CVM을 설계 · 실시 ◦ 2가지의 문화재의 환경질 수준이 변화하는 것으로 시나리오를 설정	개인속성별 총가치는 8,407엔, 이용가치는 7,288엔, 이를 9개 문화지구로 구분하여 세분화함(1지구의 경우 총가치 936엔, 이용가치 819엔, 총가치: 이용가치 비율은 1.143	◦ 문화재의 총가치와 이용가치를 구분하여 CVM 및 여행비용측정법을 통해 분석 ◦ 두 가치간 비율 산출 ◦ 세금 징수에 대한 저항 등을 고려하여 기금 조성(기부금)

		① 천재지변이나 화재 등 문화재 전소에 대한 예방을 위해 '기금' 조성(상황변화1, 총가치), ② 문화재를 일반에게 지속적으로 공개하기 위한 유지 및 보수비용의 필요성을 인지, 기금 조성을 위한 지불의사 조사(상황변화2, 직접적 이용가치) ※ 상황변화 1, 2 모두 상황 악화를 방지하고, 현상을 유지하기 위해 지불해도 좋을 최대 지불의사 금액에 대해 조사		
4. LIMAC(2016), '실내체육관 건립'	CVM적용 ∘ 조사대상: 지자체 지역주민 ∘ 조사방법:일대일 개별면접 ∘ 샘플 : 1,000가구	① 대상재화 선정, 설문지 작성, 현장설문 ② WTP추정 모형: 단일경계모형, 로그선형모형 ③ WTP에 의한 설문 ④ 모델 추정 ⑤ 가치의 추정	∘ 중앙값 WTP 추정치 2,122.7원 (연간 22.65억 원) ∘ 대관편익 산정: 평균대관일 30년간(39.6~34.4일), 행사대관료 (1,099,784~1,099,784원) ∘ 부대시설편익: 부대시설전체 면적 569m², 각 시설 임대료로 산출, 총 연간편익 2.88억 원)	∘ CVM 적용, 유사사례 유무, 객단가 방식 적용 가능성 ∘ 기존 조사사례들로부터의 판단 모호
5. LIMAC(2016), '공원 조성'	CVM적용 ∘ 조사대상: 지자체 지역주민 ∘ 조사방법:일대일 개별면접 ∘ 샘플 : 500가구	① 대상재화 선정, 설문지 작성, 현장설문 ② 지불의사 유도방법은 이중경계 양분선택형 질문법, 단일경계 양분선택모형 활용 분석 ③ WTP에 의한 설문 ④ 이중경계모형 ⑤ 모델 추정 ⑥ 가치의 추정	∘ 연간 가구당 WTP는 2,857원 (연간 102.46억 원) ∘ 5년간 총 편익의 현재가치는 약 414.7억 원	∘ CVM 적용 ∘ 질문법: 이중경계 양분선택형, ∘ 분석법: 단일경계 양분선택모형

구분하여 세분화하였다는 특징이 있다. 아울러 지불수단을 세금 징수에 대한 저항 등을 고려하여 기금조성(기부금)을 사용한 것을 알 수 있다.

네 번째 사례는 2016년 한국지방행정연구원 LIMAC의 실내체육관 건립 사례이다. 지자체 지역주민을 대상으로 하며, 조사 방법은 일대일 개별면접 방식으로, 1,000가구를 표본으로 하고 있다. WTP는 2,122원으로서, 대관편익과 부대시설편익을 함께 측정하고 있다는 특징이 있다.

마지막 사례는 2016년 공원조성 사례이다. 이 역시 지자체 지역주민을 대상으로 일대일 개별 면접 방식을 취하고 있다. 표본은 500가구이다. 가구당 WTP는 2,857원이었으며, 5년간 총 편익의 현재가치는 약 414억 원이었다.

(2) 소결론 및 향후 고려사항

이상 5개 연구사례를 제시하였는데, 이러한 방법론을 활용하는 데 몇 가지 고려사항이 있다.

시설의 역할 및 기능, 시설 이용자, 운영주체, 운영방식, 대관 주체 등에 따라 시설의 상징성, 공익성 정도, 수익성 요구도를 파악하여, 해당 시설 건립으로 창출되는 직접적, 간접적 가치 규명으로 유형의 세분화가 필요하다는 것이다.

〈표 6-9〉 향후 연구에서 고려할 사항

시설의 역할 · 기능	시설 이용자	운영 주체	운영 방식	대관 주체
◦ 예술 시설: 전문 예술인의 전시 및 공연 ◦ 생활권 시설: 시민의 체험 및 교류	◦ 해당 지자체 시민 ◦ 주변 지역 시민 ◦ 성인 vs 어린이 ◦ 일반인vs장애인	◦ 지자체 직영 ◦ 공사공단 ◦ 민간공동 ◦ 민간위탁	◦ 기획시설 ◦ 대관시설 ◦ 전용시설	◦ 전문예술인 ◦ 일반시민

즉, 시설의 역할이나 기능 측면에서는 예술 시설과 생활권 시설로 나누어 각각 예술인 전시 및 공연, 그리고 시민의 체험 및 교류 등에 대한 고려가 필요하다.

또한, 시설 이용자 측면에서는 해당 지자체 시민과 주변 지역 시민에 대한 구분, 연령별, 신체 장애 유무 등에 대한 고려가 필요하다.

운영 주체 측면에서는 지자체, 공사공단, 민간공동, 민간위탁 등에 대한 구분이 필요할 것이며 운영 방식 측면에서는 기획시설, 대관시설, 전용시설에 대한 구분이 필요하다.

마지막으로, 대관 주체 측면에서는 전문예술인 또는 일반 시민에 대한 구분이 함께 필요할 것이다. 이 모든 것들에 대한 추가적인 검토가 함께 이루어져야 할 것이다.

제 7 장

비용편익분석의 활용과 이슈

비용편익분석은 민간 사업을 할 때도 항상 필요하지만, 국가적인 사업 또는 규모가 큰 공공사업을 할 때는 반드시 필요하다. 그리고 정부사업이라고 하더라도 민간사업자와 계약 또는 보조에 의해서 사업을 진행하기 때문에 결국 민간의 사업분석이나 마찬가지일 수 있다.

중앙정부의 경우 총사업비가 500억 원 이상인 사업은, 특별한 예외 말고는 예비타당성분석(PFS; Preliminary Feasibility Study)를 거치게 되어 있다. 이 제도는 1980년대부터 시작된 사업평가제도를 1999년에 법제화하였다. 정부의 대규모 사업들은 이 분석 절차를 통과하여야만 예산심사의 대상이 되도록 한 것이다.

KDI(2015)에 의하면, 이 PFS를 통해 1999~2015년 기간 동안 조사대상의 약 30%가 이 심사에서 탈락하였다. 이에 따라 대상 사업비(298조원)의 42%를 절감하였다. 그런데 PFS의 핵심내용은 다름 아닌 비용편익분석이며, 이 결과를 기초로 여러 요인들을 복합적으로 고려하여 정부의 투자 여부를 결정한다.

중앙정부에서의 뛰어난 예산절감 효과를 벤치마킹하여, 2015년부터는 지방자치단체에서 주관하는 사업도 그 금액이 500억 원 이상이면 타당성 조사를 받게 하였다. 중앙정부의 "예비타당성분석제도"와 지방자치단체의 "투자사업 타당성조사"는 거의 유사한 방식으로 사업분석을 하지만, 약간의 차이점도 있다. 하지만 두 제도 모두 비용편익분석을 공통된 핵심 분석 정보로 삼고 있다.

여기서는 설명의 편의를 위하여, "투자사업 타당성조사 제도"를 집중적으로 설명하고자 한다.

1. 지방재정 투자사업의 타당성조사 제도

지방재정법에 의한 타당성조사 제도는 지방재정법 제37조 제2항 규정에 따라 지방자치단체의 투자심사와 관련하여 일정규모 이상의 신규 투자사업에 대해서 사전에 사업 타당성을 검증하는 제도이다. 국가재정사업의 경우

국가재정법 제38조 규정에 의한 예비타당성 조사에 해당한다고 볼 수 있다.

이 제도와 관련해 설명할 순서는 다음과 같다.

첫째, 지방재정투자사업 타당성조사 개요로서 타당성조사의 개념과 투자심사와의 관계에 대해서 알아본다.

둘째, 어떤 사업에 대해서 타당성조사를 실시할 것인가에 관한 대상사업을 살펴본다. 또한 타당성 재조사 대상사업과 타당성조사 면제사업에 대해서도 설명한다.

셋째, 실제 타당성조사 제도가 어떻게 운영되는가와 관련하여 타당성조사 전문기관, 조사시기와 타당성 조사 절차에 대해 알아본다.

넷째, 타당성 조사의 분석방법에 대해 살펴본다.여기서는 크게 조사개요와 기초자료 분석을 먼저 설명하고, 그 다음으로 분석내용에 해당하는 사업계획서 검토, 경제성 분석, 재무성 분석, 정책적 타당성 분석, 종합평가의 순으로 기술한다.

마지막으로 국가재정법에 의한 예비타당성 조사와 비교하는 내용으로 목차를 구성하였다.

(1) 개요

먼저 타당성 조사 개념과 투자심사와의 관계에 대해 살펴보자. 타당성 조사 개념은 투자심사의 사전절차로 경제성, 재무성, 정책적 타당성 측면의 사업추진 가능성을 객관성과 전문성을 갖춘 기관이 분석하는 절차를 의미한다. 이러한 타당성 조사결과는 투자심사의 주요 판단근거로 사용된다.

참고로 투자심사 제도는 지방예산의 계획적, 효율적 운영과 각종 투자사업에 대한 무분별한 중복투자 방지를 위하여 1992년에 도입된 제도로서, 주요 투자사업 및 행사성 사업은 예산편성 전에 그 사업의 필요성 및 사업계획의 타당성 등을 심사하도록 의무화되어 있다.

타당성 조사를 이해하기 위해서는 투자심사와 타당성조사 간의 관계를 아는 것이 중요하다. 타당성 조사는 투자심사를 받기 위한 사전절차이며, 타당성 조사 결과를 토대로 투자심사가 이루어지게 된다. 즉, 타당성 조사를 통해 사업의 시급성, 필요성, 경제성, 재원조달능력 등 투자사업 전반을 검토함으로써 투자심사의 합리적인 결정을 지원하는 기능을 한다.

(2) 타당성 조사 및 재조사의 대상사업, 그리고 면제사업

타당성조사 대상사업은 총사업비 500억 원 이상인 투자심사 대상 신규사업이 해당되며, 이 경우 국가재정법 제38조에 따른 예비타당성 조사를 받은 경우 타당성 조사 대상에서 제외된다. 두 번째로는 사회기반시설에 대한 민간투자법의 기획재정부 민간투자심의위원회 대상이 아닌 총사업비 500억 원 이상 민간투자사업이 조사대상이다. 즉, BTL 사업은 총사업비가 500억 원 이상 1,000억 원 미만, BTO 사업은 총사업비가 500억 원 이상 2,000억 원 미만 민간투자사업이 조사 대상으로 된다.

〈표 7-1〉 타당성 조사대상 사업

◦ 총사업비 500억 원 이상인 투자심사 대상 신규사업 - 국가재정법 제38조에 따른 예비타당성 조사를 받은 경우 타당성 조사 대상에서 제외 * 신규투자사업은 당해사업의 실시설계가 발주되지 않은 투자사업 ◦ 사회기반시설에 대한 민간투자법의 기획재정부 민간투자심의위원회 대상이 아닌 총사업비 500억 원 이상 민간투자사업 - 즉, BTL 사업은 총사업비가 500억 원 이상 1,000억 원 미만, BTO 사업은 총사업비가 500억 원 이상 2,000억 원 미만 * BTL(Build-Transfer-Lease, 임대형 민간투자사업) * BTO(Build-Transfer-Operate, 수익형 민간투자사업)

한편, 고용위기지역 등(고용위기지역, 산업위기대응특별지역, 특별재난지역)의 일반투자사업, 지역전략산업, 대규모 일자리 창출사업 및 경제성 분석 실익이 낮은 사업은 "사업계획 적정성 검토"를 시행하게 된다. 사업계획 적정성 검토에서는 경제성 분석을 생략하고 사업유형에 따라 사업계획서 검토, 재무성 분석, 정책적 타당성 분석 등을 수행하게 된다. 구체적인 사업계획 적정성 검토 대상사업으로는 지역전략산업, 노후산단 등 도시재생사업, 행복주택 건립, 환경시설 대보수, 청사신축 등을 들 수 있다(지방재정투자사업 심사 및 타당성조사 매뉴얼).

그리고 "타당성 재조사"는 타당성조사 및 투자심사를 거친 후 사업 추진 과정에서 사업계획이 크게 변동된 경우 타당성 조사 결과의 검증력과 실효성을 확보하기 위한 것이다.

지방재정투자사업 심사규칙에 따르면, 타당성 재조사 대상으로는 우선, 당초 투자심사 시에는 총사업비가 500억 원 미만이었으나 사업추진과정에서 타당성 조사 대상 규모로 증가한 사업이 해당된다. 다만 이 경우, 총사업비가 당초 심사금액 대비 30% 이상 증가되어 재심사 대상에 해당하는 사업에 한 한다.

둘째, 투자심사 후 총사업비가 아래 계산식에 따라 산정한 금액을 초과하여 증가한 사업도 재조사 대상사업이다. 계산식을 보면, {(조사 당시 총사업비 - 500억 원)×20/100+150억 원}으로 되어 있다.

셋째, 투자심사 후 다음연도부터 기산하여 4년 이상 사업추진이 지연되거나 보류된 사업

넷째, 사업여건 변동 등으로 해당사업의 수요예측치가 30% 이상 감소한 사업

다섯째, 이 밖에 중복투자 등으로 예산낭비 소지가 있는 등의 사유로 타당성을 재조사할 필요가 있는 사업

여섯째, 감사원의 감사결과에 따라 감사원이 타당성 재조사를 요청하는 사업인 경우 타당성 재조사 대상사업에 해당된다.

〈표 7-2〉 **타당성 재조사 대상 사업**

◦ 타당성 재조사 대상 - 당초 투자심사 시에는 총사업비가 500억 원 미만이었으나, 사업추진과정에서 타당성 조사대상 규모로 증가한 사업 - 투자심사 후 총사업비가 아래 계산식에 따라 산정한 금액을 초과하여 증가한 사업 * 계산식: (조사 당시 총사업비 - 500억 원)×20/100+150억 원 - 투자심사 후 다음연도부터 기산하여 4년 이상 사업추진이 지연되거나 보류된 사업 - 사업여건 변동 등으로 해당사업의 수요예측치가 30% 이상 감소한 사업 - 이 밖에 중복투자 등으로 예산낭비 소지가 있는 등의 사유로 타당성을 재조사할 필요가 있는 사업 - 감사원의 감사결과에 따라 감사원이 타당성 재조사를 요청하는 사업

타당성 조사 제외대상은 다음과 같다.

첫째, 투자심사 제외 대상 사업은 제외된다.

둘째, 총사업비 500억 원 이상, 국비 300억 원 이상으로 국가재정법에 따른 예비타당성조사를 받은 사업

셋째, 예비타당성조사 운용지침에 의해 사업계획 적정성 검토를 받은 경우

넷째, 사회기반시설에 대한 민간투자법 및 시행령에 따라 KDI 공공투자관리센터의 적격성 조사 또는 제안서 검토를 거친 사업

다섯째, 예비타당성조사 면제사업 중 다음에 해당하는 사업도 제외된다. 즉, 도로유지보수, 노후상수도 개량 등 기존시설의 효용 증진을 위한 단순개량 및 유지보수사업

여섯째, 출연·보조기관의 인건비 및 경상비 지원, 융자사업 등과 같이 타당성 조사의 실익이 없는 사업은 제외 대상이다.

(3) 타당성 조사 제도 운영

여기서는 타당성 조사 전문기관, 조사시기, 조사기간, 조사 절차에 대해 설명한다.

지방재정법 제37조 제2항의 규정에 따른 총사업비 500억 원 이상 신규 투자사업에 대한 타당성 조사 전문기관으로 한국지방행정연구원(KRILA)을 고시(행정안전부 고시 제2014-2호)하고 있다.

이에 따라 한국지방행정연구원은 타당성 조사의 업무전담을 위해 연구원 부설로 지방투자사업관리센터(LIMAC: Local Investment Management Center)를 2014년 11월에 신설하여 운영하고 있다.

타당성 조사 시기는 매년 4회로 1월말, 4월말, 7월말, 10월말까지로 나누

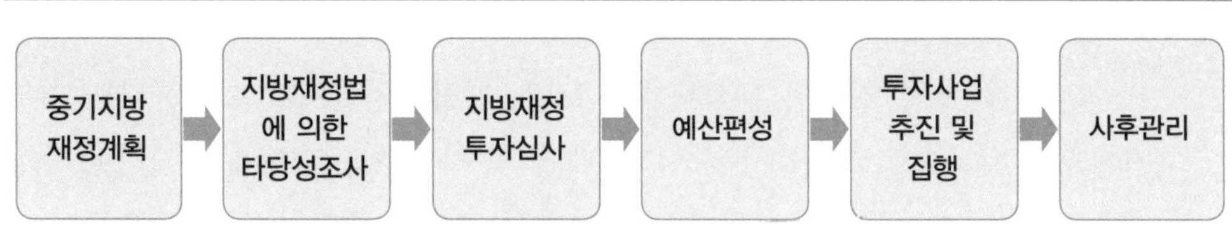

[그림 7-1] 지방재정 투자사업 추진 절차

어 실시하되, 지방자치단체 장이 특별히 필요하다고 요청하는 경우 수시조사를 실시할 수 있다. 그리고 타당성 조사기간은 약정일로부터 6개월 이상을 원칙으로 하고 있다.

지방재정법의 타당성 조사 추진절차를 지방예산과정과 연관하여 살펴보면, 타당성조사는 예산편성 전에 이루어지는 사전적인 재정운용 수단으로서 중기지방재정계획, 투자심사제도와 함께 예산안을 편성하기 위한 매우 중요한 재정 수단임을 알 수 있다.

타당성 조사 절차를 보다 구체적으로 살펴보면, 지방자치단체는 타당성 조사 의뢰서를 작성하여 행정안전부에 타당성 조사를 의뢰하고 전문기관은 타당성조사가 완료된 경우 행정안전부장관에 통보하고 행정안전부장관은 통보받은 날부터 7일 이내에 그 결과를 해당 지방자치단체 장에게 통보하게 된다.

이 경우 지방자치단체 장은 기본계획 수립 이후 투자심사 의뢰 일정을 감안하여 신청하되, 타당성 조사 의뢰 시 분석에 필요한 다음과 같은 기초자료(사업기본계획 등)를 제출하여야 한다. 즉, 첫째, 사업기본계획 확정 및 운영계획 구체화가 요구된다, 예컨대 사업목적, 입지, 수행주체, 사업기간, 사업비, 시설규모, 운영계획, 재원부담능력, 기대효과 등 사업내용과 현황 등을 제시하여야 한다. 둘째, 운영기간 동안의 시설운영계획을 합리적으로 제시하여야 한다. 즉, 시설 준공 후 자체적으로 운영할 것인지, 아니면 외부 위탁운영 방식인지의 여부, 운영비용 및 운영수입의 추정 결과를 제시하는 것이 필요하다. 이외에 위치도면, 배치도, 조감도, 상세도면 등 현황을 정확히 파악할 수 있도록 조사를 위한 추가 자료의 제출이 필요하다.

2. 타당성 조사의 분석 방법

우선, 타당성 조사의 분석체계를 보면, 지방자치단체가 마련한 사업기본계획을 대상으로 계획내용의 검토, 대안 및 사업추진 과정에서 고려할 사항을 전반적으로 분석하게 된다. 즉, 타당성 조사의 주요 분석 내용으로는 사업계획서 검토, 경제성 분석, 재무성 분석, 정책적 타당성 분석, 종합평가의

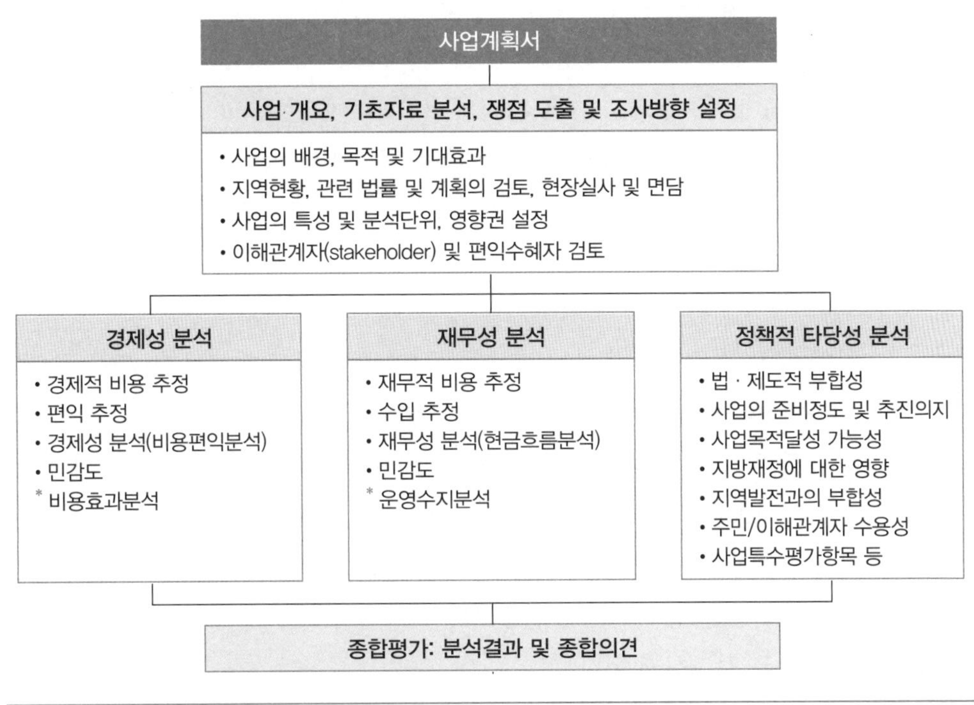

[그림 7-2] 지방재정 타당성조사 분석체계

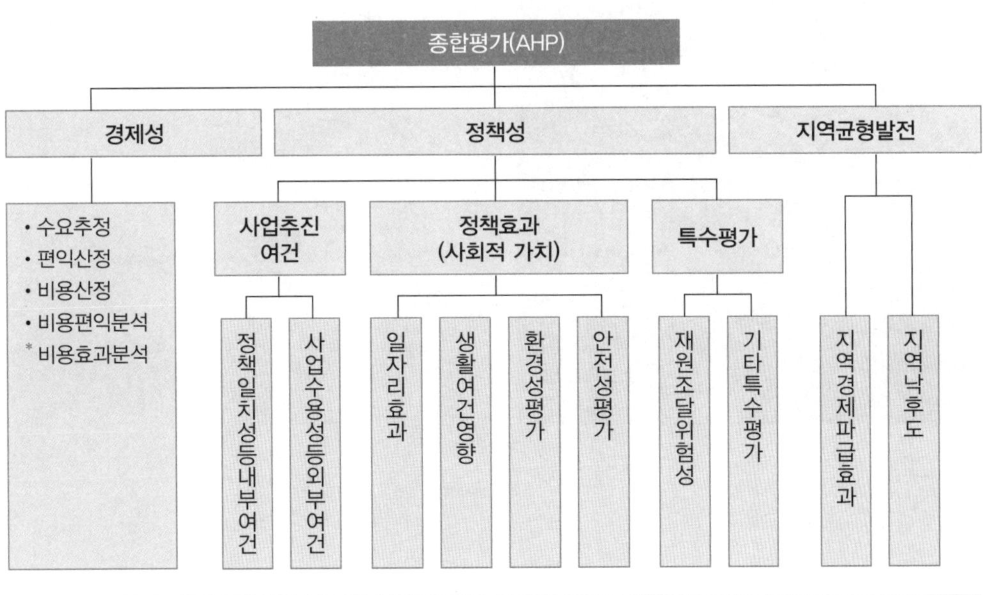

[그림 7-3] 국가의 예비타당성조사 분석체계

순으로 이루어지게 된다. (〈그림 7-2〉의 지방재정 타당성조사 분석체계 참조. 그런데 이것은 국가의 예비타당성조사 분석체계 〈그림 7-3〉과 대체로 유사하지만, 차이나는 점도 있기 때문에, 그것은 본 장의 마지막 주제로 다루고자 한다.)

다시 지방재정 타당성조사제도를 단계별로 설명하면 다음과 같다.

(1) 기초자료 분석

사업 개요 및 기초자료 분석 단계를 사례를 들어 설명해보자. 다음 〈그림 7-4〉는 서울 A구에서 종합행정타운을 건설하고자 하는 기초자료로서 사업예정지 위치도와 배치도, 건물의 층별 시설용도와 면적 등이 제시되어 있다. 이런 사항들을 도시계획 및 주민편의의 관점에서 면밀히 파악할 필요가 있다. 또한 청사와 지방의회, 보건소, 근린상가, 전시시설 등의 위치를 확인하고 행정타운을 중심으로 주변도로와 차량진입로 등에 대한 영역 구성도와 배치도 등을 검토하게 된다.

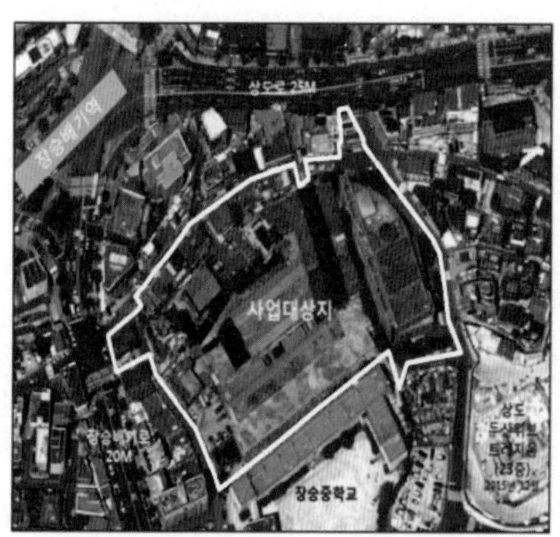

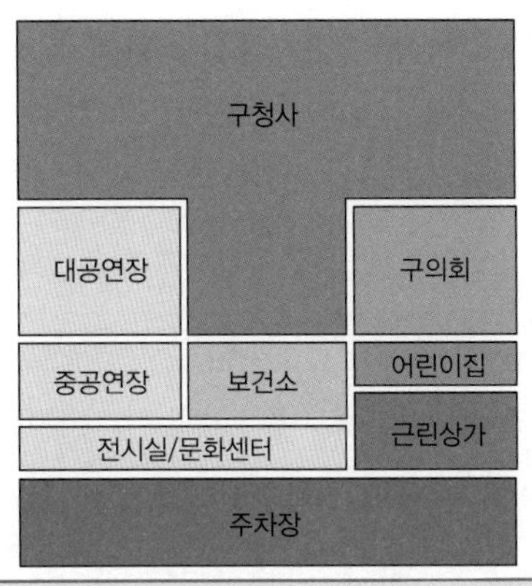

구분	층별용도	층별면적(m^2)
지상9층	청사	4,800
지상8층	청사	4,800
지상7층	청사	4,320
지상6층	청사	4,800
지상5층	청사, 의회, 아트홀	2,610
지상4층	청사, 의회, 아트홀	2,900
지상3층	청사, 의회, 아트홀	3,630
지상2층	보건소, 어린이집, 아트홀	2,790
지상1층	보건소, 상가, 아트홀	5,270
지상층 합계		35,960
지하1층	청사, 시설관리공단, 상가, 아트홀, 문화원	7,170
지하2층	주차장	7,300
지하3층	주차장, 기계/전기실	7,300
지하층 합계		21,770
전체 연면적		57,740

[그림 7-4] **기초자료 분석(예시)**

(2) 사업계획서 검토

지방자치단체가 타당성 조사 의뢰 시 제출된 사업계획서를 토대로 사업기본계획의 충실성, 정확성, 일관성 등 타당성 조사 추진여부를 검토한다. 이 단계에서는 타당성 조사 대상사업 여부 확인, 관련 법령 및 계획과의 부합성, 사업계획의 구체성과 합리성, 사업추진경위 및 절차상의 문제 등을 검토하게 된다(자세한 것은 다음 〈표 7-3〉 참조).

〈표 7-3〉 **사업계획서에 대한 검토 사항**

◦ 사업계획서 검토 (지방재정투자사업 심사 및 타당성조사 매뉴얼) ◦ 타당성 조사 의뢰 시 제출된 사업계획서를 토대로 사업기본계획의 충실성, 정확성, 일관성 등 타당성 조사 추진여부 검토 - 타당성 조사 대상사업 여부 확인 - 관련 법령 및 계획과의 부합성 - 사업계획의 구체성과 충실성 및 정확성 - 사업추진경위 및 절차 상의 문제 - 재원조달계획의 구체성 - 사업 관련 주요 이슈 등

(3) 경제성 분석

경제성 분석은 투자사업의 국민경제적 파급효과와 투자적합성을 분석하는 과정으로 비용편익분석(Cost-Benefit Analysis)을 실시하게 된다. 비용편익분석은 공공사업의 비용과 경제적 편익을 사회적 관점에서 측정하며 사업의 경제적 타당성을 도출한다. 경제적 타당성을 평가하기 위한 분석기법으로서 편익비용비(B/C Ratio), 순현재가치(NPV: Net Present Value), 내부수익률(IRR: Internal Rate of Return)을 들 수 있다.

B/C Ratio는 장래에 발생될 비용과 편익을 현재가치로 환산하여 편익의 현재가치를 비용의 현재가치로 나눈 값이며, 일반적으로 B/C Ratio ≥ 1이면 경제성이 있다고 판단한다. 또 순현재가치(NPV)는 사업에 수반된 모든 비용과 편익을 기준년도의 현재가치로 할인하여 총편익에서 총비용을 뺀 값이며, 일반적으로 순현재가치 ≥ 0이면 경제성이 있다고 판단한다. 그리고 내부수익률(IRR)은 편익과 비용의 현재가치로 환산된 값이 같아지는 할인율을 의미하며, 순현재가치를 0으로 만드는 할인율, 즉 내부수익률이 사회적 할인율보다 크면 경제성이 있다고 판단하게 된다.

C 도로사업의 사례

다음은 실제로 건설이 이루어진 C 도로의 건설사업 사례로서, B/C분석을 실시하는 절차를 예시한다.

① 비용과 편익의 명확화

도로사업의 편익항목으로는 직접편익의 경우 차량운행비용 절감, 통행시간 절감, 교통사고 감소 등이 있고, 간접편익으로는 환경비용 절감, 지역개발 효과, 시장권의 확대 등을 들 수 있다.

이에 대해 비용항목으로는 공사비, 보상비, 설계비, 유지관리비 등이 있다.

〈표 7-4〉 도로사업에서 비용과 편익의 개념

◦ 편익/비용 항목: ex. 도로사업

구분	편익항목	비용항목
직접편익	차량운행비용 절감	공사비 보상비 설계비 부대비 유지관리비 등
	통행시간 절감	
	교통사고 감소	
	여행의 쾌적성 증가, 안전성 향상 등 *	
간접편익	환경비용 절감	
	지역개발 효과 *	
	시장권의 확대 등 *	

주: *는 실제 경제성 분석의 편익에는 계량화하여 반영하기 어려운 항목

② 비용과 편익의 추정치 도출

C도로 사업에 대해 편익과 비용을 추정해 보면, 건설기간 7년, 운영기간 30년으로 하여 37년(2017~2053)의 내용연수 기준으로 비용은 공사비 4,840억, 설계비 410억, 유지관리비 3,617억으로 비용추정액은 8,867억 원이다.

한편, 편익은 시간절감 4,545억, 운행비용 절감 5,512억, 사고감소 2,194억으로서, 편익추정액은 1조 2,251억 원으로 나타난다(비용 및 편익의 계산은 정부에서 정한 자세한 지침이 있어서, 그것을 참조하여 추정치를 계산한다. 다음 〈표 7-5〉 참조).

〈표 7-5〉 비용과 편익의 추정치(예시)

ㅇ 편익/비용 추정내역: 예) 도로사업 (단위: 백만원)

구분	공사비	설계비	유지관리비	시간절감	운행비용	사고감소	할인비용	할인편익
2017	-	1,000	-	-	-	-	900	-
2018	-	6,700	-	-	-	-	6,000	-
2019	72,700	18,200	-	-	-	-	94,700	-
2020	96,900	5,600	-	-	-	-	116,900	-
2021	121,100	3,900	-	-	-	-	102,400	-
2022	121,100	3,900	-	-	-	-	97,100	-
⋮	⋮	⋮	⋮	⋮	⋮	⋮	⋮	⋮
2049	-	-	11,900	15,100	18,700	6,800	2,100	7,300
2050	-	-	11,900	15,100	18,700	6,800	2,000	6,900
2051	-	-	11,900	15,100	18,700	6,800	1,900	6,600
2052	-	-	11,900	15,100	18,700	6,800	1,800	6,200
2053	-	-	11,900	15,100	18,700	6,800	1,700	5,900
합계	484,000	41,000	361,700	454,500	551,200	219,400	586,500	413,600

③ 순현금흐름의 현재가치화

C 도로건설 사업은 총 37년에 걸친 장기간을 다루므로, 순현금흐름표를 현재가치로 환산하여야 한다. 이 사업을 수행할 당시에 정부가 정한 사회적 할인율은 5.5%였다. 이 할인율을 적용하면, 비용의 현재가치는 5,865억 원, 편익의 현재가치는 4,136억 원으로 산출된다. (〈표 7-6〉 참조)

〈표 7-6〉 순현금흐름표와 현재가치화

ㅇ 연도별 편익/비용의 현재가치화: 예) 도로사업

구분		비용 (백만원)	편익 (백만원)	비용 현재가치	편익 현재가치	편익-비용 현재가치(NPV)
연차	연도					
1	2017	1,000	-	900	-	-900
2	2018	6,700	-	6,000	-	-6,000

3	2019	90,900	-	94,700	-	-94,700
4	2020	102,500	-	116,000	-	-116,000
5	2021	125,000	-	102,400	-	-102,400
6	2022	125,000	-	97,100	-	-97,100
⋮	⋮	⋮	⋮	⋮	⋮	⋮
34	2045	11,900	40,600	2,000	6,700	4,700
35	2046	11,900	40,600	1,900	6,600	4,700
36	2047	11,900	40,600	1,800	6,200	4,400
37	2048	11,900	40,600	1,700	5,900	4,200
합계		886,700	1,225,100	586,500	413,600	-172,900

④ 분석결과 및 요약보고서

현재가치화된 순현금흐름표를 분석하면, B/C Ratio=0.705, 순현재가치(NPV)=-1,729억 원, 내부수익률(IRR)=3.88%로 나타난다. 이런 사항은 다음 〈표 7-7〉과 같이 요약된다.

〈표 7-7〉 분석요약표

◦ 경제성 분석결과: 예) 도로사업

구분		분석결과	비고
할인율		5.5%	사회적 할인율
기준년도		2016년	착수 전년도 기준
조성기간		7년	2017년~2023년
운영기간		30년	2024년~2053년
사회적 비용(백만원)		586,500	초기 사업비+30년 운영비용의 현재가치
사회적 편익(백만원)		413,600	운행비용 절감, 교통시간 절감, 교통사고감소 편익의 현재가치
타당성 결과	비용편익비율(B/C Ratio)	0.705	0.705<1
	순현재가치(NPV)	-172,900	-172,900백만원<0
	내부수익률(IRR)	3.88%	3.88%<사회적 할인율

(4) 재무성 분석

재무성 분석은 사회 전체의 입장이 아닌 개별 사업주체의 입장에서 금전적 비용과 수입(현금흐름)을 추정하고 이에 따른 재무적 수익성을 계산하여 사업의 타당성을 검토하는 방법이다. 재무성 분석을 실시하는 기법으로는 현금흐름할인법이 대표적인데, 측정기법으로는 수익성지수(PI: Profitability Index), 재무적 순현재가치(FNPV: Financial Net Present Value), 재무적 내부수익률(FIRR: Financial Internal Rate of Return) 등이 있다.

B 도시개발의 사례

재무성 분석과 관련하여 B 도시개발사업의 사례를 들어 비용과 수입의 현금흐름을 아래와 같이 계산할 수 있다. 우선, 분양률 96%에 의한 대안 1의 경우 비용(총사업비)은 519억 원, 수입(분양수입)은 525억 원으로 PI =1.012, FNPV = 6억 원, FIRR = 6.1%로 계산된다. 이에 대해서 분양률 94%에 의한 대안 2의 경우를 보면, 비용(총사업비)은 대안 1과 동일한 519억 원이지만 수입(분양수입)은 520억 원으로 PI =1.002, FNPV=1억 원, FIRR=5.6%로 계산된다.

〈표 7-8〉 도시개발사업의 재무성 분석(예시)

◦ 재무성 분석결과

구분		현재가치(백만원)	PI	FNPV	FIRR
대안 1	총사업비	51,900	1.012	600	6.1%
	분양수입	52,500			
대안 2	총사업비	51,900	1.002	100	5.6%
	분양수입	52,000			

* 대안 1: 준공 후 5년 이내에 96% 분양
* 대안 2: 준공 후 5년 이내에 94% 분양

여기서 잠깐 경제성 분석과 재무성 분석의 차이점을 살펴보자. 우선, 평가의 관점에서 경제성 분석은 국가 전체적 입장인 반면, 재무성 분석은 개별

사업시행주체 입장에서 평가한다. 그리고 측정가격의 경우 경제성 분석은 잠재가격, 재무성 분석은 시장가격 기준이다. 또한 세금, 이자 등 이전지출에 대해서 경제성 분석에서는 이를 포함하지 않으나 재무성 분석에서는 이들 이전지출을 반영하여 계산한다.

(5) 정책적 타당성 분석 및 종합평가

정책적 타당성 분석에서는 법·제도적 부합성, 사업의 준비정도, 지방재정에 대한 영향, 주민 수용성, 사업의 시급성, 사업특수평가 항목 등 정책적 측면을 분석한다. 특히, 화폐적으로 측정하기 어렵거나 혹은 측정 가능하다고 하더라도 직접적인 비용·편익(혹은 수입·지출)으로 보기 어려워 경제성 분석에서 포함시키지 못하는 투자사업의 효과(impacts)와 위험요인(risks) 등을 포괄적으로 제시하게 된다.

첫째, 법·제도적 부합성 검토에서는 해당사업과 관련한 법규·상위계획과의 일치성, 정책방향과의 일치성, 사업의 추진과정, 사전절차 이행여부 등을 검토한다.

둘째, 사업의 준비정도 및 추진의지에서는 사업추진 주체와 추진방식(공영개발, 민간개발, SPC방식 등)의 적절성, 사업계획의 구체성, 유사시설과의 중복성, 추진의지 등 해당사업 추진 준비의 충실성을 전반적으로 검토한다.

셋째, 사업목적의 달성 가능성에서는 해당 사업의 추진에 의해 당초 제시하는 사업의 목적과 효과를 달성가능한지를 검토하게 된다.

넷째, 지방재정에 대한 영향에서는 해당 사업의 추진에 의해 세입재원 및 세출수요에 미치는 영향, 재원조달 가능성, 자산/부채 및 재정수지 등에 미치는 효과를 전반적으로 검토한다.

다섯째, 사업의 시급성 및 지역발전 측면에서의 부합성의 경우 해당사업이 타 사업보다 시급하게 추진되어야 하는 사업인지, 해당사업의 추진시기가 적절한지에 대해 검토하고, 지역발전 측면에서 지역낙후도, 지역경제 파급효과, 환경영향 정도 등을 검토한다.

여섯째, 주민/이해관계자 수용성에서는 주민여론, 사업시행과 관련하여 제기되는 민원사항, 갈등요소 등에 대해 검토하게 된다.

일곱째, 사업특수 평가항목은 해당 사업별로 특별히 고려해야할 사항을 검토하는 것으로 환경성 검토, 민간자본투자의 불확실성, 미분양용지 매입 확약 등 우발채무, 문화재 가치, 재원조달 위험성, 도로소음 영향 등 사업별로 고려해야 할 위험요인 등을 중점 검토한다.

그리고 종합평가에서는 경제성 분석, 재무성 분석, 정책적 타당성 분석 결과를 토대로 타당성 조사의 종합 의견을 제시한다.

3. 지방재정법에 의한 타당성조사와 국가재정법에 의한 예비타당성 조사의 비교

국가재정법에 의한 예비타당성 조사 제도는 국가재정법 제38조에 따라 대규모 재정사업의 타당성에 대한 객관적이고 중립적인 조사를 통해 재정사업의 신규투자를 우선순위에 입각하여 투명하고 공정하게 결정하도록 함으로써 예산낭비를 방지하고 재정운영의 효율성을 제고하기 위해 1999년에 도입되었다.

예비타당성 조사 대상사업은 총사업비가 500억 원 이상이면서 국가의 재정지원 규모가 300억 원 이상인 건설사업, 정보화사업, 그리고 재정지출이 500억 원 이상인 사회복지, 보건, 교육, 노동, 문화 및 관광, 환경보호, 농림해양수산, 산업중소기업 분야의 사업(기타 재정사업)이 해당된다. 예비타당성 조사 수행기관은 KDI 공공투자관리센터(PIMAC), 한국조세재정연구원이다(단, 국가연구개발사업의 경우 한국과학기술기획평가원(KISTEP)에서 수행).

예비타당성 조사의 분석방법은 경제성 분석, 정책성 분석, 지역균형발전 분석에 대한 평가결과를 종합적으로 고려하여 제시하게 된다.

우선, 경제성 분석은 비용편익분석(Cost-Benefit Analysis)을 기본적인 방법론으로 채택하고 있다. 이 경우 비용-편익분석에서는 사업시행에 따른 수요를 추정하여 편익을 산정하고, 총사업비와 해당사업의 운영에 필요한 모든 경비를 합하여 비용을 산정하게 된다.

정책성 분석은 해당사업과 관련된 사업추진 여건, 정책 효과, 사업 특수평가항목 등을 정량적 또는 정성적으로 분석한다.

그리고 지역균형발전 분석은 지역간 불균형 상태의 심화를 방지하고 지역간 형평성 제고를 위해 지역개발에 미치는 요인을 분석하게 되는데, 대표적으로 지역낙후도 개선, 지역경제 파급효과, 고용유발 효과 등을 평가한다.

마지막으로 사업 타당성에 대한 종합평가는 평가항목별 분석결과를 토대로 다기준 분석의 일종인 계층화분석법(AHP: Analytic Hierarchy Process)을 활용하여 계량화된 수치로 도출하게 된다. AHP 수행 시 경제성, 정책성, 지역균형발전, 기술성 등에 대한 평가 가중치는 사업유형별로 적용한다. 예를 들어, 비수도권 유형의 건설사업의 경우 경제성 30~45%, 정책성 25~40%, 지역균형발전 30~40%의 가중치를 부여하고, 수도권 유형의 건설사업에 대해서는 경제성 60~70%, 정책성 30~40%의 가중치를 부여한다.

종합적으로 예비타당성 조사의 분석체계를 살펴보면, 크게 경제성, 정책성, 지역균형발전 분석에 대한 평가결과를 토대로 종합평가를 실시하되, 엄밀한 경제적 타당성 분석과 함께 수도권, 비수도권의 지역별 특성이 충분히 반영될 수 있도록 사업유형별로 평가가중치를 부여하고 있다.

특히, 정책성 분석의 경우 크게 사업추진 여건, 정책효과, 특수평가의 3가지 항목을 평가한다. 우선 사업추진 여건으로서 정책 일치성 등 내부여건, 사업수용성 등 외부여건을 평가하고, 정책효과 항목은 일자리 효과, 생활여건 영향, 환경성 평가, 안전성 평가 등 사회적 가치 요소를 평가하고 있으며, 특수평가는 재원조달 위험성, 문화재 가치 항목 등을 평가한다. 그리고 지역균형발전 분석에서는 지역경제 파급효과와 지역낙후도를 평가한다.

국가재정법의 예비타당성조사와 지방재정법의 타당성조사를 비교해 보면, 우선 양 제도 모두 예산낭비 방지와 재정운영의 효율성 제고를 위해 대규모 신규사업에 대해 사전에 사업 타당성을 분석하는 제도로서 의의를 부여할 수 있다. 이에 대해서 해당부처, 도입연도, 전담조사기관, 대상사업, 분석방법 등에서 차이점을 보이고 있다.

우선, 해당부처의 경우 국가재정법의 예비타당성조사는 기획재정부, 지방재정법의 타당성조사는 행정안전부가 담당하고 있다. 도입연도는 국가재정법 예비타당성조사는 1999년, 지방재정법 타당성조사는 2015년에 도입되어 운영되고 있다. 전담조사기관은 국가재정법 예비타당성조사는 KDI 공공투

〈표 7-9〉 두 제도의 비교표

◦ 지방 타당성 조사와 국가 예비타당성 조사

구분	지방재정법의 타당성 조사	국가재정법의 예비타당성 조사
소관부처	행정안전부	기획재정부
조사기관	한국지방행정연구원 지방투자사업관리센터(LIMAC)	KDI 공공투자관리센터(PIMAC) 한국조세재정연구원
도입시기 과제수행	2015년 (2015~2018년 145건 수행)	1999년 (1999~2018년 849건 수행)
조사목적	투자심사의 사전절차로 투자심사의 합리적인 결정을 지원	대규모 재정사업의 타당성조사를 통해 예산낭비 방지와 재정운영의 효율성 제고에 기여
조사시기	투자심사 이전	예산편성 이전
조사기간	6개월 이상 원칙	9개월(철도: 12개월) 원칙
분석방법	사업계획서 검토, 경제성 분석, 재무성 분석, 정책적 타당성 분석, 종합평가	경제성 분석, 정책성 분석, 지역균형발전 분석, 종합평가

자관리센터(PIMAC)와 한국조세재정연구원에서 담당하고 지방재정법 타당성조사는 한국지방행정연구원 지방투자사업관리센터(LIMAC)에서 담당하고 있다.

대상사업의 경우 국가재정법 예비타당성조사는 총사업비가 500억 원 이상이고 국가의 재정지원 규모가 300억 원 이상인 신규사업인 반면 지방재정법의 타당성조사는 총사업비가 500억 원 이상인 신규사업을 대상으로 하고 있다.

조사기간의 경우 국가 예비타당성조사는 9개월(철도부문 12개월) 원칙인데 비해서 지방 타당성 조사는 6개월 이상을 원칙으로 하고 있다.

마지막으로 타당성 조사 분석방법의 경우 국가재정법 예비타당성 조사는 경제성, 정책성, 지역균형발전 분석을 중심으로 분석한 평가결과를 토대로 AHP기법에 의해 종합평가를 실시하고 있는 반면, 지방재정법의 타당성 조사는 경제성, 재무성, 정책적 타당성 분석 결과를 토대로 타당성 조사의 종합의견을 제시하는 방식을 채택하고 있다.

제 2 부

비용편익분석 가이드와 공공사업분석

비용편익분석은 사업 또는 정책의 목표를 설정하고 그 목표 달성에 가장 효과적인 대안을 찾기 위해 대안들의 비용과 편익을 비교·분석하는 기법이다. 사업에 관련된 비용과 예상편익들을 모두 화폐가치로 환산하고 이들을 현재가치로 전환한 뒤 순(純)현재가치(B−C)를 구해 그것이 양(+)이면 사업의 타당성을 인정하지만, 음(−)이면 사업의 타당성을 인정하지 않는다.

사업평가의 또 다른 기법으로 편익비용비율(B/C ratio)을 사용한다. 이는 비용 한 단위당 편익을 표시하는 비율로서 그것이 1보다 크면 사업의 타당성을 인정하고 1보다 작으면 타당성을 인정하지 않는다.

그리고 '투자 사업이 원만히 진행됨'을 전제로 산출되는 예상수익률로서의 내부수익률(IRR; Internal Rate of Return)도 사용한다. 이는 투자사업의 전 기간에 걸쳐 발생하는 비용과 편익의 현재가치가 동일해져 순(純)현재가치를 0으로 만드는 예상수익률이며 그것이 통상의 사회적 할인율보다 크면 사업의 타당성을 인정하고, 사회적 할인율보다 작으면 사업의 타당성을 인정하지 않는다. 내부수익률이 사회적 할인율보다 크다 함은 투자 사업을 사회적 할인율로 계산한 순(純)현재가치가 0보다 큼을 의미한다.

공공부문에서의 비용편익분석은 '민간부문(기업)에서 새로운 사업의 추진 시 시행하는 타당성 조사와는 달리' 공공(투자)사업을 통한 사회적 또는 국민경제적 입장에서 장기 측면의 비용과 편익을 산정하는 것으로서 자원의 효율적 배분 뿐 아니라 공정한 소득분배도 함께 고려하는 등 국민전체의 후생을 증진시키는 공공정책지표로서의 역할을 수행한다.

본 서(書)의 제2부는 유럽연합(EU) 내 공공투자 사업에 대한 비용편익분석(CBA; Cost Benefit Analysis) 가이드를 통해 일반 원칙과 함께 환경·에너지·수송(도로, 철로, 도시수송 등 3개 부문) 분야에서의 사례분석을 제시한다.[1] 구체적으로 1장은 비용편익분석의 일반원칙(General Principle)으로서 개요, 사

---

1) *Guide to Cost- Benefit Analysis of Investment Project-Economic Appraisal tool for Cohesion Policy 2014-2020*, European Commission(2014) 중 해당부분(2~5장)의 일부(경제 분석)을 중심으로 번역·정리하고 보완한 것임. 부분 번역은 "Reproduction is authorized provided the source is acknowledged", European Union, 2015."에 근거하였다.

업평가 단계, 재무 분석의 개요 및 방법론, 경제 분석(재무 수정 포함), 위험평가에 대해 설명한다. 2장은 환경, 3장은 에너지, 4장은 수송 문제에 대해 비용편익분석에 따른 이론뿐 아니라 경제 분석과 위험평가 등을 정해진 절차에 따라 상세히 서술한다.

단, 1장의 일반원칙에 포함되는 사업개요(또는 정황의 서술), 사업 목적, 사업의 인식, 기술적 용이성 및 환경적 지속성은 실제 사례(환경, 에너지, 수송)에서의 설명으로 갈음하기 위해 '사업평가 단계'의 흐름 표(flow chart)를 통해 절차를 간략히 제시하고 구체적인 내용은 2~4장의 체계적인 틀에 맞춰 설명한다.

비용편익분석의 유래

비용편익분석(CBA)은 현재 유럽의 각국 정부와 국제기구에서 폭넓게 사용하는 정립된 기법이다. 비록 분석기법의 주요개념이 1840년대 유럽에서 유래되었지만 환경경제학 분야에서의 비용편익분석기법의 사용은 1930년대 미국정부가 규정에 의해 특정 여건 하에서 의무적으로 동 기법을 도입하게 된 이후 정립되었다.

환경부문에서의 비용편익분석은 1936년 미국의 「홍수통제법」 제정과 함께 중요한 역할을 수행했다. 즉, 어떠한 홍수통제사업도 '누구에게나 주어지는 편익이 비용보다 클 경우' 바람직하게 평가된다는 것이다. 모든 지침이 그 같은 기준 이행에 전제로 작용하는 것은 아니지만, 홍수통제법은 사업자만의 이익을 고려하는 재무적 평가 대신 그들의 순편익 및 그에 대한 전체 사회의 평가를 진정한 사업평가로 간주하는 관점을 보편화시켰다. 당시 특별하고 구체적인 지침(指針)의 부족으로 '일관적이지 못한' 표준 및 절차들이 수자원 개발에 관여한 다양한 기관들에 의해 이행되기도 했다. 그 결과 비용편익분석을 활용하는 개별기관은 사업 장점에 대한 정밀한 평가 대신 그들이 수행하고자 하는 사업을 정당화시키는 데 목적을 두었다.

하지만 1946년에 다양한 기관을 아우르는 '일관적이며 표준화된' 지침과 사례를 제공하기 위해 기관 간 공동평가그룹이 형성되었다. 미국 연방기관 간 강유역위원회의 비용–편익 소위원회가 그 사례이며, 이를 통해 1950년 '강 유역 사업'(River Basin Project)의 경제 분석(1958년 법 개정) 사례를 담은 그린 북

(Green Book)이 발간되었다. 또 1965년존슨 대통령은 재정 팽창을 우려하여 주요 정부프로그램 및 사업에 대해 비용편익분석을 도입하고 그를 통해 선정된 대안들에만 예산에 반영시키는 기획예산제도(PPBS)를 채택하도록 했다. 1980년대 및 1990년대 들어 환경보존의 중요성을 인식하고 환경에 영향을 미치는 정책 결정에 비용편익분석을 도입하는 등 새로운 기법 개발에도 노력했다.

우리나라의 경우 1990년대 이후 비용편익분석기법의 활용이 본격화되고 1999년에 종전의 기술적 타당성 검토를 벗어나 정부사업의 경제적 타당성을 미리 점검해보는 예비타당성조사를 한국개발연구원 공공투자관리센터를 통해 실시하였다.

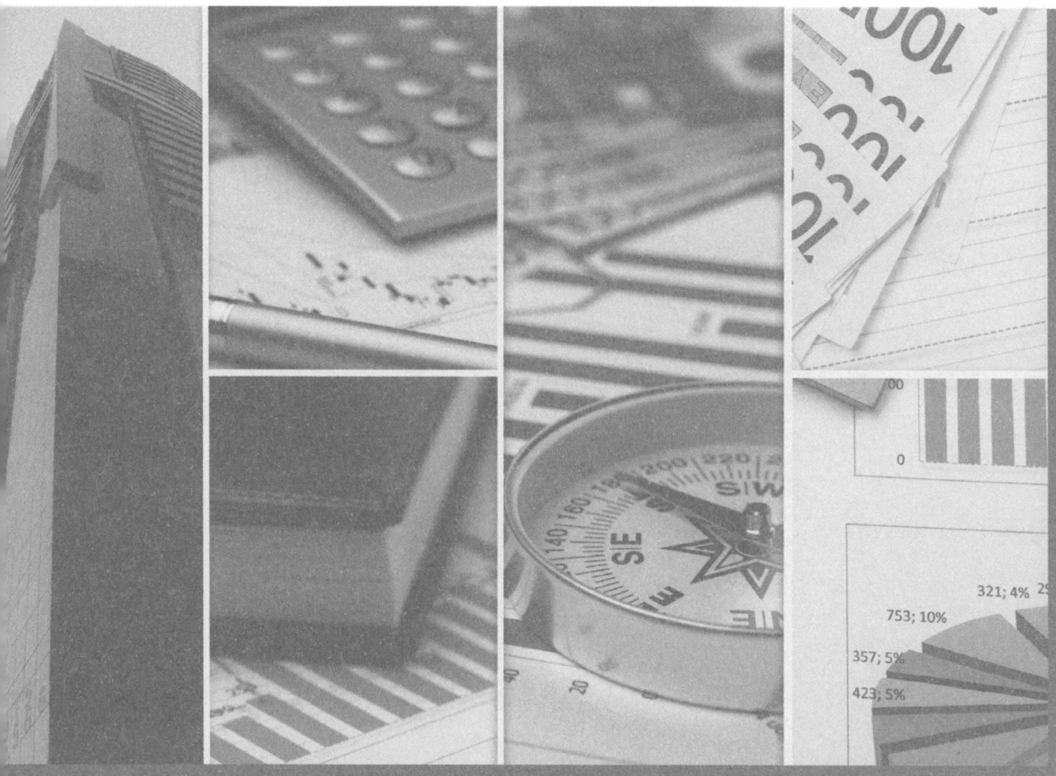

제 1 장

비용편익분석의 일반원칙

1. 개요

비용편익분석(CBA)은 특정의 투자결정이 초래하는 사회후생 변화를 객관적으로 평가하기 위해 투자의 비용·편익을 함께 측정함으로써 경제적인 유·불리를 판단하게 하는 분석 틀을 의미한다. 비용편익분석을 수행함에 있어 기본적으로 필요한 개념들은 기회비용 등 아래의 5가지로 요약된다.

[표 1-1] 비용편익분석의 필요 개념

	내 용
기회비용(Opportunity Cost)	◦ 재화·용역의 기회비용은 상호배타적 여러 대안들 중 하나를 선택함으로써 포기하게 된 최선의 대안으로부터 발생하는 잠재적 이익 또는 이득 ◦ 비용편익분석의 근거(rationals)는 이윤동기 또는 가격기구를 바탕으로 이루어진 투자결정이 비대칭 정보·외부성·공공재 등 시장실패의 여건 하에서 사회적으로 바람직하지 못한 결과를 초래할 수 있다는 사실을 인식하는 것 ◦ 반대로 만약 투자사업의 투입물, 산출물(무형의 것도 포함), 그리고 외부효과가 사회적 기회비용 측면에서 가치가 있다면 결과적인 수익은 사회후생에 대한 적절한 기여로 간주
장기전망(Long Term Perspective)	◦ 장기 전망은 조정에 따라 '적어도 10년부터 최대 30년 또는 그 이상의 기간'을 통해 채택되며 부수 조건이 필요 - 적절한 시계(視界)의 설정 - 미래의 비용 및 편익 예측 - 미래의 비용·편익에 대한 현재가치를 산정하기 위한 적절한 할인율 채택 - 사업 위험을 평가함으로써 불확실성을 고려
경제적 성과지표의 화폐단위로의 전환	◦ 긍정적·부정적 후생효과가 각각 양(+)과 음(-)의 화폐가치로 측정되고 특히 순편익의 합은 현재가치의 합을 의미. 사업의 총 성과는 지표들인 경제적 순(純)현재가치(ENPV)와 경제수익률(ERR)로 측정되고 이들은 경쟁사업의 우선순위 또는 대안들을 비교하는데 사용

미시 경제적 접근 (Microeconomic Approach)	◦ 비용편익분석은 경제적 성과지표를 통해 사회전체에 대한 사업 효과 및 예상되는 사회후생 변화를 측정하게 하는 전형적인 미시 경제적인 접근. 즉, 사업에 의해 실현되는 직접고용 및 외부 환경 효과는 경제적 순현재가치(ENPV)에 반영되지만 '간접적이며 광범위한' 효과(예, 공공재, 고용, 지역성장)는 배제. 이는 아래의 두 가지에 근거 - 대부분의 간접적이며 광범위한 효과는 통상 직접효과가 변형되었거나 재분배 또는 자본화 한 것이므로 편익에 대한 이중계산의 가능성을 배제하는 목적 - 실제 간접효과 등을 '사업평가의 확실한 기술'로 전환하는 사례가 드물기 때문에 분석의 배제 여부는 신뢰성이 부족한 가정에 따라 결정하기 쉬움. 하지만 특정사업의 EU지역 정책목표에 대한 기여를 잘 설명하기 위해 상기 간접적 효과를 질적측면으로 설명할 필요
증분 접근(Incremental Approach)	◦ 비용편익분석은 '사업 없는(without project)' 반(反)사실적 또는 가상의 기준선 시나리오(baseline scenario)와 '사업이 있는(with project)' 시나리오를 비교하는 것으로, 이는 사업이 없을 때에 비해 사업이 있을 때 나타나는 추가적 성과를 증분으로 간주

2. 사업평가 단계

사업평가를 위한 비용편익분석의 표준 절차는 원칙적으로 아래의 7개 단계로 구성된다.

이는 사업개요에 해당되는 사회경제적 및 제도적·정치적 정황 등을 서술하는 단계부터 경제 분석 이후 위험평가까지의 표준적 절차에 해당된다. 특히 재무 분석과 경제 분석과의 관계를 주목할 필요가 있다. 현금 유출·입만을 고려하는 재무 분석 결과 재무적 순(純)현재가치(FNPV)가 0보다 클 경우 사업에 재무지원을 필요로 하지 않지만 그것이 0보다 작을 경우 재무지원과 함께 경제 분석의 단계로 넘어간다. 재무 수정 등을 거쳐 경제적 순(純)현재가치(ENPV)가 0보다 크면 사업을 통해 사회가 개선됨을 의미하고 그에 따른 민감도분석 등 위험분석을 시행한다.

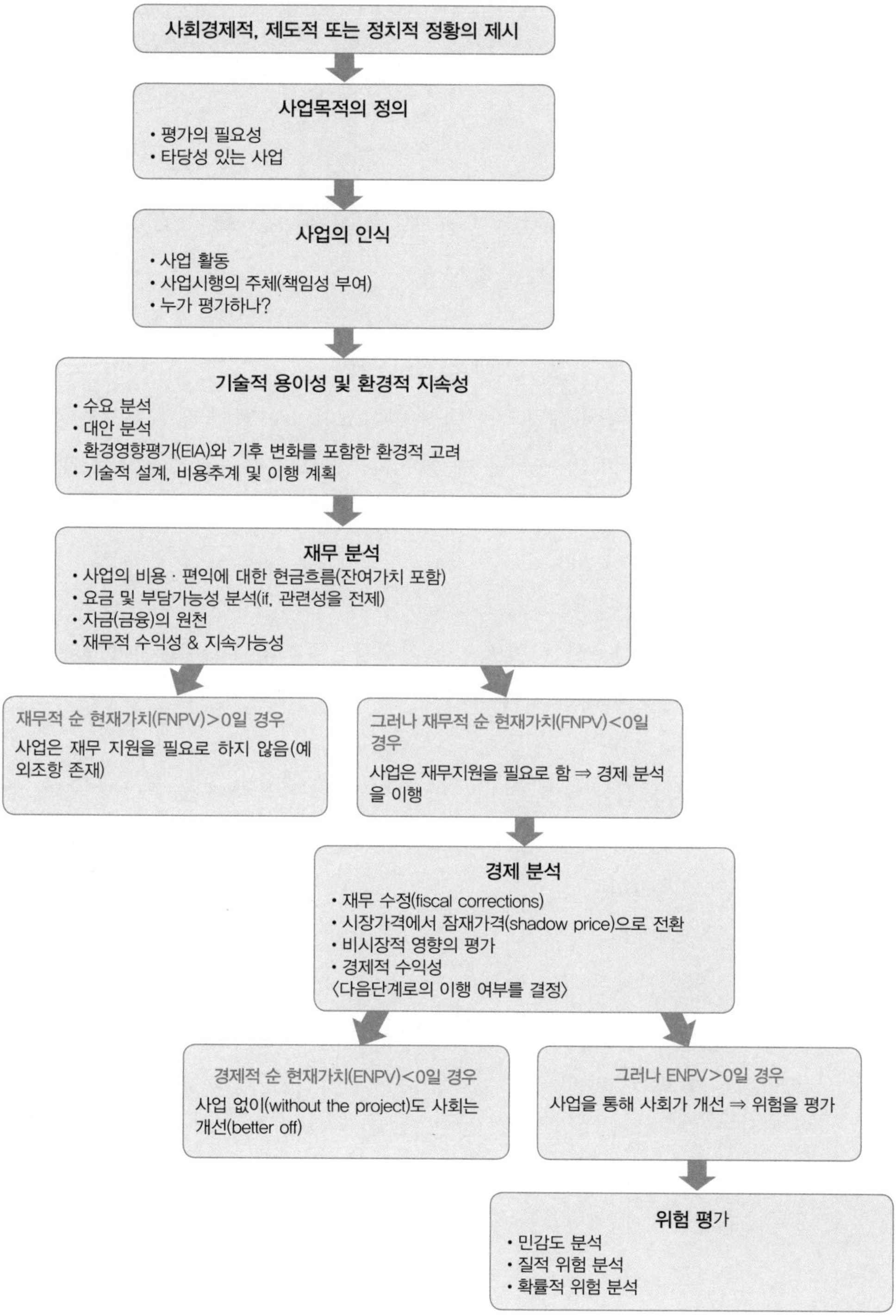

사회경제적, 제도적 또는 정치적 정황의 제시

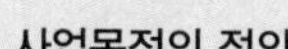

사업목적의 정의
- 평가의 필요성
- 타당성 있는 사업

사업의 인식
- 사업 활동
- 사업시행의 주체(책임성 부여)
- 누가 평가하나?

기술적 용이성 및 환경적 지속성
- 수요 분석
- 대안 분석
- 환경영향평가(EIA)와 기후 변화를 포함한 환경적 고려
- 기술적 설계, 비용추계 및 이행 계획

재무 분석
- 사업의 비용 · 편익에 대한 현금흐름(잔여가치 포함)
- 요금 및 부담가능성 분석(if, 관련성을 전제)
- 자금(금융)의 원천
- 재무적 수익성 & 지속가능성

재무적 순 현재가치(FNPV)>0일 경우
사업은 재무 지원을 필요로 하지 않음(예외조항 존재)

그러나 재무적 순 현재가치(FNPV)<0일 경우
사업은 재무지원을 필요로 함 ⇒ 경제 분석을 이행

경제 분석
- 재무 수정(fiscal corrections)
- 시장가격에서 잠재가격(shadow price)으로 전환
- 비시장적 영향의 평가
- 경제적 수익성

〈다음단계로의 이행 여부를 결정〉

경제적 순 현재가치(ENPV)<0일 경우
사업 없이(without the project)도 사회는 개선(better off)

그러나 ENPV>0일 경우
사업을 통해 사회가 개선 ⇒ 위험을 평가

위험 평가
- 민감도 분석
- 질적 위험 분석
- 확률적 위험 분석

[그림 2-1] **평가단계**

자료: 저자들.

3. 재무 분석[1]

(1) 개요

재무 분석은 사업의 재무적 성과지표를 계산하는 과정으로서 비용편익분석에 포함되며 아래의 목적을 설정한다.

- 확고한 사업수익성을 평가
- 사업주(主)와 주주들을 위한 수익성 평가
- 모든 사업 유형에 해당되는 핵심 실행조건인 사업의 재무지속성 증명
- 사회경제적 비용과 편익을 계산하는데 필요한 창출된 현금흐름 제시

(2) 방법론

재무 분석 시 사용하는 방법은 할인현금흐름(Discounted Cash Flow; DCF)이며 구체적으로 아래와 같다.

첫째, 재무 분석에는 오직 현금의 유입과 현금 유출만 고려되며, 실제 현금흐름에 해당하지 않는 '감가·유보 및 가격·기술의 우연성 그리고 다른 회계항목'은 무시한다.

둘째, 재무 분석은 원칙적으로 자산(기간시설) 소유자 입장에서 수행되어야 한다. 만약 공공인프라 서비스의 제공에서 볼 수 있는 것처럼 자산소유자(owner)와 운영자(operator)가 다를 경우, 실질적인 투자 수익성을 평가하기 위해서는 소유자와 운영자 간 현금흐름을 배제한 통합 재무 분석(연결재무제표)이 이뤄져야 한다. 이러한 분석은 특히 단일운영자가 소유자와의 수혜(修惠)적 약정에 의해 서비스를 제공할 때 주효하다.

---

1) 재무 분석은 사업평가 절차에서 보듯 비용편익분석의 한 과정에 해당하지만 본 서(書)는 경제 분석('재무 수정' 포함)을 주로 설명하므로 여기서는 개념만 간략히 설명하기로 한다.

셋째, 적절한 재무할인율(FDR)이 미래의 현금흐름의 현재가치를 계산하기 위해 적용되며 동 할인율은 자본의 기회비용을 반영한다.

넷째, 사업의 현금흐름 예측은 경제적으로 유용한 사업생존에 따른 장기간의 영향을 고려할 만큼 충분한 기간이 대상이어야 한다. 즉, 예측 기간은 사업의 시계(視界)와 일치하고 그 기간의 선택은 평가결과에 영향을 미친다.

다섯째, 재무 분석은 통상 '기준연도 표시' 불변가격으로 수행된다. 경상가격(소비자물가지수로 조정)을 사용하면 '항상 필요하지 않는' 소비자물가지수(CPI)를 예측해야하기 때문이다. 상대가격의 상이한 변동률이 특별한 핵심 항목들에서 인식되고 이들 차이는 해당 현금흐름의 예측에서 고려된다.

여섯째, 재무 분석이 불변가격으로 수행될 경우 재무할인율은 실질할인율이 적용되고 경상가격으로 수행되면 명목할인율이 적용된다.

일곱째, 재무 분석은 가능하면 매입비용과 매출액 또는 판매수입 모두에서 부가가치세를 제외한다.

여덟째, 직접세(자본, 소득, 기타에 대한)는 재무적 지속가능성을 증명할 경우에만 고려될 뿐 세액 공제 이전 계산되는 재무수익성을 계산할 때는 고려되지 않는다. 그 근거는 자본소득세 규칙의 복잡성과 시간·국가 간 변동성을 회피하는데 있다.

4. 경제 분석

(1) 개요

경제 분석은 특정 사업의 사회후생에 대한 기여를 평가하기 위해 꼭 필요한 업무이다. 핵심 개념은 재화 및 용역의 사회적 기회비용이 반영되도록 '왜곡될 수 있는' 시장가격 대신 잠재가격(shadow price)을 사용한다. 시장가격이 왜곡되는 원천은 다양하다.

- 공공부문이나 사업운영자가 일정한 역할을 행사하는 비효율적 시장(즉, 재생 가능 원료로부터의 에너지 생산을 독려하기 위한 보조금 또는 독점에서 한계비용 이상의 마진을 포함한 가격 설정 등)의 경우
- 공익시설(예, 전기, 가스, 수송 등)에 대한 행정요금으로서 '비용부담 가능성 또는 형평성'을 이유로 투입요소의 기회비용을 반영하지 못하는 경우
- 재정(財政)운용상 필요하여 반영하는 요금(예, 수입관세, 물품 세, 부가가치세 및 다른 간접세, 근로소득세 등)의 경우
- 시장 또는 가격이 형성되지 않는 경우(예, 공기오염 감축, 시간 절약 등)

국제사례와 부합하는 경제 분석의 표준적 접근방법은 재무 분석을 경제 분석으로 전환하는 것이다. 이를 위해 투자수익이 산정되는 계정(account)에서 출발하여 아래의 조정이 요구된다.

- 재무 수정
- 시장가격에서 잠재가격으로의 전환
- 비시장적 영향의 평가 및 외부성 교정

시장가격의 조정과 비(非)시장적 영향의 추정 이후 미래 시점에서의 비용과 편익은 현재시점 기준으로 할인되어야 한다. 투자사업의 경제 분석 시 활용되는 할인율 즉, 사회적 할인율(SDR; Social Discount Rate)은 미래에 발생하는 편익과 비용에 대한 할인에 있어 사회적 관점을 적절히 반영한다. 사회적 할인율을 적용한 이후 경제적 순(純)현재가치(ENPV), 경제수익률(ERR), 편익비용비율(B/C ratio) 등을 통해 사업의 경제적 성과를 산정할 수 있다.

사회적 할인율: 유럽공동체(EU) 위원회 기준

유럽공동체는 2014~2020년 동안 주요사업에서 사회적 할인율을 5%로, 다른 회원국가에서는 3%로 각각 권유했다. 그러나 회원국은 '3% 또는 5%'가 아닌 다른 수준의 사회적 할인율(SDR)을 설정할 수 있다. 이는 (i) 경제성장률 예측 또는 다른 거시변수가 정당할 경우 (ii) 동일한 국가 · 지역의 유사 사업에 대해 일관성 있는 적용이 보증될 때에 가능하다. 그리고 유럽공동체는 이 경우 회원국들이 안내서를 통해 사회적 할인율의 기준을 제시하고 이를 사업평가에도 동일하게 적용하기를 권유한다.

(2) 재무 수정

조세와 보조금은 계층 간 해당자원에 대한 구매력 이전을 표시할 뿐 사회 전체로 보아 실제의 비용과 편익을 나타내지 않는 이전지출의 성격을 띤다. 이들 왜곡을 수정하기 위한 일반적인 규칙이 존재한다.

- 투입물 및 산출물은 부가가치세(VAT)를 뺀 가격으로 처리
- 투입물가격은 직접세 및 간접세를 뺀 개념(단, 사회보장지출은 '지연(遲延)된 급여'의 개념으로 투입물 가격에 포함)
- 산출물 가치의 대용변수로 사용된 가격(예, 공공요금)은 모든 공공기관이 부여하는 보조금 및 이전교부금을 뺀 개념(단, 경제 분석의 실제 사례에서는 공공요금이 최대지불가격(WTP)으로 대체되므로 예외 사항으로 처리)

이처럼 이전지출은 국가재원 변동에 실제적 영향을 미치지 못하기 때문에,[2] 정확한 가치가 측정될 수 있으면 현금흐름에서 제외시킨다. 예로, 건설비용에 대한 부가가치세 지출은 경제 분석에서 단순히 제외되며, 그것을 정확히 모를 경우 전환계수(CF)를 이용해 사업의 현금흐름에서 제외한다. 어떤 투자 사업에서 수익이 발생할 경우 이는 '공공채무 또는 조세로써 그 사

2) 재무 분석에서는 이전재원이 그 주체에 따라 비용도 되고 편익도 되지만 경제 분석에서는 그러하지 못함. 예로 세금은 개인→정부, 정부보조금은 정부→개인, 이자지금은 금융기관→개인 등 국민 경제 내무에서 각각의 이동을 의미한다.

업을 지원할 필요성이 작아짐'을 의미하고 조세의 왜곡효과(distortionary effect)를 고려할 때 재무적 영향은 적지 않을 수 있다.

이러한 일반적 규칙에도 불구하고 어떤 경우 간접세 또는 보조금이 외부성을 수정하는 도구로 사용된다. 예로, 부정적인 '환경 외부성' 억제를 위해 질소산화물(NOx) 배출에 대한 과세는 '해당 경우 또는 유사한 경우'에 기본적인 한계비용(즉, 최대지불가격)을 적절히 반영한다는 점에서 사업의 비용(간접세) 또는 편익(보조금) 산정 시 그들을 포함시키는 것이 합당하다. 하지만, 사업 평가 시에는 이중계산(예, 에너지세와 외부환경비용 추계치의 동시 포함)이 배제되어야 한다.

〈표 1-2〉 재무 분석과 경제 분석의 차이

항목	경제 분석	재무 분석
상품가격	잠재가격	시장가격
환율	잠재 환율	공정 환율
임금	잠재임금	시장임금
세금(tax)	비용에서 제외	비용에 포함
보조금(subsidy)	수입에서 제외	수입에 포함
지급이자	비용에서 제외	비용에 포함
토지매입비	기회비용	실제 지대(구입가격)
할인율	자본의 기회비용	자본비용(실제 이자율)
감가상각비	분석 시 제외	분석 시 제외
예비비	물량 예비비만 포함	물량 및 물가 예비비 모두 포함

주: 감가상각비의 경우 사전적 사업타당성 분석 시 비용에서 제외되지만 사후적 사업수익률 (또는 경제수익률) 계산 시 비용항목으로 포함.

자료: 비용편익분석, 김동건.

(3) 시장가격에서 잠재가격 도출

시장가격이 사업의 투입물·산출물의 기회비용을 반영하지 못할 경우 일반적인 접근은 시장가격을 잠재가격으로 전환한다. 아래는 잠재가격 추계를 위한 단순화된 방식을 설명한 그림이다.

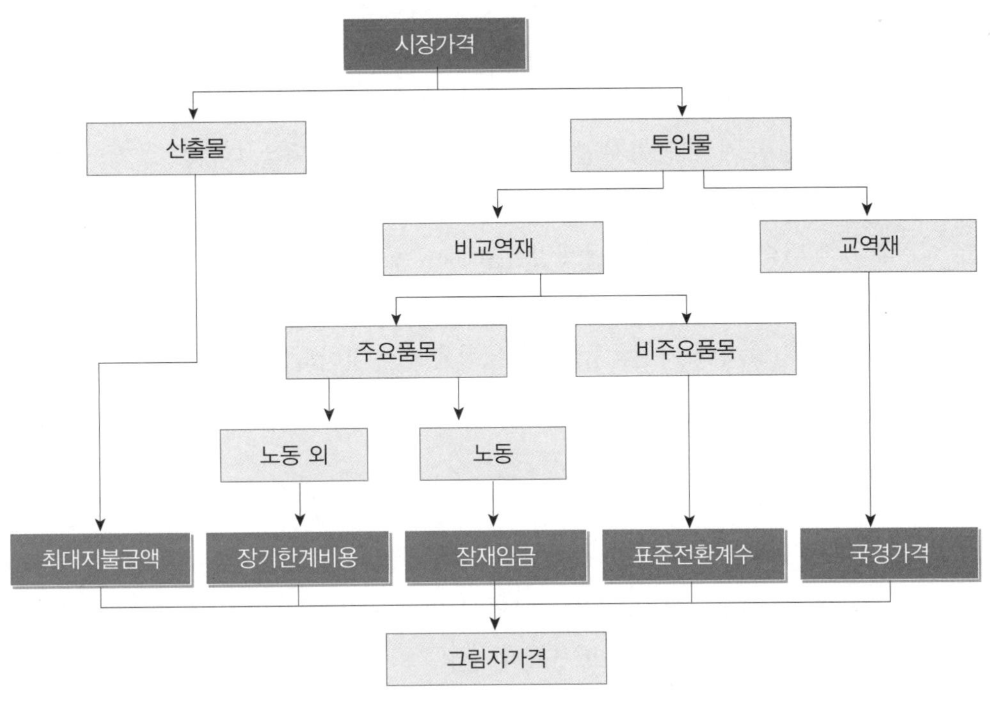

[그림 2-2] 시장가격에서 그림자가격(잠재가격; shadow price)으로의 전환

자료: Saerbeck(1990).

사업 투입물

- 교역재의 국경가격(border price) 사용[3]: 사업 수행 시 수입투입물(예, 가스 또는 오일)을 사용하면 그 때의 잠재가격은 수입비용과 보험비용에 '경쟁적이어 왜곡되지 않는' 시장에서의 본선인도가격(CIF)을 가산한다. 이로써 해당 물품이 국내시장으로 들어올 때 적용되는 관세 및 조세를 배제할 수 있다. 국경가격은 그것이 재화가격의 일부(% 비율) 또는 단위(unit) 당 고정 금액(fixed amount)으로 표시되든 해당재화가 국경을 통과할 때 적용되는 최소가격으로 표시된다.
- 비교역재일 경우:
  - 세계가격과 국내가격 간 '평균적 차이'를 측정하는 표준전환계수(SCF,

3) 재화의 진정한 경제적 가치는 국내시장보다 교역이 발생하는 국제시장에서 잘 반영된다는 점에서 잠재가격은 국경가격으로 인식된다.

Standard Conversion Factor)를 사소한 품목이나 행정 비용 그리고 중간 서비스품목 등에 각각 적용

- 시장 여건에서의 특별 가설에 의한 특별한(ad hoc) 가정은 주요 품목인 토지와 공공사업 그리고 기계류·장비 등을 대상으로 장기한계비용(LRMC)을 반영하기 위해 설정
- 인력에 대해서는 잠재임금(shadow wage)을 산정

상기의 상이한 기법들을 실제로 적용하는 일반화된 방법은 일련의 전환계수들을 사업의 재무비용에 적용하는 것이다.

사업 산출물

- 사용자의 '재화 1단위에 대한 최대지불액'을 측정하는 한계지불의사금액(marginal WTP)의 경우 사업에 의해 발생하는 재화 및 용역의 사용과 관련된 직접적 편익의 추계에 사용

| 사례 | SCF 공식의 적용

가상적인 국가에 대한 표준전환계수(SCF)를 산정하는 예로 단순화된 공식은

$$SCF = (M + X)/\ (M + X + TM)$$

M: 잠재가격으로의 총수입액 즉 CIF 가격
X: 잠재가격으로의 총 수출액 즉 FOB 가격
TM: 수입에 대한 총관세액

계산 M과 X(EU 내외에서의 재화·용역의 수입액과 수출)가 각각 25,000백만 유로와 20,000백만 유로이며 TM(회원국의 일반정부 및 EU가 수입품에 부과한 일반조세와 관세의 합에서 부가가치세를 뺀 금액)이 500백만 유로일 때

$$SCF = (25{,}000 + 20{,}000)/(25{,}000 + 20{,}000 + 500) = 0.989$$

※ SCF 산정공식에서 변수들은 연도별(on a yearly base) 큰 변동이 없기 때문에 단연도 수치 계산 뿐 아니라 수년간의 평균값 계산에도 사용할 수 있다.

(4) 전환계수의 사업투입물에의 적용

전환계수를 통해 투입물의 시장가격을 잠재가격으로 변환할 수 있다. 전환계수는 시장가격에 대한 잠재가격의 비율로 표시되면 시장가격에 그것을 곱해 투입물 가치가 산정된다.

$$k_i = v_i / p_i \iff vi = k_i * p_i$$

p_i: 재화(i)의 시장가격 v_i: 잠재가격 k_i: 전환계수

만약 전환계수가 1보다 크면 시장가격이 잠재가격보다 작아 해당재화의 기회비용이 시장측정치보다 크며, 반대로 전환계수가 1보다 작으면 시장가격이 잠재가격보다 커 조세 또는 시장왜곡요인으로 인해 가격이 한계사회비용(SMC) 이상으로 책정되어 있음을 의미한다.

원칙적으로 전환계수는 사업계획부서에서 총괄 작성되어야 하며 사업별로 계산되어서는 안 된다. 만약 국가적으로 일관된 전환계수가 가용하지 않을 경우 사업별로 계산하되 감독당국을 통해 사업 간 전환계수가 통일되어야 한다. 그리고 이 같은 교정은 수입물품세 등 재정적 요인으로부터 시장가격을 정화(淨化)시키는데도 필요하다. 시장실패가 없을 경우 전환계수는 1과 같다.

| 사례 | 투입물의 전환계수

투자 사업에서 건자재 콘크리트가 투입된다고 가정하자. 콘크리트는 단위당 10,000유로이고 그 중 20%는 부가가치세(VAT)이고 수입세가 대상국가에 관계없이 7%라고 하면 잠재가격을 산정하는 공식은

$$CF = (1-i) * (1-VAT)$$

$$CF = (1-0.07) * (1-0.2) = 0.744$$

i: 투입물 수입세율

잠재가격(SP; shadow price)은 시장가격(MP; market price)에 전환계수를 곱하므로

$$SP = (1-i) * (1-VAT) * MP$$
$$= 0.744 * 10{,}000 = 7{,}440$$

수입세율이 대상의 재화 유형에 따라 다르므로 사업평가자는 투자 사업에 보다 보편적으로 사용되는 '다양한 수입물자 집단'에 대한 총괄잠재가격을 계산하기 위해 평균수입세율을 적용한다. 다른 비용품목에도 동일한 접근방법이 사용된다. 국경가격규칙이 적용되는 교역투입재화 또는 그들에 대한 집단전환계수(group conversion factor) 산정을 위해 해당국가의 투입-산출 표를 활용하여 집단투입요소(예, 공공근로, 장비, 물자 등)를 주요 구성성분으로 분할한다. 그 결과 집단전환계수는 개별 전환계수들의 가중평균값으로 표시될 수 있다.

(5) 잠재임금

시장 임금은 "광범위하게 비공식적이거나 불법적인 경제로 노동시장이 이중적이며 분할되고 '높고 지속적인' 실업상태가 나타나는 등 거시경제가 불균형상태에 있을 경우 노동의 기회비용이 나타내는 사회지표를 제대로 반영할 수 없다. 이런 경우 사업추진자는 전환계수를 사용하여 잠재임금을 산정한다.

| 사례 | 임금 왜곡

- 민간부문에서 특정 기업의 노동비용이 국가의 특별보조금 지출로 인해 사회적 기회비용에 비해 낮게 설정되는 경우
- 심각한 실업상태에서 낮은 임금으로 일할 의사가 있는 상황임에도 그보다 높은 최저임금이 설정되는 경우
- 공식적인 임금 또는 소득은 없지만 노동에 대해 양(+)의 기회비용이 존재하는 '비공식적이며 불법적인' 부문이 존재하는 경우

잠재임금은 노동의 기회비용을 측정한다. 전형적으로 실업 또는 과소 고용이 확대되는 경제에서는 잠재임금이 실제 시장임금에 비해 낮다. 특히, 아래의 경우에 유념할 필요가 있다.

- 유사한 활동에 의해 사전 고용된 숙련노동자는 잠재임금이 시장임금에 동일하거나 근접
- 실업상황에서 투입된 비숙련노동자에 대해 잠재임금은, 실업급여가 존재하지 않을 경우, 실업급여의 가치 또는 대(代)변수에 비해 동일하거나 작지 않음
- 비공식적인 활동을 통해 투입된 비숙련노동자는 잠재임금을 그 활동에 의해 포기된 산출물의 가치로 측정

잠재임금: 간단한 추계

잠재임금을 구하는 실제 방법은 단위노동비용을 소득세율만큼 경감하는 것임 즉,

$$SW = W * (1-t)$$

SW: 잠재임금 W: 시장임금 t: 소득세율

만약 어떤 국가가 대량실업으로 인해 어려움을 겪을 때 잠재임금은 실업수준과 반비례한다. 대량실업이 발생한 지역의 건설현장에서 고용되는 비숙련노동에 실업효과를 반영하기 위해 간단한 공식이 적용될 수 있다(즉, 실업효과는 높은 실업률이 지속되는 경우 '시장청산수준' 대비 노동의 초과공급 상태).

$$SW = W * (1-t) * (1-u)$$

u: 해당지역의 실업률

(6) 직접 편익의 평가

통상 한계지불의사금액(marginal WTP)의 개념은 사업 산출물의 잠재가격 추정에 이용된다. 즉, 산출물의 잠재가격은 사업에 제공된 재화·용역의 사

용과 관련된 사업의 직접편익을 평가한 것이다. 최대지불금액/가격(WTP)은 자신들이 바람직하다고 생각하는 결과물에 대해 지불하려는 사람들의 최대 인원을 측정한다. 현시(顯示) 선호와 기술(記述) 선호 그리고 편익의 이전 방법 등 상이한 기술들을 통해 지불의사금액을 실제로 측정할 수 있으며, 이들의 선택은 사업효과의 성격과 자료의 가용성에 의해 결정된다.

사용자로부터 직접 도출되는 최대지불금액을 측정하지 못하거나 편익의 이전이 불가한 상황에서는 WTP의 대체적 방법이 채택된다. 보편적인 방법은 대안의 공급원으로부터 동일한 물품을 소비하는 사용자의 회피비용(avoided cost)을 산출하는 것이다. 예로, 급수사업의 경우 탱크로리로 수송되는 물의 회피비용은 폐수 회피를 위한 개인소유 오수정화조의 건조 및 운영비용이다. 에너지의 경우 대체연료(예, 가스 vs. 석탄) 또는 대안적 생산기술(예, 재생에너지원 vs. 화석연료)이 회피비용의 예일 수 있다.

회피비용: Avoided Cost

회피비용은 A대신(A를 회피) B를 선택할 때 A의 회피 비용은 B를 선택하는 데 따른 비용이다. 예로, 전력산업에서 어떤 발전방식을 다른 발전방식으로 대체할 때 지불되는 비용이다. 즉, 석탄 화력을 풍력으로 대체할 경우 풍력발전 원가가 석탄 화력의 회피비용이 된다. 다른 관점에서 만약 '의도하는 기술(A)'을 선택하지 않았을 때, 그에 대한 회피 비용(다른 경로/방식의 채택 비용)은 A를 회피함으로써 발생하는 비용이므로 A가 제공하는 서비스의 가치로 볼 수 있다.

실제로 사업의 직접편익에 대한 경제적인 분석 또는 평가는 사용자가 내는 수수료·요금 또는 공공요금 등 재무수익을 '공급비용 변화 분을 차감한' 산출물에 대한 최대지불가격(WTP) 추계로 대체할 수 있다. 아래는 산출의 근거이다.

- 시장경쟁에 노출되지 않거나 '규제와 공공개입'을 허용하는 분야에서 소비자가 재화에 지불하는 가격은 '실제적 또는 잠재적' 재화 사용에 대한 적절한 사회적 가치를 반영하지 못하는데, 그 전형적인 예는 보건 등 행

| 추정사례 | **급수(Water Supply)의 신뢰성 평가를 위한 회피 지출 방식**

"1994~1999년 동안 유럽지역개발자금/횡단수송개발자금(ERDF/CF)가 후원하는 투자사업의 사후평가"라는 사례 연구를 통해 유럽위원회(EC)는 1970년대~1980년대에 걸쳐 팔레모(Palermo) 지역 시민들이 겪은 '급수 부족 및 배급 문제'를 해결하기 위한 급수사업을 평가했다. 사업 이전에는 물(water)이 배급된 관계로 주민들은 가정 내 물 수급을 위해 적절한 압력을 갖춘 전기펌프 등 장비들을 자체로 구비했다. 그러나 사업 이후 대부분 지역에서 하루 24시간 동안 물이 원활히 공급되어 그러한 장비들이 필요 없었다. 개선된 급수시스템에 대한 최대지불금액(WTP)은 전기펌프 유지 · 운영비용의 회피비용(avoided cost)으로 측정할 수 있다. 이들은 사업 전 배급 기간 동안 자체 물 공급을 위한 펌프구입 투자비용 및 에너지비용 그리고 유지비용 및 소요된 시간을 포함한다.

정요금이 책정된 공공재임

- 추가로 재화·용역의 사용은 '시장이 존재하지 않아 가격이 형성되지 않는' 추가적 사회편익을 창출할 수 있음. 예로, 새롭고 안전한 수송수단의 사용자는 시간절약과 사고예방이 근거로 작용

상기의 두 배경을 감안하면 재화용역에 대한 최대지불가격이 사용자요금보다 사회적 편익을 잘 측정한다. WTP는 '사용료가 지정되지 않은' 산출물을 공급하는 사업에 필요한 개념이다. 산출물 평가 시 WTP 접근방법이 가능하지 않거나 적절치 못할 때 장기한계비용(LRMC) 측정이 활용되며, 통상적으로 실증분석 시 WTP는 LRMC에 비해 낮게 추정되기 때문에 때로는 두 수치의 평균이 사용되기도 한다.

(7) 비(非)시장적 영향의 평가 및 외부성 교정

새롭게 개발되거나 개선되어 '사회에는 유의(有意)하지만 시장가치 측정이 용이하지 않는' 재화·용역의 사용자에 대한 영향은 사업평가의 경제 분석 시 사업의 직접 편익에 포함된다. 원칙적으로 서비스 사용에 대한 WTP 측

정이 그 역할을 할 수 있다. 긍정적인 비(非)시장적 영향으로는 여행시간의 단축, 기대수명의 증가, 삶의 질 향상, 재난·상해·사고의 예방, 풍경의 개선, 소음 경감, 현재 및 미래 기후변화에의 대응력 증가 및 취약점 및 위험의 경감 등이다.

생산자와 '산출물의 직접소비자' 간 거래가 발생하지 않고 '보상받지 못하는' 제3자에게 발생할 경우 그 거래의 영향은 외부성(externality)으로 표현된다. 외부성이란 화폐적 대가 또는 보상 없이 사업으로부터 흘러가는 비용·편익을 의미한다. 환경부문에서의 외부성이란 비용편익분석에서의 전형적인 외부성에 속한다. 이러한 점에서 외부성은 사업평가에서 직접편익으로 포착되지 않고 별도로 평가될 필요가 있다. WTP 또는 WTA 접근방식은 그 같은 효과를 사업평가에 감안하기 위한 것이다.

최대수용금액과 최대지불금액

최대수용금액(WTA; Willingness to Accept)는 최대지불금액(WTP; Willingness to Pay)와 함께 사업의 양(+)또는 음(−)의 외부효과가 미치는 직접편익 또는 영향을 측정하는 개념으로 인지된다. 즉, WTA는 판매자가 특정재화를 포기할 때 받아드리는 금액이며 WTP는 구매자가 특정재화를 구입할 때 기꺼이 지불하는 금액이다. 경제이론에서는 시장균형을 통해 WTA와 WTP 수준은 동일하다. 하지만, 실제로는 WTA의 측정치가 WTP보다 통상 높게 나타나는데, 이는 사람들이 '가지고 있는' 물건을 포기하면서 보상받는 가격(금액)이 자기가 갖지 못한 물건을 구입할 때 지출하려는 가격(금액)보다 크기 때문이다. 이에 따라 경제학문헌에서는 WTA보다 WTP 개념 사용을 권유하고 있다.

외부성은 인식하긴 쉽지만 그 평가는 때로는 힘들다. 그러나 특별한 효과를 대상으로 하는 연구는 활용할만한 참고적 가치를 제공한다. 예로, 에너지 외부비용(약어; ExternE), '유럽의 수송비용 측정 및 사업평가에 관한 합의된 접근방법(HEATCO)' 그리고 이산화탄소·소음·공기오염 배출에 관한 단위비용 정보를 제공하는 수송부문의 외부비용 측정 편람 등이다.

이러한 정보를 활용하면 외부효과의 규모 측정은 상대적으로 단순해진다. 이들은 외부효과(노출인구에 대한 소음단위;decibel의 증가)에 합당한 일인당 단위가격(가격/1decibel/1person)을 곱해 산정된다. 또 일인당 소득 증가에 대한 '환경적 외부효과'의 시간 간 탄력도는 "통상 기준연도로 측정되는 단위가격은 사업의 주기에 걸쳐 상승한다."는 사실을 인식시켜준다.

| 사례 | 환경의 외부성

- 소음: 소음 방출의 증감은 경제활동이나 건강에 영향을 미치는데, 이는 주로 인구 밀집 지역 근처 또는 기간시설의 교차지점 등에 주로 해당
- 대기오염: 아산화질소, 이산화황, 미립입자 등 오염물질의 방출은 건강에 나쁜 영향을 미치거나 물질적 손상과 수확의 감소를 초래하고 생태계에도 영향을 미침. 이는 특정 지역의 에너지 소비 복합체계를 크게 수정해야하는 모든 기간시설에 해당
- 온실가스(GHG) 배출: 온실가스를 방출하는 사업은 연료 연소 또는 생산과정을 통해 대기로 직접 방출하거나 전기제품과 난방기구 등을 통해 간접적으로 방출하며, 그 피해는 세계적으로 영향을 미치므로 어디서 발생하든 동일함. 반면 어떤 사업은 온실가스 배출을 생애주기(life cycle)를 통해 감축할 수 있는바, 이를 온실가스와 관련하여 긍정적인 외부효과로 평가
- 토양오염: 자연토양 여건에서 사람이 제조한 화학물질 또는 그 대체재에 의해 유발되며 특히 산업 활동이나 농업화학물질 또는 적절치 못한 폐기물 처리에 기인. 토양오염의 생산·소비·건강에 대한 효과는 시간에 걸쳐 지연이 가능
- 수질오염: 수질오염은 호수·강·대양과 대수층 및 지하 수체의 오염을 의미하며 이는 해로운 요소를 제거하지 않은 채 오염물질이 물속으로 방출된데 기인
- 생태계 퇴화: 새로운 기간시설사업은 수원(水源)의 고갈, 서식지 분할, 생물의 다양성 저하, 서식지 또는 종(種)의 손실을 초래하며 이들의 경제적 비용은 생태계가 퇴화되어 기능을 상실할 때 발생하는 서비스 손실을 지칭
- 풍경가치 하락: 오락 또는 미학 차원에서의 손실
- 진동: 주로 수송사업을 통해 발생하며 도시생활의 질(quality)과 특정 생산 활동 및 소비활동을 방해

비(非)시장적 영향의 단위가치를 정산(精算)하고 그들을 경제 분석에 통합하는 기술은 최근 상당히 발전했다. 그러나 이 분야의 발전은, 실증적이든 이론적이든, 여전히 필요한데, 이는 생태계서비스의 보존처럼 '고려 대상'인 외부성의 범위를 더욱 확대하는데 기여하기 때문이다. 생태계 서비스 변화가 후생의 핵심적 측면이라는 점에서 볼 때 어떤 사업에서도 그러한 관점이 잠재적 사안으로 다루어진다.

환경적 영향은, 그의 화폐적 측정이 불가능할 때마다, 의사결정자가 신중한 결정을 내리는데 많은 정보를 제공하기 위해 질적 평가를 위한 물리적 단위로 인식되어야 한다. 유럽연합(EU) 규정은 비용편익분석(CBA)과 환경영향평가(EIA)이 동일한 가치로 병용되도록 유도하고 있고, 가능하다면 두 방법을 통합해 일관성을 유지하도록 하고 있다.

(8) 온실가스(GHG) 배출의 평가

기후변화의 영향은 아래의 이유로 외부성 평가에 있어 특별한 의미를 갖는다.

- 기후변화는 세계적 이슈로서 그 배출의 영향은 배출 장소와는 무관
- 온실가스 즉, 이산화탄소(CO_2) 뿐 아니라 산화질소(N_2O) 및 메탄가스(CH_4)는 오래 존속하기 때문에 현재의 배출이라고 해도 먼 장래에까지 영향을 미침
- 온실가스의 지속적 배출이 주는 장기적 영향은 예측하기 힘들지만 잠재적으로 재앙을 초래
- 기후변화에 대한 과학적 근거와 기후변화의 장래 경로는 점차 공고해지고 있는 가운데 특별히 과학자들은 지구 온도와 '대기 중 온실가스'의 상이한 안정화 수준과 관련된 '자연환경에 대한 영향'에 확률 부여가 가능

'기후변화의 외부성'을 경제적 평가에 통합하는 바람직한 방안은 부분적으로 유럽투자은행(EIB)의 탄소발자국 방법론에 의존하며 이는 유럽연합의

「탈(脫)이산화탄소계획 2050」과 일치한다. 아래의 절차가 필요하다.

- 대기 중 추가 또는 경감된 배출량의 수치화
- '지구온난화 가능성 지표'를 활용한 당량(當量) 이산화탄소(CO_2-equivalent) 배출 총량의 산출
- 당량 이산화탄소(CO_2e)의 단위비용을 이용한 외부성의 평가

탄소 발자국(Carbon Footprint)

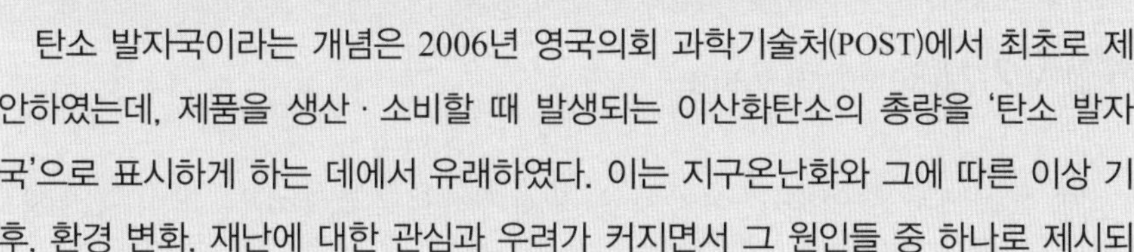

탄소 발자국이라는 개념은 2006년 영국의회 과학기술처(POST)에서 최초로 제안하였는데, 제품을 생산 · 소비할 때 발생되는 이산화탄소의 총량을 '탄소 발자국'으로 표시하게 하는 데에서 유래하였다. 이는 지구온난화와 그에 따른 이상 기후, 환경 변화, 재난에 대한 관심과 우려가 커지면서 그 원인들 중 하나로 제시되는 이산화탄소의 발생량을 감소시키고자 하는 취지에서 사용하기 시작했다.

〈표 1-3〉 온실가스 배출의 단위비용

	2010년 가치(톤당 유로)	2011~2030년의 연간 누적
높음(High)	40	2
중간(Central)	25	1
낮음(Low)	10	0.5

마지막으로, 사업에 기인하는 '탄소의 성분 변화'가 클 경우, "의사결정자가 '둘 또는 그 이상'의 대안에 대해 무차별하게 생각하는 탄소 가격"인 전환가격(SP; Switching Price)이 산출되는 것이 바람직하다.

미래의 온실가스 배출은 사업의 한계적 영향을 반영하면서 전체 사업에 적용되는 사회적 할인율로 할인되어야 한다. 하지만, 온실가스 배출의 단위비용에 대해서는 "사소하지 않는(non-marginal) 온실가스정책의 영향과 '배출경로에 기인한' 불확실한 환경파손을 반영하는 다른 사회적 할인율을 암묵적으로 내포하고 있다"는 사실이 인지되어야 한다.

온실가스(GHG) 배출 비용: 적용 규칙

기후변화 즉 지구온난화의 외부비용을 산정하기 위한 산식은

$$\text{GHG 배출 비용} = V_{GHG} * C_{GHG}$$

V_{GHG}: 사업에 의한 GHG 배출의 증가분으로서 CO_2 당량(equivalent)으로 표현
C_{GHG}: CO_2의 단위잠재가격(분석이 이루어지는 연도의 기준가격으로 표현)

(9) 잔여 가치(Residual Value)

경제 분석에서 사업의 잔여가치를 잠재가격으로 측정하는 것이 중요하다. 잔여가치 평가는 아래의 두 가지 상호배반적인 방식으로 이루어진다.

- 사업의 잔여 연도를 통한 경제적 순편익의 현재가치를 계산하는 방식: 재무 분석에서 잔여가치가 미래 현금흐름의 순(純)현재가치 방식으로 산정될 경우 적용
- 재무가격에 특별한 전환계수를 적용하는 방식: 개별 비용요소에 대한 전환계수의 가중평균 값(즉, 총 투자에서 요소별 상대 몫을 가중치로 이용하여 산정)이며 재무 분석에서 감가상각공식이 사용될 경우 적용

(10) 간접 효과 및 분배 효과

사업 투입물·산출물의 잠재가격으로의 전환과 외부성의 화폐가액으로의 전환은 사업의 후생효과에 대한 주요 영향을 설명한다. 이에 따라 2차 시장(예, 관광산업에의 영향)에서 발생하는 간접효과는 해당사업의 비용·편익 산정에 포함되어서는 안 된다. 주요 배경은 그것이 직접효과에 비해 인식 또는 계량화하기 힘들어서가 아니라 2차 시장의 효율적 여부 때문이다. 이들은 잠재가격으로 측정되는 일반균형의 틀에서는 상관없지만, 이들을 1차 시장에서 이미 측정된 비용·편익에 가산할 경우에 이중계산의 문제가 발생한다.

| 사례 | 편익의 이중계산

- 편익의 이중계산: 관개사업의 가치를 측정할 때 땅값 상승과 농업소득 증분의 현재가치는 편익에 해당된다. 이 경우 한 가지만 편익으로 간주한다. 그 이유는 '땅을 팔아 차익을 실현시키거나' 아니면 '땅을 팔지 않고 농업소득(현금흐름)을 발생시키는' 상황을 전제하기 때문
- 2차적 편익의 계산: 도로가 새로 건설될 경우 그로 인해 발생하는 추가적 거래를 편익으로 간주. 하지만 경쟁시장의 균형 상태에서는 타 지역의 상업 활동은 그만큼 위축되기 때문에 사회 전체로는 순편익이 아주 작거나 아예 없게 됨
- 노동의 편익으로의 산정: 특정의 선거구 · 의원에 유리한 정부사업("pork barrel")에서 일부 정치인들은 사업으로 발생한 일자리 창출을 편익으로 간주하려하지만 사업주체의 입장에서 임금은 편익이 아니라 비용임. 고용의 사회적 편익은 이미 잠재임금(shadow wage)에 의해 측정

한편, 잠재가격은 '상대가격 표시'를 위해 기준재화로서 수량화(numeraire-based quantification)한 개념이기 때문에 사용자와 다른 출자자들 간의 비용 · 편익분배를 잘 포착하지 못한다. 때문에 특정 목표 집단의 후생효과에 대한 별도의 분석이 필요하다.

분배 상황을 분석할 때 일련의 연관효과와 '사업에 의해 영향을 받는' 이해관계자(출자자 등)에 대한 인식이 필요하다. 전형적인 효과는 환경적 또는 토지의 문제 외에 사용료, 시간, 서비스 신뢰도, 즐거움, 편리성, 안전성 등이다. 그리고 관련 이해관계자는 사용자, 운영자, 기간산업 관리자, 계약자, 공급자와 정부이며, 특히 이들에 대한 인식은 정부에 따라 상이하다.

운영기간 내 사업에 의해 발생하는 모든 영향 또는 효과를 요약하기 위해 각 사업의 효과를 영향을 받는 부문과 이해관계자를 연결해주는 행렬(matrix)이 개발될 수 있다.

이해관계자 행렬

이해관계자 행렬(Stakeholder Matrix)은, 사업의 주요 경제적 · 재무적 의미를 요약하고 이해관계자 간 이동 등 비용 · 편익 분배상황을 보여주면서 사업효과(row; 行)와 이해관계자(column; 列)를 연관시켜주는 방식으로, 전체 사업을 설명한다. 이로써 부정적 효과를 긍정적 효과에 상쇄시켜 순(純)효과의 측정뿐만 아니라 '후생 가중치'를 분석에 통합시켜 공평성도 함께 감안할 수 있다.

이해 관계자	사용자 (부문별)	비사용자 (대안적 서비스 이용자)	서비스 운영집단	계약&공급 운영집단	납세자 (지방/지역/국가/EU)	회사 (분야별)
외부/내부 효과						
효과1						
효과2						
효과3						
…						

자료: RAILPAG.

(11) 경제적 성과

사업의 모든 비용·편익이 화폐단위로 평가되면 아래의 지표를 계산하여 경제적 성과를 측정할 수 있다.

- 경제적 순현재가치(ENPV): 할인된 사회적 편익과 현재 측정된 비용의 차이
- 경제수익률(ERR): 경제적 순현재가치를 0으로 만드는 할인율
- B/C 비율: 할인된 편익의 할인된 비용 대비 비율

경제적 성과지표

우선 경제적 순 현재가치(ENPV)와 재무적 순 현재가치(FNPV)를 구분할 수 있다. 전자는 비용편익 분석 시 불완전시장 가격대신 재화 및 용역의 회계가격 또는 기회비용을 사용하며 또한 '사업자의 입장이 아닌' 사회적 관점에서 가능한 한 '사회적 또는 환경적' 외부효과를 많이 포함한다. 외부성 및 잠재가격이 반영됨으로써 결과 값이 작거나 음수(-)인 FNPV 일지라도 양수(+)의 ENPV를 산출하기도 한다.

ENPV는 가장 중요하고 믿을만한 사회적 비용편익분석지표이며 사업평가에서도 경제성과를 판단하는 주요한 참고자료가 되기도 한다. 비록 경제수익률(ERR)과 편익비용비율(B/C)은 사업규모에 관계없이 그 의미를 지니지만 때로는 문제점이 발생된다. 즉, 특별한 경우 B/C비율 산정에서 특정의 현금흐름을 '편익 또는 비용 감소'로 혼용할 수 있고 ERR은 복수로 산정되기도 또는 아예 정의되지 않을 수도 있다.

〈표 1-4〉 경제수익률 도출(EUR thousands)

	CF (전환계수)	연도								
		1	2	3	4	5	6~15	16	17~29	30
WTP1		0	0	0	19,304	19,419	-	20,365	-	20,365
WTP2[1]		0	0	0	437	437	-	437	-	437
소음 방출 경감		0	0	0	4,200	4,200	-	4,200	-	4,200
대기오염 경감		0	0	0	1,900	1,900	-	1,900	-	1,900
총 편익(a)		0	0	0	**25,481**	**25,957**	-	**26,902**[4]	-	**26,902**
총 운영비	0.88				4,882	4,897	-	5,016	-	5,016
초기투자	0.97[2]	8,228	73,071	**41,689**[3]	0	0	-	0	-	0
대체투자	0.98	0		0	0	0	11,664	0	9,575	0
잔여가치	0.97	0	0	0	0	0	-	0	-	-4,146
총비용(b)		**8,228**	**73,071**	**41,689**	**4,882**	**4,897**	-	**23,428**	-	**871**
순 경제적 편익 (c=a-b)		**-8,228**	**-73,071**	**-41,689**	**20,959**	**21,060**	-	**3,474**	-	**26,032**

(표 계속)

ENPV		212,128
ERR		14.8%
B/C 비율		2.04

주: 1) 재무적 수익은 '제공된' 서비스의 사용 시 사용자의 최대지불금액(WTP)으로 대체 가능

2) 이 전환계수(CF)는 실업상태에서 노동을 잠재임금으로 수정함으로써 투자의 전환계수들에 비해 작게 나타남

3) '1'보다 작은 전환계수(CF)를 사업투입물에 적용하면 사회적 비용을 줄이고 경제적 성과를 증가시키는 효과가 발생

4) 양(+)의 외부효과를 의미

원칙적으로 ERR이 사회적 할인율보다 작거나 음(-)의 ENPV가 산출되는 모든 사업은 그 시행이 불가하다. 이는 모든 시민이 누리는 적절한 편익에 비해 사회적으로 소중한 자원을 너무 많이 소비한다는 것을 의미하기 때문이다.

모범 사례

- 운영유지(O&M) 및 투자에서의 비용 감소는 비용 측면에서 음(-)으로 설명되고 포함
- 고용을 증가시키는 사업 영향은 잠재임금 전환계수를 비숙련노동 비용에 적용함으로써 파악되고, 그 고용 창출은 직접 편익에 포함시키지 않음
- 사업의 전반적인 경제에의 영향(즉, GDP 증가)은 사업의 편익 분석에 포함되지 않음
- 특정의 간접세가 외부효과를 수정할 경우, 이들은 관련 외부성의 사회적 한계가치를 반영하는 것으로서 경제 분석에 포함. 단, 간접세들이 최대지불가격(WTP) 또는 한계훼손비용을 적절히 반영하고 다른 경제적 비용과 이중계산이 안 된다는 조건에서 가능

내부수익률(IRR; Internal Rate of Return)과 경제수익률(ERR)

내부수익률은 어떤 사업의 수익에 대한 현금흐름을 '이익을 발생시키는 기간별' 현재가치로 환산하여 합산한 값이 투자지출과 같아지도록 할인하는 이자율이다. 즉, 순(純)현재가치를 0으로 만드는 할인율 또는 수익률로서 경제수익률(ERR; Economic Rate of Return)과 동일한 개념이다. 경제수익률(ERR)은 가격통제 또는 보조금 등의 효과와 투자사업의 실제비용을 산정하기 위한 감세조치까지 고려하기 때문에 재무수익률(FRR; Financial Rate of Return)과는 다른 개념이다. 재무수익률은 사업의 추진으로 인해 향후 달성할 것으로 추정되는 순수익이 발생할 때 이를 총비용 대비로 환산한 비율이다.

내부수익률 법

내부수익률법이란 투자에 관한 의사결정에서 내부수익률을 고려하는 방법으로서 내부수익률과 자본비용을 비교하여 내부수익률이 자본비용보다 높으면 투자로부터 수익을 얻을 수 있다. 여러 개의 투자대안이 있을 경우 수익률이 높은 쪽을 투자하는 것이 원칙이며 이 때 자본비용은 실제로는 가중평균자본비용을 의미한다.

가중평균자본비용(WACC)

기업 자본을 형성하는 각 자본의 비용을 '자본구성 비율'에 따라 가중 평균한 것으로 투자결정의 기준이 된다. 사채(社債) · 차입금(借入金) 등 타인자본비용과 자기자본비용을 산정(算定)한 후 자본구조의 선택에 의해서 가중평균자본비용을 산정하여 그것을 투자결정의 기준으로 삼는다. 이에 따라 자본구조가 달라짐에 따라 가중평균자본비용도 달라지며 다음과 같은 식에 의해 계산된다. 통상 기업의 자본비용은 투자자의 입장에서는 요구수익률을 의미하고 기업의 입장에서는 "투자결정 및 자금조달결정"의 기준을 의미한다.

예1 부채(타인자본) 및 자기자본의 시장가치가 각각 3억 및 4억 유로, 부채비용은 8%, 법인세비율이 30%, 자기자본비용이 18%일 경우

WACC = 3/7(= 3 + 4) * 8%(1 − 0.3) + 4/7 * 18% = 0.43 * 5.6% + 0.57 * 18%
= 2.4% + 10.26 = 12.66%

예2 상기 예에서 자본의 시장가치(7억 유로) 중 부채금액이 5억 유로, 자본이 2억 유로이라고 가정하면 WACC가 12.66%에서 9.15%로 하락

$$WACC = 5/7 * 8\%(1 - 0.3) + 2/7 * 18\% = 4.0\% + 5.15\% = 9.15\%$$

타인자본 비용은 경비의 성격으로서 과세공제(課稅 控除)되지만 자기자본 비용은 과세를 받게 되므로 자기자본 비용(요구수익률)은 타인자본 비용을 상회하는 것이 상례이다. 또 부채비율(비중)을 높일 때 가중평균자본비용은 하락한다. 그러나 부채비율이 일정한 수준을 넘어 상승하면 가중평균자본비용은 상승하는 것으로 보고 있다. 이는 과도한 부채비율에 의해 자기자본의 위험이 증대하고, 불황기에는 재무상의 지렛대의 원리(leveraging effect)가 반대로 작용하여 기업이 적자로 전락하면서 주가는 하락하고 해당기업에 대한 신용은 상실되어 자기자본비용(비중 증가)은 급상승하기 때문이다. 또 지나친 부채비율은 유동성을 저하시키기 때문에 타인자본비용은 자기자본비용을 포함하여 자본비용을 상승시킨다. 그러나 자본구조와 가중평균자본비용과의 관계에 대해서는 여러 가지로 논란의 여지가 있다.

상기 레버리지효과는 차입금 등 타인 자본을 지렛대로 삼아 자기자본이익률을 높이는 것이다. 가령 100억 원의 투하자본으로 10억 원의 순이익을 올리게 되면 자기자본이익률은 10%가 된다. 하지만 "자기자본 50억 원에 타인자본 50억 원을 더해 10억 원의 수익을 낸다면 자기자본이익률은 20%(10/50)"가 된다. 결국 금리 비용보다 높은 수익률이 기대될 경우 타인자본을 적극적으로 활용해 투자를 하는 것이 유리하지만 과도하게 타인자본을 도입할 경우 불황 시에 금리 부담으로 인해 기업의 운영능력이 약해지는 성격이 있다.

5. 위험 평가

위험 평가는 비용편익분석에 필수적 요소이다. 이는 예로 기후변화가 사업에 미치는 불리한 효과로서 위험 등 투자 사업에 항상 내재하는 불확실성을 관리하기 위해 설정된다.

- 민감도 분석
- 질적 위험 분석
- 확률적 위험 분석
- 위험 예방 및 경감

(1) 민감도 분석

민감도분석은 사업의 주요 변수들이 무엇인지를 인식시키는 역할을 한다. 그들 변수는 사업에의 영향이 양(+)이든 음(−)이든 사업의 재무적 또는 경제적 성과에 가장 큰 영향을 미치게 된다. 동 분석은 어느 시점의 한 변수가 변동할 때 사업의 순 현재가치(NPV)를 얼마만큼 변동시키느냐를 분석하는 것이며, 이 때 '독립적이고 세분화된' 주요 변수는 그들이 ±1%이 변동할 때 NPV는 '±1% 이상' 변동하는 조건을 충족하는 것이다.

상호 연관된 변수일 경우 결과의 왜곡 또는 이중계산을 초래할 수 있기 때문에 민감도분석을 시행하기 전에 비용편익분석모형은 독립변수를 분리하여 결정적인 상호의존성을 제거하는 등 사전작업을 하는 것이 바람직하다. 예로, 수입(R = p * q)는 각각 별도로 분석되어야 하는 가격(p)과 물량(q)의 곱으로 산정되는 복합적 변수이다.

〈표 1-5〉 민감도 분석 사례

변수	재무적 순 현재가치의 변동 (a±1% 변동에 기인)	위험상태 여부	경제적 순 현재가치의 변동 (a±1% 변동에 기인)	위험상태 여부
연중 인구증가율	0.5%	위험하지 않음	2.2%	위험
일인당 소비	3.8%	위험	4.9%	위험
회(回)당 공공요금	2.6%	위험	가용하지 않음 (N/A)	알 수 없음 (N/A)
총 투자비용	8.0%	위험	8.2%	위험
연중 유지비	0.7%	위험하지 않음	0.6%	위험하지 않음
일인당 최대 지불 의사(금액)	적용 불가	-	12.3%	위험
연간 소음 방출	적용 불가	-	0.8%	위험하지 않음

주: 위험상태의 판단은 주요 변수 ±1% 변동에 대해 순 현재가치 변동이 '1%' 이상일 경우 '위험', 그러하지 않을 경우 '위험하지 않음'으로 판단. 위 표에서 인구증가율은 재무분석에서는 위험하지 않지만(0.5%<1%) 경제분석에서는 위험으로 평가된다(2.2%>1%).

민감도분석의 특히 중요한 부분은 전환 값(switching value)의 계산이다. 이는 분석 대상 변수가 사업의 경제적 순(純)현재가치(ENPV)를 0으로 만드는 '%값'으로 나타내며, 보다 일반적인 개념으로서 사업의 성과가 '허용되는 최소치' 이하로 하락하게 하는 경계 값을 의미한다. 민감도 분석에서 전환 값의 사용은 사업 위험을 판단하고 거기에 따른 위험 예방 활동을 도모하기 위함이다.

[표 1-6]에서 사업평가자는 "19%의 투자비용 상승(사업성과에 마이너스 효과 초래)이 ENPV를 0으로 만들어 사업을 위험에 처하게 하는 것인지"를 판단해야 한다. 즉, 투자비용 상승이 '19% 이하'일 경우 감내가 가능하다는 뜻이다. 또 인구증가율이 하락(사업성과에 마이너스 효과 초래)할 때 전환 값은 47%이며, 이는 인구하락이 47% 이하이면 감내할 수 있음을 시사한다. 이후 해당 위험이 발생하는 원인과 출현확률을 조사하고 그에 따른 가능한 보완 또는 대응책을 인식하고 강구하는 것이 중요하다.

〈표 1-6〉 **전환 값: 사례**

변수	순 현재가치의 변동	전환 값 (switching values)	비고
편익/수익 (Benefit/Revenue)	ENPV: 경제적 순 현재가치		
연간 인구증가율	**ENPV=0 도달 전의 최대 하락**	**47%**	인구 하락이 **47%** 이하일 때 감내 가능
일인당 소비	ENPV=0 도달 전의 최대 하락	33%	소비 하락이 33% 이하일 때 감내 가능
공공요금	ENPV=0 도달 전의 최대 하락	적용 불가	공공요금은 정책수단
일인당 최대 지불 금액(WTP)	ENPV=0 도달 전의 최대 하락	55%	WTP 하락이 55% 이하일 때 감내
비용(Costs)			
투자비용	**ENPV=0 도달 전의 최소 상승**	**19%**	**투자비용 상승이 19% 이하일 때 감내 가능**
연중 유지비용	ENPV=0 도달 전의 최소 상승	132%	유지비용 상승이 132% 이하일 때 감내 가능
연간 소음 방출	ENPV=0 도달 전의 최소 상승	221%	소음방출 증가가 221% 이하일 때 감내

주: 각 변수의 ENPV=0까지의 변동에 있어 편익 및 비용 항목은 변동 방향이 반대로 서술(즉, 편익; 최대 하락, 비용; 최소 상승)되어 있음.

끝으로, 민감도분석은 주요 변수들 조합이 초래하는 '순(純)현재가치에의 영향'을 분석하는 시나리오분석으로 마무리되어야 한다. 특히, 상이한 시나리오를 구축하기 위해 어떤 가설 하에 주요 변수들 중 '낙관적 변수 값'과 '비관적 변수 값'의 조합이 유용하다. 낙관적·비관적인 두 시나리오를 설정하기 위해 실제 범주에서 하한(lower) 값과 상한(upper) 값을 설정하며, 각 조합마다 사업성과 증분지표들이 산정될 수 있다. 사업위험에 대한 판단은 그 결과를 바탕으로 이루어진다. 예로, 비관적 시나리오에서 경제적 순 현재가치(ENPV)가 양수(+)가 되면 사업위험은 저평가되었다고 볼 수 있다.

내부수익률의 변동을 초래하는 주요변수에 대한 민감도 & 전환 값 계산 예

회아래의 민감도 계산 결과 산출물가격 변동이 내부수익률에 가장 큰 영향을 미치며, 이는 향후 수익률 관리를 위해 다른 두 변수보다 산출물가격에 대해 철저한 관찰 및 분석 등 사전예방조치가 필요함을 시사한다. 아래 세 변수 외에도 생산성·시설가동율·건설기한 연장 등이 있고 그들의 조합도 가능하다.

항목(주요변수)	변화 폭(%)	내부수익률(IRR)의 %p 변화 **(기저 값은 20.00%)**	민감도 계산 (IRR의 기저 치에서의 변화와 주요변수의 % 변화를 계산하고 전자를 후자로 나누어 계산, 절대치로 표현하여 상호 비교)
투자비용	+10	18.65%로 1.35%p 하락	(−1.35/20.00)×100=−6.75%이며 이를 투자비용 변화 10%로 나눈 결과 민감도지수는 **−0.675의 절대치인 0.675**
운영비	+15	17.55%으로 2.45%p 하락	(−2.45/20.00)×100=−12.25%이며 이를 운영비 변화 15%로 나눈 결과 민감도지수는 **−0.818의 절대치인 0.818**
산출물가격	-10	17.25%로 2.75%p 하락	(−2.75/20.00)×100=−13.75%이며 이를 산출물가격 폭 10%로 나눈 결과 민감도 지수는 **−1.375의 절대치인 1.375**

민감도지수와 유사하게 '사전예방적인' 수단을 제시하는 전환 값을 산정하기 위해 어떤 사업의 순 현재가치에 영향을 미치는 주요변수의 변화를 알아본다. 첫째, 자동차수요는 10% 감소할 때 순 현재가치는 30억 원이 감소하여 0이 되므로 전환 값은 −10%이고 둘째, 유가는 15% 상승할 때 순 현재가치가 15억 원이 감소하여 +10억 원이 된다면 유가가 25% 상승하면 순 현재가치가 0로 되어 전환 값은 +25%이며 셋째, 건설비용은 같은 논리로써 그 전환 값이 +20%이 된다. 결국 전환 값 크기에 의해 유가상승은 세 변수 중 감내(堪耐) 정도가 가장 크다고 할 수 있다(절대치 기준: 25%>20%>10%). 즉, 성공적인 사업은 순 현재가치가 양수(+)임을 전제로 하기 때문에 전환 값의 파악은 아주 중요하다.

변수의 변화	순 현재가치 변화	순 현재가치	전환 값
자동차 수요 10% 감소	−30억 원	0	−10%
유가 15% 상승	−15억 원	10억 원	+25%
건설비용 20% 상승	−30억 원	0	+20%

주: 『비용편익분석, 김동건』에서 다른 수치를 통해 민감도지수를 계산.

(2) 질적 위험분석

질적 위험분석의 목적은 아래와 같다.

- 사업에 노출된 불리한 사건들의 목록
- 아래와 같은 불리한 사건들의 위험행렬 표(risk matrix)
  - 사건 발생의 가능한 원인
  - 적용 가능 시 민감도분석과의 연결
  - 사업에서 발생한 부정적 영향
  - 사건 발생의 확률 및 영향의 심각성 수준
  - 위험 수준
- 수용 가능한 위험 수준에 대한 평가 등 위험행렬 표의 해석
- 필요 시 '노출위험 경감에 대해 적용 가능한 방안'을 누가 책임져야하는가의 문제를 포함해 주요 위험의 경감 또는 예방 대책에 대한 설명

질적 위험분석을 수행하기 위한 첫 단계는 해당사업이 직면하는 불리한 사건에 대한 인식이다. 잠재적으로 불리한 사건을 정리해보면 사업의 복잡성을 이해할 수 있다. 사업 수행에 있어 부정적 함의를 지닌 사건·상황 그리고 과다비용 발생 및 의뢰 지연의 사례는 다양하며 해당사업의 특수성(즉, 산사태, 극한 기후의 반작용, 승인 지연, 공공 반대, 등)에 달려있다.

한번 잠재적인 불리한 사건이 인식되면 상응한 위험행렬표가 작성된다. 아래는 그것을 어떻게 기능적으로 작성하는데 대한 간단한 지침이 될 수 있다. 첫째, 위험을 실현시키는 원인들을 파악하는 것이 중요하다. 그것들이 사업기간 중 나타날 수 있는 주요 위험으로 간주된다. 예측·기획·관리 측면의 몇 가지 약점은 사업에 비슷한 결과를 초래한다는 사실을 감안하여 불리한 사건마다 그 원인을 인식하고 분석해야 한다.

잠재위험 원인에 대한 인식은 관련된 특별한 분석 또는 '과거에 문서화되었던' 유사한 문제에 기반을 둘 수 있다. 일반적으로 재해 출현을 가능한 넓은 의미로 '설계상 약점'으로 인식한다면 실패의 모든 잠재 원인은 적절히

인식되고 또한 문서화 될 수 있다. 예로, 저조한 계약 능력, 합당치 않는 설계비용 추정, 적절치 않는 부지(敷地) 조사, 부실한 정치적 책임, 부적절한 시장 전략 등을 들 수 있다.

사업에서 어떤 변수가 불리한 사건으로 인해 영향을 받는지를 밝힘으로써 민감도분석 결과와의 연관성도 명시될 수 있다. 예로, 불리한 사건이 '예상치 못한' 지질(地質)의 문제일 경우 영향을 받는 주요 변수는 투자비용이 될 것이다. 각 불리한 사건마다 '사업이 받는 일반적 영향'과 그에 따라 현금흐름으로 나타나는 결과는 별도로 설명되어야 한다. 예로, 건축기간의 연장은 사업운영을 연기시켜 재정적 유지가능성을 위협할 수 있다.

이럴 때 사업(추진)자는 사업의 기능적 또는 운영상 영향에 대해 경험했던 바를 나타내는 방식으로 이들 효과들을 설명하는 것이 편리하다. 이들 효과는 '장·단기' 사업일지에 결과별로 기록되며, 현금흐름에 대한 예측뿐만 아니라 적절한 위험 경감방안의 결정과도 연관된다. 각 불리한 사건마다 출현될 확률(P) 또는 가능성을 부여할 수 있으며, 원칙적으로 다른 분류방식이 가능하지만 바람직한 분류는 아래와 같다.

A: 아주 일어날 것 같지 않은 확률(1~10%)
B: 일어날 것 같지 않은 확률(10~33%)
C: 일어날 것 같은 또는 '일어날 것 같지 않은' 확률(33~66%)
D: 일어날 것 같은 확률(66~90%)
E: 아주 일어날 것 같은 확률(90~100%)

각 효과에 대해 심각성 정도(S)는 사업이 초래하는 '비용 또는 후생 손실'에 의해 I 단계(영향 없음)부터 V 단계(재앙 급)까지 분류된다. 이들 숫자는 발생확률과 관련된 위험을 분류하는데 사용된다.

〈표 1-7〉 위험의 심각성 분류

서열	의미
Ⅰ	교정(remedial actions) 활동 없이도 사회후생에 별 영향 없음
Ⅱ	사업에 의해 작은 사회후생 손실 발생, 사업의 장기적 효과에 최소한의 영향을 미침, 하지만 구제 또는 수정 활동 필요
Ⅲ	(적절)사업에 의해 유발되는 사회후생 손실 정도가 보통, 장기에서도 대부분이 금융손실, 교정활동은 문제해결에 도움
Ⅳ	(위험)사회후생 손실이 커 위험수준, 위험으로 사업의 주요 기능에 손실 초래, 광범위한 교정 활동일지라도 심각한 손상을 치유하기는 부족
Ⅴ	(재앙)기능의 심각한 정도 또는 전체를 손상하는 사업 실패로서 재앙수준, 주요 사업효과는 중장기적으로 실체화 하지 않음

위험수준은 확률과 심각성의 결합(P * S)으로 나타나며 네 단계(즉, 낮은·적당한·높은·수용불가의) 위험수준은 아래의 그림에서 음영의 차이로 표현될 수 있다.

〈표 1-8〉 네 등급(low~'very high')의 위험 수준

확률(P) \ 심각성(S)	Ⅰ	Ⅱ	Ⅲ	Ⅳ	Ⅴ
A; 0~10% (very unlikely)	Low	Low	Low	Low	Moderate
B; 10~33% (unlikely)	Low	Low	Moderate	Moderate	High
C; 33~66% (about as likely as not)	Low	Moderate	Moderate	High	High
D; 66~90% (likely)	Low	Moderate	High	Very High	Very High
E; 90~100% (very likely)	Moderate	High	Very High	Very High	Very High

주: 'very high'는 수용 불가한 위험 수준임

이같은 분류 및 파악은 사업의 계획수립 국면에서 이루어져야 하며 의사

결정자는 그를 통해 '위험이 어느 정도'까지 수용가능하며, 그에 따라 어떠한 경감대책이 강구되어야 하는지를 결정할 수 있다. 그리고 비용편익분석에 내재한 위험을 분석하는 동안 사업의 마지막 설계 단계의 잔여위험도 분석된다. 결국 위험의 심각성 분류는 해당 사업이 직면할 수 있는 잠재적 문제를 인식하기 위해 필요하다.

잔여위험(P & S)이 확인되면 그에 대한 경감 및 예방조치를 인식함이 중요하다. 아래 표는 위험행렬 표(risk matrix)로 표시된 다양한 국면에서의 사업위험을 줄이기 위한 조치(수단) 또는 그 조합을 나타낸다. 이 같은 조치를 인식하려면 위험의 원인과 성격 그리고 마지막 효과의 발생시점에 대한 철저한 지식이 필요하다.

<table>
<tr><th>위험도(s)
확률(p)</th><th>Ⅰ</th><th>Ⅱ</th><th>Ⅲ</th><th>Ⅳ</th><th>Ⅴ</th></tr>
<tr><td>A</td><td colspan="2" rowspan="3">Prevention & Mitigation
(예방 및 경감조치)</td><td colspan="3" rowspan="3">Mitigation
(경감조치)</td></tr>
<tr><td>B</td></tr>
<tr><td>C</td></tr>
<tr><td>D</td><td colspan="2" rowspan="2">Prevention
(예방)</td><td colspan="3" rowspan="2">Prevention & Mitigation
(예방 및 경감조치)</td></tr>
<tr><td>E</td></tr>
</table>

위험을 대비한 조치의 강도는 위험수준에 상응해야 한다. 영향력 및 확률이 높은 수준의 위험일 경우 강한 대응과 관리에 대한 강한 의지가 동반되어야 하며 낮은 수준의 위험에는 섬세한 점검 정도가 충분하다. 위험수준이 수용 불가할 정도이면 전체 사업설계와 준비는 수정되어야 한다. 현존 위험을 경감시키는 조치가 확인될 경우 그 실행 책임은 누구에게 있는지 그리고 그 위험이 사업주기의 어떤 단계(즉, 계획, 제출, 완성, 운영)에서 발생했는지를 밝히는 것이 중요하다.

마지막으로, 위험에 대한 예방 및 경감조치로 인해 사업의 회복력과 위험에 대한 '잔여 노출'이 얼마나 영향을 받는지도 평가해야 한다. 불리한 개별사건에 대해 조치를 이행한 후 잔여위험을 평가하는 것도 중요하다. 위험 노출이 수용할만할 경우 '제안된' 질적 위험전략은 채택되고, 실질적 위험이 상존하면 사업위험을 더 조사하기 위해 확률적이고 양적인 분석을 수행하는 것이 바람직하다.

(3) 확률적 위험분석

비용편익분석의 방법론에 따라 확률적 위험분석은 잔여위험에의 노출이 여전히 심각할 때 요구되며, 다른 경우는 사업규모 및 자료의 가용성 여하에 따라 수행될 수 있다. 분석 유형은 민감도분석의 주요 변수마다 확률분포가 부여되는데, 이는 재무적 및 경제적 성과(지표)의 기대 값을 다시 계산하기 위해 '가장 잘 예측된 값(base case)'을 중심으로 정밀한 범위로써 나타난다. 주요변수의 확률분포가 주어지면 몬테카를로(Monte-Carlo)[4] 방법을 통해 사업의 순(純)현재가치(NPV)에 대한 확률분포의 계산이 가능하다.

분석결과의 결과 값을 통해 사업의 위험수준에 대해 중요한 판단을 내릴 수 있다. 아래 표에서 보듯 경제적 순(純)현재가치(ENPV)가 음수(-)(즉, 경제수익률이 사회적 할인율 또는 기준할인율보다 작음)일 확률이 5.3%로서 사업의 위험수준이 낮음을 보여준다.

〈표 1-9〉 몬테-카를로 의태분석 결과(예)

기대 값	ENPV	ERR
최상의 추계치(base case)	36,649,663	7.56%
평균(mean)	41,267,454	7.70%
중간치(median)	37,746,137	7.64%
표준편차(standard deviation)	28,647,933	1.41%
최저치(minimum value)	−25,896,645	3.65%
중심 값(central value)	55,205,591	7.76%
최대치(maximum value)	136,306,827	11.66%
경제적 순 현재가치가 0 이하 또는 ERR이 기준할인(reference discount rate) 즉, 사회적 할인율보다 작을 확률	0.053	0.053

4) 몬테카를로 방법의 구체적 과정은 별도의 구체적인 자료를 참고할 수 있다.

(4) 위험의 예방 및 경감

일반적으로 공공부문의 경우 많은 사업들의 위험들이 혼재할 수 있기 때문에 위험에 대한 중립적 태도가 바람직하다. 이럴 경우 잘 작성된 위험행렬표(risk matrix)를 통해 전환 값 및 시나리오 분석결과를 평가하면 '위험 평가'를 잘 요약할 수 있다.

위험평가는 위험관리의 기초가 된다. 위험관리는 위험을 관련자들에게 어떻게 배분하고 "어떤 위험을 전문적인 위험관리기관(예, 보험사)에게 위탁하는지"를 포함하여 위험경감 전략을 확인하는 일이다. 위험관리는 또한 다양한 능력 및 자원을 요구하는 복합적 업무로서 관리당국과 수익자의 책임 하에 이루어지는 전문가의 역할로 간주된다.

모범사례

- 민감도분석은 사업의 모든 독립변수에 적용되며 그를 통해 주요 변수를 확인
- 충분한 수치 범위(Ⅰ~Ⅴ)는 사건 발생확률 및 그로 인한 불리한 효과의 영향(수준)을 차별화하여 사용하는 데 충분
- 위험에 대한 예방/경감수단의 비용은 사업의 투자 및 운영관리비(O&M)에 포함. 이들 비용은 자연재해에 연관되거나 다른 유사한 예측 불가한 사건에 연관됨, 통상 이들 사건은 사업의 기술적 설계 또는 적절한 보험에 의해 처리 가능
- 주요변수들의 전환 값(ENPV=0가 되는 값)은, 사업이 EU의 보조금 수령 이후 음(−)의 재무적 순(純)현재가치를 보일 때도 계산되어야 하며, 주요 변수의 기준점(benchmark)에 도달하기 위한 필요한 변화는 사업평가자에게 중요한 정보로 인식
- 만약 가능한 예방 및 경감조치 이후에도 사업위험이 상당 수준 상존할 경우 위험발생의 확률을 수치화하기 위해 질적 평가에다 확률적 위험분석을 추가
- 사업투입물의 확률적 분배는 과거 사업경험 등을 토대로 적절히 결정

〈표 1-10〉 위험예방행렬(사례)

불리한 사건	① 변수	② 원인	③ 효과	④ 유효시간	⑤ 현금흐름에의 영향	⑥ 확률 (P)	⑦ 심각성 정도(S)	⑧ 위험수준 (P * S)	⑨ 예방 또는 경감방안(장치)	⑩ 잔여 위험
건설 지연	투자 비용	저조한 계약자 역량	서비스 시작 시점의 지연	중간 (medium)	편익을 실체화하는 양(+)의 현금흐름의 지연	C	Ⅲ	적당	이행 중 사업관리를 위한 기술적 보조에 의한 사업이행단위의 구축	낮음
사업비용 과다	투자 비용	부적절한 디자인비용 추계	기대보다 높은 투자비용	짧음 (short)	사업의 첫 국면에서의 높은 사회비용	D	Ⅴ	매우 높음	사업설계의 개조	적절
산사태	적용 불가	부적절한 토지 조사	서비스의 중단	긴시간 (long)	서비스 복구를 위한 추가비용	A	Ⅲ	낮음	점검 종료	낮음
허가(승인) 지연	적용 불가	저조한 정치적 신임; 면허 절차 과정의 관리 부실	작업 시작의 지연	짧음 (short)	편익을 실체화하는 양(+)의 현금흐름의 지연	A	Ⅱ	낮음	점검 종료	낮음
공공 반대 (시민 반대)	적용 불가	부적절한 시장 전략 및 (반대자) 위협의 과소평가	기대보다 적은 수요	중간 (medium)	수익 하락 및 사회적 편익	C	Ⅴ	높음	알맞은 사회계획의 조기 정의; 사회적 수긍 정도를 올리려는 인지-상향 활동 및 조직적 운동	적절

주: 상하 두 표의 가로 항목(①~⑩)은 장애 사건 항목별 하나로 연결된 것임

사업자는, 국제적 모범사례에 따라, 인식된 위험의 경감 또는 예방조치를 취하기 위해 위험 평가에 근거하여 적어도 '특별한 수단'(적용에 대한 책임감 포함)을 확인하는 작업이 필요하다.

6. 비용편익분석 시 점검표

비용편익분석 수행 시 점검사항(checklist)은 사업경과에 대한 기록을 준비하는 사업추진자의 입장에서 뿐만 아니라 사업평가(즉, 사업타당성의 판단)의 질을 점검하는 사업조사자의 입장에서도 하나의 예정된 사안으로 볼 수 있다. 점검표는 총 8개의 항목으로 구성되어있다.

〈표 1-11〉 비용편익분석 점검표

총괄	◦ 증분접근방식(incremental approach; 한계분석)이 채택되었나? ◦ 반(反)사실적(counter-factual) 즉, 가상 시나리오를 믿을 수 있나? ◦ 적절한 시계(視界)가 선택되었나? ◦ 사업효과는 인식되었고 금액으로 환산되었나? ◦ 적절한 재무 및 사회적 할인율이 채택되었나? ◦ 경제 분석은 금융 분석을 바탕으로 실시되었나? ◦ 채택된 방법론이 유럽공동체 또는 소속 개별국가의 자체 안내와 일관성을 갖는가?
사업개요 (정황의 제시)	◦ 사회적·제도적·경제적 배경이 잘 서술되어있나? ◦ 사업의 가장 중요한 사회 및 경제적 효과가 관심을 두고 있는 분야·지역 또는 국가의 배경을 전제로 고려되고 있나? ◦ 그러한 배경에서 실제로 해당 효과들을 획득할 수 있나? ◦ 사업 수행에서 어떠한 실제 제약이 있는지?
목적의 정의	◦ 사업은 그 필요성에 따라 도출된 목적을 잘 정의하고 있나? ◦ 사업은 그 필요성 관점에서 합당한가? ◦ 사업의 목적이 지표나 목표 값 등에 의해 계량적으로 인식되고 있나? ◦ 사업의 목표가 펀드의 목적 또는 EU의 운영계획과 통일성이 있나? ◦ 사업이 그들의 개발계획에서 정의된바 국가적 또는 지역적 전략 및 우선순위와 통일성을 갖는가? ◦ 사업목적 또는 '운영계획의 목표와의 관계' 획득을 측정하는 수단이 표시되는가?

5) 재무 분석은 사업평가 절차에서 보듯 비용편익분석의 한 과정에 해당하지만 본 서(書)는 경제 분석('재무 수정' 포함)을 주로 설명하므로 여기서는 개념만 간략히 설명하기로 한다.

사업의 인식	◦ 사업은 분명히 인식된 '분석의 자급자족(self-sufficient) 단위'로 구성되었나? ◦ 자체 유효한(self-standing) 요소들의 결합이 독립적으로 평가되었는가? ◦ 사업추진자의 기술적·금융적·제도적 측면에서의 역량이 분석되었는가? ◦ 영향을 받는 분야가 인지되었는가? ◦ 사업의 궁극적인 최종수혜자는 인식되었는가? ◦ 사업이 구매력평가설(PPP)에 의해 이행된다면 PPP의 정리는 잘 묘사되었고 그에 따른 공공 및 민간 부문은 잘 인식되었는지? ◦ 경제적 후생의 산출에 있어 누구의 비용·편익이 고려되는가? ◦ 잠재적으로 영향을 받는 모든 부문이 고려되는가?
기술적 실행 가능성 및 환경적 지속성	◦ 서비스에 대한 현행 수요는 분석되었나? ◦ 서비스에 대한 미래 수요는 예측되었나? ◦ 수요예측 방법 및 가정은 적절한가? ◦ 적용 문건들이 기술적 관점에서 사업의 실행가능성 관련 증거들을 충분히 가지는가? ◦ (사업)지원자는 다른 실행 가능한 대안들도 적절히 고려되었음을 제시하였는가? ◦ 해당사업이 어떤 근거로 적절한 대안으로 선택되었는지? 그 근거들은 해당사업의 유형에 맞는지? ◦ 비용편익분석의 현금흐름에서 부정적 환경 영향을 교정하는데 소요되는 정책(수단)비용이 포함되었는지? ◦ 기술적 디자인이 사업목적 달성에 적절한지? ◦ 시설가동률이 수요전망과 합치되는지? ◦ 사업비 추계치가 적절히 설명되고 그들의 평가를 용인할 정도로 충분히 세분화되었나?
재무 분석	◦ 실제 현금흐름에 해당되지 않는 감가상각(비)·적립금 그리고 기타 회계항목들은 분석에서 제외시켰나? ◦ 투자의 잔여가치가 적절히 계산되어 분석에 포함되었는가? ◦ 경상가격을 사용 시 명목할인율이 적용되었나? ◦ 부가가치세는 수혜자가 부담 가능할 경우 분석에서 제외되었나? ◦ 이전지출 및 보조금은 사업수익 계산에서 제외되었나? ◦ 공공요금이 사용자에게 부과될 경우 '오염자-지불원칙'이 어떻게 적용되나? 그리고 단기·중기·장기 각각에서의 비용부담수준은 무엇인가? ◦ 부담상한선이 공공요금에 적용될 경우 그에 대한 분석은 이루어지나? ◦ 사업의 재무적 지속가능성은 분석되는가? 그것이 적절하면 운영자(또는 경영자) 수준에서도 가능한가? ◦ 사업이 자체로 재무적 관점에서 지속가능하지 않을 경우(음(−)의 현금흐름) 어떻게 필요자금을 조달하는지를 설명 가능한지? ◦ 주요 재무성과 지표(즉, FNPV, FRR, FNPV, FRR)가 정확한 현금흐름 범위를 고려하여 계산되는지? ◦ 민간 동업자가 개입할 경우 그들이 해당분야의 재무적 표준을 기준으로 정상이윤을 획득할 수 있는가?

경제 분석	◦ 시장 왜곡 시 잠재가격은 사용된 자원의 사회적 기회비용을 보다 잘 반영하도록 사용 되었나? ◦ 표준전환계수가 계산되어 비교역재에 적용되나? ◦ 주요 비교역재의 경우 부문 전용(sector-specific) 전환계수가 적용되나? ◦ 노동시장에는 적절한 잠재임금이 적용되나? ◦ 현금흐름이 재무적 요구를 나타낸다면 시장가격은 수정되나? ◦ 사업의 경제적 성과를 평가하는데 비(非)시장효과가 고려되나? ◦ 기후변화 효과를 포함한 분석에 외부성이 포함되나? ◦ 경제적 편익·외부성 및 그들의 시간에 걸친 증가를 수량화하는데 필요한 단위 가치는 제시되고 설명되는가? ◦ 비용과 편익의 올바른 범위를 고려하면서 주요 경제성과지표(ENPV, ERR, B/C ratio)가 산출되나? 특히 편익에서의 이중계산은 없는지? ◦ 분석 대상사업의 경제적 순(純)현재가치는 양(+)의 수치인가? 아니면 주요 비(非)금전적 가치는 있는지?
위험 평가	◦ 민감도분석은 (독립)변수별로 수행되었고 또한 전환 값을 사용하였나? ◦ 시나리오분석은 수행되나? ◦ 예상되는 위험 방지 및 경감 전략은 무엇인지? ◦ 완전한 위험방지행렬(risk prevention matrix)은 수립되는지? ◦ 위험 경감 및 예방조치는 인식되는지? ◦ 사업이 여전히 위험에 노출된다면 확률적 위험분석이 수행되는지? ◦ 사업의 위험에 대한 총괄평가는 무엇인지?

제 2 장

환경

자원 효율적(resource-efficient)인 유럽에서 선도적 시범사업은 모든 천연자원의 효율적 사용의 중요성에 입각해 향후 10년 동안의 유럽경제 및 환경을 위한 정책 활동의 '일반적인 틀'을 제시한다. 동 시범사업 하에 상기 목표를 지향하는 『로드맵』 은 2020년까지 수행되는 이정표를 정리하여 2011년 가을에 발간되었다. 주요 사업을 위한 개입의 주요 대상 영역은 세 가지이다.

- 급수와 하수처리
- 폐기물 처리 등 관리
- 환경 개선 및 보호 그리고 위험 예방

1. 급수와 하수처리

유럽연합(EU)에서 수자원부문(water sector)에 대한 투자 원칙은 다음과 같다.

▶ 수자원(또는 물) 관리를 강 지역 규모로 통합하는 것이다. 강 유역은 모든 관점에서 물 관리를 위한 지역 단위에 해당되며, 이는 '하나 이상이 인접하는' 유역(basin)을 포함하는 지상 또는 해상 지역의 집합으로 정의된다. 물 부문 투자는 「강 유역관리계획」이 채택되고 「물 관리 행정명령(WFD; Water Framework Directive)」에서 설정한 최소한의 조건을 충족시킬 경우 자금공급을 받게 된다.

▶ 경제학을 수자원 관리 및 수자원 정책에서의 의사결정에 활용한다. 환경적 목표를 달성하고 강 유역 관리를 추진하기 위해 「물 관리 행정명령」은 경제원칙을 활용하여 자원 및 물 공급의 대안적 사용을 분석한다.

▶ 오염자부담 원칙이다. 수자원에 대한 '경제적 또는 환경적으로 지속가능한 사용을 확보할 수 있는' 요금정책은 물 공급 비용과 금융비용 그리고 환경·자원비용을 '경제적 및 환경적 영향 뿐 아니라 지리적 조건 및

기후 조건을 고려하여' 보상하는 수준에서 결정되어야 한다. 이 같은 관점에서 회원국은 국가적/지역적 수준에서 그들 가격정책의 틀을 수립하는 것이 바람직하다.

▶ 수자원 사용의 효율성이다. 물 사용을 줄이는 것은 가용자원을 보존하고 미래의 가뭄을 예방하며 경제의 경쟁력을 제고시키는 데 도움을 준다. 이는 특히 수자원을 효율적으로 사용하는 사람에 대해, 물 분배 연결망에서의 누출을 경감시키는 행위에 대해, 그리고 구조적인 물 부족으로 수자원 재활용시스템이 가동되는 지역에 대해 각각 동기 부여를 하려는 목적을 갖는다.

(1) 정황의 서술

수자원 사업(water project)은, 사회경제적 맥락에서 전통적인 정보 외에 정황 분석 시 보다 신중하게 분석되어야 할 특별한 기준선(baseline) 특징을 내포하고 있다.

- 토지계획의 틀: 사업(추진)자는 사업타당성을 확신시키기 위해 현존의 국가 및 지역 부문 정책(주로, 인간의 목적을 위한 물 사용, 쓰레기 처리, 수체(水體; 호수, 연못 등)을 잘 설명하는 게 필요
- 제도적 정황: '급수서비스 제공자의 역량 및 서비스 통합 수준 그리고 계획 당국의 역할'에 대한 참고자료가 급수·공중위생을 담당하는 행정기관에 제공
- 사업관련 영역에서 사업의 범위 및 품질: 정황의 분석은 상수·하수시스템의 현행 확장 및 인구적용 범위, 도시·산업·공공/관개 분야에서의 물 소비 수준, 생산 및 분배시스템에서의 물질적·행정적 측면에서의 물 손실 수준, 물 공급의 신뢰성 및 서비스의 지속성, 수자원의 희소 또는 풍부, 지구표피 수체(예, 강, 호수, 전환 수, 간만의 차이가 큰 어귀, 해안 해수)에 대한 오염 부하(負荷)을 설명
- 가격정책: 사업추진자는 현재 가격정책과 물 사용자가 지불하는 요금 수준을 설명할 뿐 아니라 사업 이후 '회원국가 또는 관심 있는 지역'의

상대적 번영과 관련된 형평성을 고려하면서 요금상승 또는 가격결정시스템의 변화 범위 및 시사점을 분석

(2) 사업목적의 정의 및 사업 인식

사업목적의 정의

급수사업의 주요한 일반목적은 공급범위를 확대하거나 현존하는 급수·폐수처리업무의 질·효과성·효율성을 제고하는 것이다. 개입 필요성을 설명하는 주요 동기는 아래와 같다.

- 중앙 집중된 음료수 공급 및 폐수 네트워크에 연결된 가계 수를 증대
- 음료수 질의 개선
- 지구 표층 수체의 질 개선과 수체에 의존적인 '생태계 및 생물의 다양성' 보존
- 수자원 및 공급시스템의 신뢰성 제고
- 물 공급 및 분배에 있어 효율성 제고, 즉, 일괄 검출, 물 손실의 경감 및 측정, 운영비용 절감을 위한 자산(수단) 관리:
- 폐수의 수거·제거·정화·배제 작업(예, 도시지역의 폐수처리 전략)에서의 효율성 제고:
- 물 사용의 대체 및 과다 추출로부터의 보존 그리고 다른 효율적 용도로의 전환

사업 인식

사업 범위는 도시·산업·농촌에서의 물 사용을 위한 통합급수서비스(IWS)에 대한 투자이다. 통합급수 사업은 물의 공급 및 배달 뿐만 아니라 쓰레기의 수거·제거·정화·배제 작업을 포괄한다. 정확히 통합급수(IWS)의 영역은 아니지만 폐수의 재활용도 사업범위로 논의된다.

(3) 수요 분석

(3-1) 물 수요에의 영향 요인

물 수요를 예측할 때 아래 요인들을 고려하여 개략적 모습을 분석할 수 있다.

- 인구동학: 총 수요는 인구규모와 직접적인 관계에 있어 동 사업은 이용자 추계를 위해 인구예측과 이주(移住) 흐름을 고려
- 경제동향: 때론 자원 사용과 경제성장 간 상대적 또는 절대적 분리현상이 나타나긴 하지만 빠르게 성장하는 경제는 그렇지 않은 경제에 비해 보다 양질의 물을 수요하고 동시에 양질의 물 수요는 보다 높은 삶의 기준과 연결. 만약 주어진 집수(集水)지역 내에 관광 또는 생산 증진을 기대할 경우 그러한 요인은 물 수요 예측에 당연히 포함
- 농업생산 추세: 관개수의 경우 물 수요는 예상되는 면적과 수확 유형에 의존
- 산업생산 추세: 물 또는 산업폐수의 산업적 사용일 경우 수요 예측은 통상 생산유형에 의해 분류된 당해 생산단위의 수력발전 필요성에 대한 특별한 분석 필요
- 기후: 물 수요는 계절적 요인을 가지며 기후 변화는 장기에서의 물 가용성에 영향을 미침
- 요금시스템: 사용료에 대한 물의 수요탄력도를 고려하는 것이 중요, 때로는 다른 소득 계층 및 '많고 적은' 물 사용자에 대해 각각의 탄력도를 추계하는 것이 상이한 결과 값과 분배측면의 영향을 파악하는 데 필요

(3-2) 가설·방법·투입자료

결국 물 수요는 크게 두 가지 요인으로 정리되는데, 농업·산업에서의 '사용자의 수'와 주어진 기간에서의 '수량(水量)'이다. 물 사업의 수요 예측에 있어 가장 중요한 자료는 첫째, 수요자(사용자) 유형별 과거 및 현재의 총·평균 소비량이며, 수요자 범주는 ① 가계/상업 부문의 최종소비자 및 거주/비(非)거주 소비자 ② 산업부문 사용자 ③ 농업부문 사용자이다. 둘째, 최고점(peak) 및 비(非)최고점(off-peak) 수요를 인식하기 위한 계절적/일일 소비의 변동성이다.

수요 분석: 기본적 기능 자료

- 주요 범주로 분류된 수혜자 수와 미래 동학(future dynamics)을 위한 전망
- 수확 유형별 관개(灌漑) 면적
- 제공 생산단위의 수량과 유형, 그들의 물 수요(계절 최고치 포함) 및 기대 폐수 생산(기대 오염하중(荷重) 포함)
- 주민 1인당, 토지면적 당, 생산단위 당 물의 유용성과 수요
- 수질 데이터(실험실 분석)
- 폐수처리에서 인구당량(equivalent) 수, 유속과 최대유속, 처리될 물의 오염부하 매개 변수(실험실 분석), 그리고 방수(drain; 放水)의 질적 제약(법에 의한)

주) 인구당량 또는 1인당 적재량은 산업시설·서비스에 의해 24시간 동안 생성된 오염부하 합계의 '한 사람이 동시간에 생성된 가정하수'의 개별오염부하에 대한 비율

(4) 대안 분석

어떤 투자사업의 수행은 동일한 목적을 달성하는 대안들의 가용 집합에 대해 정당화되어야 한다. 대안들의 분석은 상수/하수(폐수)의 체계·제조공장·연결망에 대해 독립적으로 수행되고 그들은 아래의 비교에 바탕을 둔다.

- 가능한 전략적 대안의 예: 적절히 처리된 쓰레기의 농업에서의 재활용 또는 광천(우물)지대 대신 댐(dam) 또는 가로장(cross-pieces) 시스템의 사용 등
- 가능한 기술적 대안의 예: 동일한 기간시설을 전제로 우물의 다른 위치와 도수관(導水管) 및 본관(本管)에 대한 다른 경로 등

이러한 대안의 선택 시, 그것이 설계 대안의 경우일 경우 법적 요건에 해당하는 '유럽 상수(물) 정책 및 회원국가의 공급계획'을 충족해야 한다. 이에 따라 설계 대안 및 정책 제약을 모두 준수하는 대안을 우선적으로 선택하게 된다.

(5) 경제 분석

통합급수(IWS)사업은, 그것을 반(反)사실적 또는 가상시나리오(counter-factual scenario: 추계 필요 시 사업 계획보다 많은 운영유지비용 또는 '최소량 필요투자(do-minimum)'를 전제로 추계)와의 비교를 통해 수행되는 특별한 사업유형에 따라 상이한 사회적 편익과 비용을 나타낼 수 있다. 〈표 2-1〉에서 건설, 현대화, 상수 공급 및 폐수네트워크/처리공장의 질 개선과 관련된 주요 직접효과 및 외부효과들이 각기 다른 가치평가방법들과 함께 요약된다. 또

〈표 2-1〉 급수사업 투자관련 전형적인 편익(비용)

영향	유형	가치평가방법
음료수 공급 및 하수처리의 유용성 증가	직접	회피 행위[5] 진술선호(선택 실험)
수자원 및 물 공급의 신뢰성 개선	직접	회피 행위 진술선호(선택 실험)
음료수의 질 개선	직접	회피 행위 진술선호(선택 실험)
지표수역(surface water bodies)의 품질 개선 및 생태계 편의 보존	직접	사용(시장)가치 내재 수역, 회피행위, 여행비용 또는 편익 이전 비(非)사용가치 내재 수역; 우연적 평가 또는 편익 이전
자원비용 절약(다른 용도를 위한 물 보존)	직접	상수 공급의 장기한계비용
건강에의 영향	외부성	진술된 선호 현시된 선호(헤도닉 임금 방법) 질병비용
강수 배수 증진에 따른 혼잡 경감	외부성	시간 절약
온실가스(GHG) 배출	외부성	온실가스 배출의 그림자가격

자료: 저자들.

5 회피행동 가치평가방법은 환경적 위험에 직면할 때 자신을 보호하려는 동기에서 출발한다. 예를 들어 안전하지 않은 또는 비위생적인 음료수는 부정적인 경제적 효과를 유발하는데 이는 의료비로 측정된 복지 변화, 소득 상실, 가정(내) 생산 및 여가 손실, 의료비 지출 등이다. 회피행동은 건강상 위험을 직면할 때 '스스로 복지를 극대화하는 방안을 찾는다는 것'이 본질이다. 즉, 환경적 건강위험이 없을 경우 발생하지 않았을 지출을 의미한다. 예로, 가정에 구입하는 생수 또는 정수기가 그것이다. 이로써 음료수 위험을 줄이는 환경정책의 경제적 편익 추계치를 쉽게 산정하게 된다.

순전히 '재무적 성격으로 분류되어 적시되지 않는' 전형적인 편익은 통합급수시스템의 '절감된 운영관리비'인데 이는 어떤 사업에서는 자산관리전략의 유일한 목표가 되기도 한다.

(5-1) 식수 공급 및 하수처리의 유용성 증가

식수 공급 및 하수처리 사업에 대한 유용성 증가는 새로운 사용자가 중앙식수(上水) 공급 및 하수 네트워크에 연결될 경우의 대표적인 직접효과이다. 식수가 시장가격이 왜곡되는 자연독점의 고전적인 경우인 만큼 편익의 추계는 사용자의 최대지불금액/가격(WTP)에 근거해야 한다. 즉, 해당 WTP는 동일한 집수지역 회피행동에서 급수 및 하수 방출에 대한 용이한 최고의 대안 기술(技術)에 해당하는 시장가격을 적용함으로써 실증적으로 추계될 수 있다. 이는 특별히 아래의 사업들에 대해 적용된다.

- 급수 사업에서 물의 '자체 보존'에 대한 회피 자본·유지비용은 예로 탱크트럭, 작은 규모의 담수화공장(해변지역에만 해당), 우물 또는 시추공(관개 용도로만 적용) 등에 적용된다. 'WTP가 식수에 관계된다는 사실'이 중요하며, 기본적 가설은 우물 또는 시추공에 의해 추출된 지하수도 마실수 있다는 것이다. 달리 표현해 정화작용이 필요하면 거기에 추가비용이 발생한다는 것이다.
- 하수처리 사업에서 폐수의 '자체 수집 또는 방출'에 대한 회피 자본·유지비용은 예로, 폐쇄된 탱크에 의해 적용될 수 있다.

편익을 계량화하기 위해 WTP는 중앙연락망에 연결된 새로운 가구 수로 곱해져야 한다. 대안으로서 사업 혜택에 대한 이용자의 WTP를 계산하기 위해 '진술된 선호' 방식이 동원될 수 있다. 이 방법은 물 생산회사가 '고객이 과연 고객서비스 개선과 환경적 성과에 대해 지불할 의사가 있는지'를 증명하려 할 경우에 사용된다. WTP 추정은 통상 서비스차단 빈도의 감소 수, 개선된 물의 맛과 향기, 변색의 경감, 수압의 증가 등에 대해 이루어진다.

(5-2) 수자원 및 물 공급의 신뢰성 개선

편익은 상수 분리방법과 공급 및 분배시스템이 개선되어 수압이 상승하고 우발적 서비스 정지 경감 및 상수의 공급 변동(supply shift)이 제거될 경우 발생한다. 개선된 신뢰감에 대한 WTP는 만족할만한 상수 자급(自給)에 대한 주민들의 회피비용으로 추계될 수 있다. 예로, 물 저장을 위한 가정 내 탱크 설치 및 '적절한 압력으로 가정에 유입이 가능하도록 하는' 전기시설을 구비할 경우의 비용이다. 이 같은 비용은 펌프 및 물탱크 구입을 위한 투자비용, 기능 발휘에 상응한 전력비용, 사용자들의 소비 시간(즉, 물 배급의 시간 또는 일수에 관련된 정보 수집뿐 아니라 탱크를 채우는 시간 및 펌프를 켜고 끄는데 필요한 시간) 등을 포함한다.

(5-3) 식수의 질 개선

편익은 공공부문이 '식수(飮水)의 질이 최소 EU 기준을 충족시켜야 함'을 확신시키려 개입할 경우에 발생한다. 지하수 또는 지표수가 화학물질 또는 오염물질(이온, 망간, 플루오린 등)을 과다 포함할 경우 그 물이 분배시스템에 공급되기 전 청결하게 정화되어야 한다. 이에 따라 식수의 질은 정화시스템의 건설 또는 복구 및 향상에 의해 개선될 수 있다.

수질이 표준 이하일 경우 정화 처리는 비효과적일 뿐 아니라 비용이 많이 소요된다. 특히 아주 오염된 물이거나 건강을 해칠 우려가 있을 경우 강도 높은 화학작용이 필요하다. 이런 경우 수질은 정화시스템의 작동 또는 수원(水源) 교체를 통해 개선될 수 있다. 이 때 개선된 수질에 대한 WTP는 시장에서 양질의 물 구입에 대한 사용자의 회피비용을 통해 실증적으로 추계될 수 있다.

예로, 탱크로리로써 양질의 물을 구입할 때의 회피비용이다. 이 접근방식은 중앙시스템에 연결된 모든 사용자에게 타당하다. 사실 편익추계를 위한 가장 좋은 대안적 기술은 '현행 공급이 EU기준과 맞지 않아 중지되고 교체된다.'는 시나리오를 감안해야 한다. 또는 WTP가 필터링장치를 설치·작동하여 공급되는 물을 식수로 사용하는 사용자에게 회피비용(avoided cost)으로 추계될 수 있다. 이러한 두 가지 추계방법은 상호 배타적이다.

(5-4) 지표수체의 질 개선 및 생태계서비스의 보존

지표수체의 질 개선은 오염수준을 낮추는 것과 용해된 산소를 증가시키는 것을 통해 가능해진다. 이는 지표수체에 의존적인 생태계 및 생물의 다양성을 보존하는데 긍정적인 효과를 발휘한다. 통상 이러한 편익은 EU의 요건에 따라 폐수처리의 확장 또는 폐수처리공장의 또는 포함하는 사업을 통해 획득할 수 있다. 동 사업에 의해 폐수는 지표수체로 방류되기 전에 처리될 수 있다. 하지만 편익은 침전물 제거 및 습지 건설 사업 또는 '생물보존시스템 및 침투 또는 보존저수지 등' 폭풍우 관리시설 사업을 통해서도 발생한다.

평가대상 사업의 유형에 따라 '양호한 수질의' 지표수체에 대한 사람들의 WTP 추계에 다른 방법이 적용될 수 있다. 낚시용 호수의 수질을 개선하는 사업에 대한 WTP 추계는 목욕용 호수의 수질 개선사업과 다르고 또한 '아무 쓸모없는 강'에 대한 WTP 추계와 다르다. 다른 말로 관심 대상 지표수체의 '사용 또는 비사용' 문제는 가장 좋은 추계방법을 선택하기 위해 처음에 알려져야 한다.

- 목욕이 금지된 수체(해수 포함)의 경우 목욕·낚시·오락 또는 생산 활동이 급수사업에 의해 금지될 때, 편익 추계를 위한 활동접근방법은 오락 활동 또는 생산 활동을 '용인(容忍)하는 것에 대한 시장가치'를 WTP의 대변수(proxy)로 사용하는 것이다. 그러나 시장이 없을 경우에는 여행비용접근법이 사용된다.
- 목욕용이 아닌 수체 또는 오락·생산 활동과 연계된 다른 물(水)일 경우 '덜 오염되어 부근 장소의 안락을 높여주는' 수체에 대해 WTP가 추계되어야 한다. 이 경우 상황에 따른 우발적인 평가가 더욱 선호되지만 그것은 비쌀 뿐 아니라 시간이 많이 소요된다(온라인을 사용할 경우 비용을 줄일 수 있지만). 대안으로 편익이전방법 즉, 유사사업에서 다른 장소에서 계산된 가치를 이전하여 채택하는 방식이 선택될 수 있다.

그리고 관련된 편익이 적용되는 사람 수를 결정할 때도 주의가 필요하다. 원칙적으로 사용가치가 있는 수체의 질을 개선하는데 따른 WTP 추계는 '수체를 잠재적으로 이용하는 사람 수'로 곱해져야 한다. 대신, 사용가치가 없는 수체의 질을 개선하는데 따른 WTP 추계는 강 유역의 '전체인구 수'로 곱해져야 한다. 왜냐하면 그 가치는 현존하는 쾌적함의 가치를 반영하기 때문이다. 즉, 사람들은 환경자산을 현재의 양질인 상태로 유지하기 위해 기꺼이 지불한다는 의미이다.

이는 이러한 가치들이 종종 공간 의존적이므로 비사용편익(non-use benefit; 존재가치로서 비시장재화에 해당)은 해당 재화 또는 서비스에서 멀어질 때 작아진다는 것이다. 그런 의미에서 강의 경우 사람들의 비사용편익은 거주지에서 멀 때보다 가까울 때 더욱 커진다. 그러므로 비사용 가치를 집계할 때 거리체감함수(distance-decay function) 사용에 대해 신중해야 한다.

(5-5) **다른 용도를 위해 보존된 물**

'다른 용도를 위해 보존된' 물에 대한 편익은, 현재이든 미래이든, 분배 망의 누수를 줄이기 위한 목적으로 개입할 때 처음 발생한다. 이는 물 자산 관리사업의 전형적인 편익이다. 또 이러한 편익은 사업이 수자원에서 과다 채굴을 억제할 목적으로 시행될 경우에도 발생한다. 예로, 지하수는 관개 또는 산업용수를 위해 '담수화 또는 폐수의 정제 등' 다른 원천으로부터 생산된 물로 대체된다. 물의 희소성 맥락에서 이 같은 작업은 인간 환경을 보존하거나 관련지역의 생물에 다양성을 제공할 수 있다.

보존된 물의 기회비용은 한 단위를 추가로 채굴할 때 발생하는 장기한계생산비용을 통해 추계되며, 이는 추가로 채굴되는 한 단위 물에 의해 발생하는 총 사회비용에다 원천지에서 사용지까지의 수송비용을 추가하는 개념이다. 물 요금이 장기한계비용을 반영하여 책정되었을 경우 편익은 '동일한 물 공급수준을 확보하려고 보다 적은 량의 지하수를 사용하는' 운영자의 운영비용 절감으로 나타난다. 그러나 물 요금이 장기한계생산비용을 반영하지 못하면 '보존된 물'의 기회비용을 측정하기 위한 추가 분석이 필요하다.

(5-6) 건강에의 영향

건강에의 긍정적 효과는 주로 사업의 두 가지 범주에 의해 발생한다.

- 오염물질 감소를 통해 음수의 질을 개선하는 사업이며 그의 측정은 새로운 시스템의 유무(有無)와 관계없이 단위 수량에 수반된 오염 량의 차이로 표시
- 침전물이 내재된 지방 대수층의 오염회피를 통한 하수처리 네트워크 및 처리의 효과성을 제고하는 사업

건강에의 긍정적 영향은 WTP 관련 편익의 이중계산 가능성을 감안하면서 '수인성 질병이 초래하는' 병적 상태 비율(morbidity rate)의 저하에 대한 경제적 가치를 부여함으로써 경제 분석에 포함된다. 경제적 비용의 추계는 최대지불가격(WTP) 또는 최대수용가격(WTA)개념에 바탕을 둔 '진술 및 현시' 선호 기법을 사용한다.

최대지불금액(WTP)과 건강에의 영향: 이중계산의 가능성

건강의 긍정적인 영향을 평가하는 데 WTP와 관련된 '편익의 이중계산'을 유의할 필요가 있다. 예로, 모든 소비자들이 나쁜 음수를 꺼려해 파는 생수를 선호할 경우 건강에의 긍정적 영향은 나타나지 않을 것이다. 반대로 소비자들이 나쁜 음수를 경계하지 않아 사업 수행 없이 '급수 물(tap water)'을 마실 경우, 시장에서 구입하는 생수의 회피비용에 근거한 WTP는 현실적이지 않으며 이 때 전체 편익은 질병의 회피비용이 될 것이다.

이는, 가장 흔한 경우로서, 소비자가 병 생수와 급수 전 물을 모두 사용하는 것과 두 가지 편익을 혼합시키는 것의 중간일 것을 시사한다. 하지만 사업자는 둘 중 하나의 편익이 산정되는 경우의 현실적인 급수산출량 추계를 고려해야 할 것이다. 이로써 WTP 가치는 전체 물 소비 중 일정 부분에 대해서만 적용되며, 건강 편익은 '회피' 경우(이는 병원기록을 기초로 산정)의 실제 건수에 대해서만 추가된다.

상기 방법이 용이하지 않을 때 '직접 및 간접비용을 전체 사회비용 추계에 결합하는' 질병비용접근법이 채택된다. 직접비용은 특별한 질병을 관리하기 위한 의료비용이며 질병유형 및 심각성 정도에 따라 개별단위로 산정되고, 간접비용은 질병으로 인한 근로시간 감소로 유발되는 생산액 감소로서 환자 즉 근로자의 질병일수에 일별 임금(율)을 곱해 측정된다. 어린이와 장애인 그리고 노령자는 그들을 보호하고 대가를 수령하는 사람의 손실 근로일 수가 '위험 또는 질병의 지속을 경감'하는데 대한 경제적 가치로 간주된다.

(5-7) 혼잡의 경감

도시에서 현존의 강수(降水) 집적시설이 우기 시 강수를 처리하는데 미흡할 경우 배수비율(drainage rate) 개선을 위한 기간시설의 건설이 '기후 변화와 관련한' 새로운 도전을 맞이하는 관점에서 수행될 수 있다. 시간 절약은 강수의 배수시스템 개선에 기인하는 가장 중요한 편익으로 간주된다. 개선된 집수시스템은 도시수송 체증을 줄여 수송시간을 경감시켜주기 때문이다. 편익 추정을 위해서는 '수송' 부문을 참조하면 된다. 분명한 것은, 이 같은 편익은 수문지질학적(hydro-geological) 재앙을 줄이기 위한 개입과는 무관하다는 사실이다.

(5-8) 온실가스 배출의 변화

경제 분석은, 사업에서 노출된 기술적 해결방식과 관련될 경우, 아래의 결과로서의 온실가스 배출 증감을 고려한다.

- 사업 시행으로 인한 아래 활동의 증가
  - 기술용이성 연구에서 정당화되었듯 '가스 생산의 정량화 및 관련 이산화탄소 비중에 기초한' 하수침전물 소화조
  - 탈수소 하수 침전물 및 WWTPs(여과 망)로부터의 '다른 폐기물의 정량화에 기초한' 하수 침전물의 처리단지로의 이동
- 시스템 최적화에 의한 에너지 절약

배출 변동이 정량화될 경우, 그것이 생성되든 억제되든, 추가적 이산화탄소 배출은 이산화탄소의 잠재가격(shadow price)을 통해 화폐로 환산된다.

(6) 위험의 평가

주요 변수의 가치변화에 대한 경제 분석의 결과에 대해 민감도 검증이 중요하다. 급수 사업의 민감도분석은 시장관련 변수와 비(非)시장재화에 대해 모두 시행되는 것이 바람직하다. 특히, 비용편익분석 결과는 적어도 아래 열거하는 변수의 변동에 대해 민감도분석이 필요하다.

- GDP 동향에 대한 가정
- 인구 동향
- 생산 추세(관련될 경우)
- 단위(unit) 물 소비 추세
- 기간시설 실현에 필요한 년 수
- 가능할 만큼 세분화된 투자비용
- 가능할 만큼 세분화된 운전/유지보수(O&M) 비용
- 단위 요금 또는 물 소비에 대한 WTP 추계

〈표 2-2〉 급수 사업에서의 전형적인 위험

단계	위험
규제	◦ 용수가격에 영향을 미치는 예상 밖 정치적 또는 규제 요인
수요분석	◦ 예상 수요보다 적은 용수 수요 ◦ 예상보다 저조한 공공하수시스템에의 접속 비율
설계	◦ 부적절한 감정 및 조사 예, 부정확한 물 순환 예측 ◦ 부적절한 설계비용 추계
행정	◦ 건축물 또는 다른 면허/공익사업 승인/법적 사건
용지 취득	◦ 예상보다 비싼 토지비용 ◦ 절차적 지연
조달	◦ 절차적 지연
건축	◦ 건축계획에 있어 사업비용의 과도 또는 지연 ◦ 계약자 관련 건(도산 또는 자원 부족)
운영	◦ 확인된 수자원의 신뢰성(질적 또는 양적) ◦ 예상 밖의 유지·개선비용, 기술적 고장(파손)의 누적
재무	◦ 예상보다 느린 요금인상 ◦ 예상보다 낮은 요금수입

• 물 공급의 범위 및 신뢰도 증가, 음료수 질 또는 지표수체의 개선에 대한 최대지불금액(WTP)
• 보건편익 가치 평가를 위한 질병회피비용
• 온실가스 배출량 및 단위당 가치

상기 사항들을 바탕으로 〈표 2-2〉 제시된 위험을 평가함으로써 완전한 수준의 위험평가가 이루어져야 한다.

2. 폐기물 관리

폐기물 관리(또는 처리)에 관한 입법 및 정책은 폐기물을 '환경 및 인간 건강에 나쁜 영향을 미치지 않는 방식'으로 처리해야 하는 방향에서 일련의 원칙들을 기본으로 한다. 폐기물 처리에서의 우선순위도 폐기물 처리에 대한 대안을 폐기물 계층(waste hierarchy)에 따라 일치시키며 또한 처리비용을 오염유발자 지불원칙 및 자급자족·일원편입(self sufficiency and proximity) 원칙[6]과 일치하도록 맞추고 있다.

(1) 정황의 서술

폐기물처리사업에서 설명이 요청되는 기준선 정황은 아래와 같다.

〈표 2-3〉 **폐기물 처리의 정황 묘사**

구분	주요 정보
사회경제적 동향	◦ 인구 동학 ◦ 국가 및 지역 GDP와 일인당 GDP 성장 ◦ 계층별 가계처분가능소득

6) 유럽공동체의 행정명령으로서 각 회원국의 네트워크를 통합하여 폐기물 처리에 자급자족하며 회원으로 편입되는 원칙이다.

일반 정책 및 규제 틀	◦ 폐기물처리와 관련된 EU 행정지침 및 지역의 정책문서 ◦ 폐기물 처리 전략 및 폐기물 예방계획을 포함한 폐기물 처리와 관련된 국가적 및 지역적 전략 ◦ 규제 등에 의한 개입 지역과 폐기물 관리와 연관된 운영계획 및 우선순위 축(priority axis)에서의 목적 및 특별한 목표
서비스 제공을 위한 특별한 법적·제도적·운영 틀	◦ 서비스의 제도적 설립, 계획의 법적 책임, 폐기물처리서비스의 제공 및 통제, 지리적 통합 수준 등 ◦ 폐기물 유량 통제를 포함한 서비스의 통제시스템 ◦ 서비스 제공 및 대금(요금)수집의 운영조직 및 형태 ◦ 비용부담을 위한 조세/수수료/요금 수준 ◦ 폐기물 처리서비스와 사업의 하부구조 운영 및 유지를 담당하는 서비스 제공자들의 효용
현존 서비스 제공에서의 범위와 질	◦ 서비스 가능 지역과 서비스범위에 적용되는 인구비율 ◦ 발생 원천 및 유형에 의한 지방·지역 수준(차원)에서 생산되고 수거된 폐기물 량 및 성분 ◦ 지방·지역 밖에서 유입된 폐기물 량 및 성분 ◦ 재사용 또는 재활용을 위해 수거된 폐기물 흐름의 량, 그리고 폐기물의 개별적 처리 또는 처분 ◦ 생산되고 수거된 혼합잔여폐기물의 량 및 지방·지역 수준에서 생산되고 수거된 폐기물 량 및 이행 중인 폐기물 관리방식의 유형 ◦ 폐기물 처리 및 처분을 위한 시설의 물리적 조건, 공기로의 폐기물 배출로 인한 환경 위험, 물 및 토양 오염, 토양 및 지하수로의 환경훼손 범위

자료: 저자들.

(2) 사업목적의 정의 및 사업인식

사업목적의 정의

폐기물 처리를 위한 투자의 일반 목적은 인구의 삶의 조건 및 지방·지역의 환경관리의 개선이다. 개입 논리는 회원국들이 EU 환경기준에 순응해야 하는 필요성에서 출발한다. 동 사업이 표방하는 특별한 목적은 아래와 같다.

- 비효율적이고 지속가능하지 않는 처리시스템을 대체할 수 있는 현대화된 지방·지역 폐기물처리시스템의 개발
- 원재료 및 화석연료의 소비를 줄이기 위한 '폐기물로부터의 에너지 및 가치 있는 물질 회복'의 증대
- 도시 및 산업에서의 폐기물 처분 및 '통제되지 않은' 관리에 기인하는

건강위험의 감소
- 원료 소비의 경감과 물질의 생산·소비순환의 최종적 단계에 대한 계획
- 현존 폐기물처리시설에서 공기·물·토양으로의 온실가스 배출의 최소화
- 현존 폐기물 수집·처리 시설의 대체 또는 기술적인 분해검사

사업 인식

폐기물 처리 시설의 주요 유형은 아래와 같다.

- 폐기물의 수거 및 일시적 저장 및 이전을 위한 시설투자
- 재순환(재생)에 투입되는 수거(통상은 분리) 물질 준비를 위한 복구 시설
- 분리 수거된 생화학폐기물에 대한 처리시설
- 주거 및 비(非)주거 시설로부터 발생하는 혼합 잔여물질에 대한 처리시설
- 공학적으로 설계된 쓰레기매립지

(3) 수요 분석

(3-1) 폐기물 수요에 영향을 미치는 요인

폐기물처리서비스에 대한 수요 예측을 할 때 고려해야 할 핵심사항이 있고 아래 사항들을 포함하여 분석한다.

- 예상되는 인구증가율과 '폐기물 처리'와 관련된 경제부문의 성장
- 폐기물 관리에서의 유럽 내 국가들이 사용하는 표준(norm)의 현재 및 미래에서의 변화
- 소비습관 및 폐기물 생산자 행위의 점진적 변화 즉, 삶의 표준과 연관된 소비의 증가 또는 폐기물 재활에 대한 공적(公的) 태도 변화와 청정 생산물 또는 기술의 채택 등
  - 이는 생산된 폐기물 유형의 변화와 폐기물 생산의 증가 또는 감축을 포함한 '폐기물 흐름'에 대한 가능한 결과와 연관
- 기술적인 생산·사업 모형의 혁신: 순환적 경제의 전개와 새로운 사업모형(임차 및 생산물서비스 체계 등), 그리고 생산의 혁신 등은 폐기물 또는 '폐기물 종식(end-of-waste)' 개념 변화에 주요 변화를 초래

(3-2) 가설, 방법, 투입데이터

폐기물 처리서비스에 대한 수요는 아래의 데이터를 근거로 한다.

- 현재의 인구와 사업기간 동안의 인구증가율 예상치
- 현재 1인당 폐기물 생산물과 사업기간 동안의 증가율 예상치
- 현재 폐기물 구성과 사업기간 동안의 예상 변화

상기 외에 수요분석 시 고려할 사항은 (i) 폐기물 구성과 발열(發熱)가치 (ii) 사회경제적 조건과 수혜자의 지리적인 분포 (iii) 폐기물 부산물(예, 재활용품, 혼합물 등) 에 대한 잠재시장의 형성 가능성이다. 폐기물의 질적 또는 양적 측면에서의 수요 추정은 바람직한 목적 달성을 위해 필요한 시설 용량 및 유형을 정의하는 사업대안을 인식하는데 주요한 요인으로 작용한다.

(4) 대안 분석

대안의 분석은 두 차원으로 수행된다. 첫째, 전략적이고 세계적인 차원(즉, 상이한 폐기물 관리, 폐기물 처리 및 처분 시설 집중화의 상이한 수준 등)으로서 이는 '개인차원의 대안과는 다르게 인식되는' 외부성을 포함한 경제 분석을 통해 총괄적으로 비교하는 것이다. 그것이 정당화 될 경우 기술적·관리적·기호논리적(logistical) 측면과 연관된 다른 기준도 대안 분석에 통합될 수 있다.

둘째, 일반적으로 '비용 및 다른 기준을 근거로 비교되는' 가능한 시설용지와 '보다 특이한' 기술적 대안을 분석하는 것으로서 아래의 사항을 포함한다.

- 물질 재활 또는 에너지 생산의 효율성
- 실제의 시장 수요 및 산출물(혼합물, 재활 물질, 찌꺼기연료, 전기 및 열heat 등)의 매출가격(off-take price)
- 공적 수용성
- 수소-지질학
- 접근성(예, 근접성 및 접근도로의 상태)
- 소유권 및 토지구획(예, 토지재산 및 사용) 등

(5) 경제 분석

폐기물 관리 사업은 반(反)사실적 시나리오와 비교·시행된 사업의 특별한 유형에 따라 상이한 사회적 편익과 비용이 산출될 수 있다. 통합폐기물 관리에서 통상적인 건설, 현대화 및 질적 향상과 관련된 주요 직접효과 및 외부성은 아래 표에 다른 가치평가방법과 함께 요약될 수 있다.

〈표 2-4〉 폐기물관리투자의 전형적인 편익(비용)

영향	유형	가치측정방법
자원절약: 쓰레기매립지에서의 낭비 회피	직접 효과	쓰레기매립 처분의 장기한계비용(LRMC)
자원절약: 재활용 가능 물질로의 재생 및 혼합물 생산	직접 효과	시장가치/국경가격/LRMC
자원절약: 에너지 회복	직접 효과	대체에너지의 LRMC
시각적 불쾌감, 소음 및 악취	외부성	헤도닉가격 * 과 기술(記述) 선호
온실가스(GHG)배출의 변동성	외부성	GHG 배출의 그림자가격
건강·환경의 위험(공기·수질·토양 오염의 변동성)	외부성	오염물질의 그림자가격

주: * 헤도닉 가격모형은 환경재화에 대한 시장이 명시적으로 존재하지 않는 여건에서 시장재인 주택이나 노동과 같은 대체시장을 이용하여 간접적으로 환경재화 가치를 측정하는 방법임

자료: 저자들.

(5-1) 자원절약: 쓰레기매립지에서의 낭비 회피

폐기물관리 사업에 대한 경제 분석을 위해 사업의 최종적 폐기물의 경감은(즉, 쓰레기매립지의 수명을 연장) 경제적 가치로 인식되어야 한다. 편익 평가에 필요한 정보는 아래와 같다.

- 부피의 수량화: 최종 처리에서 쓰레기매립지로 가지 않는 폐기물 중량(ton)
- 단위 경제비용: 톤당 폐기물의 쓰레기매립장 처리비용은 '규모의 경제'가 작용함으로써 매립장 규모에 따라 상이. 이에 따라 사업자에 의해 채택되는 '단위당 가치'는 사업내용에 따라서 다르며 동 사업지역에서 사

업이 없을 경우 모두 쓰레기매립지로 가야 할 연간 총 폐기물의 생성과 일치. 사업관련 자료가 없을 경우 쓰레기 수용 량에 따른 연간 쓰레기매립장 처리비용(이는 투자비용에 운영·유지비용을 포함)에 관한 참고자료 필요

(5-2) 자원 절약: 재활용 가능 물질의 회복 및 혼합물 생산

해당 편익은 쓰레기의 생애주기가 종료되었을 때 발생한다. 즉, 폐기물은 재활용 산출물을 만들거나 혼합물 생산에 사용된다. 그 과정을 통해 회복된 자원은 원료를 대체할 수 있고 사회적 관점에서 비용을 절감한다. 재활용 가능 물질의 회복 및 혼합물 생산의 경제적 가치는 아래의 관점에서 추계된다.

- 해당 시장가격, 그것이 기회가격을 반영한다면 아래 두 차원에서 정당화
  - 상기 산출물에 대한 실제 시장의 존재
  - 제안된 가격의 현존 시장가격과의 일치 그리고 산출물의 부산물(副産物) 품질과의 비교가능성
- 시장가격의 왜곡 시, 각 부산물에 상응한 국경가격 필요, 전환계수(CF) 계산 시 필요한 정보는 경제 및 산업자료에서 이용하거나 국내외 통계기관을 통해 습득 가능

(5-3) 자원 절약: 에너지 회복

편익은 에너지를 전기 또는 열(heat)의 형태로 생산할 때 발생한다. 동 편익은 폐기물-에너지 공장(waste-to-energy plant), 폐열발전 공장, 생물가스공장(연료가스, 전기, 열 등의 생산) 등을 관리하는 사업과 관련된다. 이 경우 폐기물로써 회복된 에너지는 석탄 등 다른 에너지원으로부터의 에너지를 대체하여 비용을 절감한다.

(5-4) 시각적 불쾌감, 소음 및 악취

폐기물관리 설비로부터 초래되는 부정적인 외부성은 시각적인 불쾌감·소음·악취 등으로 구성된다. 쓰레기매립지 위치, 폐기물 소각 또는 다른 폐기물처리시설에서 초래되는 부정적 영향 또는 불쾌감은 '처리되는 폐기물 양에 따라 크게 변동하지 않는' 고정적인 규모이지만, 실제는 그 자리에 위치

한 폐기물시설 존재 자체에 달려있다.

투자유형에 따라 이러한 부정적 외부성은 감소하기도 하고 증가하기도 한다. 이를 화폐로 측정하는 몇 가지 방법이 있는데, 이는 현시선호(즉, 실제 부동산의 시장가치에 근거한 헤도닉가격방법)부터 기술(記述)선호(실사(實査)로써 추계된 WTP 또는 WTA 방식)에 이른다. 시각적 불쾌감·소음·악취의 증감을 측정하는 제안된 방법이 헤도닉가격(hedonic price; 속성가격)방법이다. 즉, 주위의 재산 가치는 그것이 폐기물에 근접할 때 하락하고 반대로 그것이 멀어질 때 반대의 현상이 나타난다는 것이다. 편익의 측정(수량화)을 위해 아래의 순차적 단계가 필요하다.

- 사업의 영향을 받는 범위를 결정하는 것이 필요하며, 이는 폐기물 처리시설의 특징 및 규모 그리고 그 둘레의 도시구조에 따라 해당효과가 개별 사안별로 드러날 수 있도록 시설의 위치 주변으로부터 최대거리(예, 5km)를 구축
- 영향 지역 내의 현존하는 부동산의 외양(外樣)과 시장가치는 부동산등기소의 기준에 따라 추계
- 부동산가격의 하락(또는 상승)은 쓰레기하치장소에 의해 영향을 받는(또는 받지 않는) 유사한 지역의 해당부동산 등기소 가격을 참고로 계산
- 편익을 간단한 공식으로 산출 가능(B: 사업으로 인해 발생하는 재산의 가치 변동)

$$B = \Sigma_i \ S_i * V_i * \triangle\%$$

i: 재산의 유형, S: 총면적(m^2), V: 단위면적당 가치, △%: 사업으로 인한 가격의 기대 변동률(%)

(5-5) 온실가스 배출

온실가스(GHG) 배출은 쓰레기가 (i)적절히 처리되기 전, 미생물에 의해 무해한 성분으로 안정화되거나 그 자체가 경감될 때 (ii)재활용과정에 투입되는 물질로 재생될 때 (iii)화석연료를 대신하여 에너지 생성의 용도로서 사용될 경우 각각 경감된다.

- GHG의 배출 감소(주로 메탄 CH_4)는 쓰레기매립지에서의 처리되지 않은

다양한 '생물 분해 성' 쓰레기에 기인

- 쓰레기에서의 재생물질이 원료의 추출 및 처리에서 발생하는 GHG 배출 경감을 유도
- '폐기물에서 에너지(예, 생물가스)를 생산하는' 공장은 대안적 에너지원에 의해 발생되었을 'GHG 배출'의 경감을 가능

폐기물 관리 사업에서의 온실가스 배출 경감 분을 화폐로 전환하는 방법은 해당 감축배출량에 단위비용을 곱하여 산출한다.

(5-6) 건강 및 환경 위험

도시의 고체폐기물 처리는 특정의 오염물질을 공기·물·토양에 배출한다. 쓰레기 소각 시 공기로 배출되는 핵심적 오염물질은 주로 NO_X, SO_2, 오존 선구물질(precursors), 미립자, 중금속, 다이옥신 등이다. 그러한 물질은 '잔여 연도가스(flue gas)가 굴뚝을 통해 공기에 배출되기 전 미립자를 경감시켜 주는' 등 효율적인 연도가스 청결시스템에 의해 최소화할 수 있다.

쓰레기 소각과 연도가스 처리에서 발생하는 고체찌꺼기는 부분적인 위험 폐기물로서 적절한 장소에서 처리된다. 연도가스 청결시스템은 생성된 폐수를 통해 배출물질을 수자원으로 방출할 수 있다. 그리고 배출물질은 다양한 물리적·화학적 폐수처리과정을 통해 통제될 수 있다.

쓰레기매립지에서는 휘발성 유기복합물질과 다이옥신 외에 침출액이 생성되어 주위의 토양과 물로 배출된다. 침출액의 토양으로 배출로 인한 영향은 그 함유물의 지하수 또는 지표수로의 확산을 의미하고 그것은 인류의 건강과 생태계에도 영향을 미친다. 효과적인 침출액 수거 및 처리시스템을 통해 토양으로의 흡수를 최소화할 수 있다.

GHG 배출 경감과 동일한 논리로서 공기·물·토양으로의 오염물질 배출 감소는 현대화된 폐기물관리시스템을 작동함으로써 가능해진다. 폐기물에서 열 또는 전기 에너지로의 전환을 통해 '화석연료를 사용하는 에너지원'에

기인하는 공기오염물질의 배출이 감소할 수 있다.

오염물질 배출의 외부비용을 추계하기 위해 통상 사업에 의해 회피(avoided)된 배출을 통상적으로 계량화(kg/tonne)하고 단위경제비용(euro/kg)으로 평가한다. 계량화 단계를 보면 오염경로는 수행사업마다 그 특성을 갖고 있는데, 이들은 토양·물 등 대상의 양, 공장의 위치, 사용 기술, 토양 보호를 위해 채택된 수단 등 다양한 변수에 따라 달라진다. 이로써 외부비용은 현존하지 않거나 거의 사용되지 않는 배출요인에 따라 사안별로 계산된다.

(6) 위험 평가

고려대상 변수의 가치 변화에 대한 경제 분석 결과의 민감도검증은 중요하며 특히 고체폐기물사업의 민감도 분석은 시장관련 변수 및 비(非)시장 재화의 가치 측면으로의 측정이 바람직하다. 구체적으로는 최소 아래 변수들의 변화에 대해서는 비용편익분석이 필요하다.

- 국내총생산 추세에 대한 가정
- 인구동향
- 폐기물 구성(즉, 가능한 발열량 경감)
- 기간시설의 실현 가능 연수
- 투자비용(가능한 한 세분화된)
- 유지관리비(가능한 한 세분화된)
- 폐기물 수집·처리의 단위수수료 또는 처리서비스의 단위가격
- 쓰레기매립 처분에 대한 (회피)비용
- 부산물 또는 선택서비스의 단위가격
- 연료 또는 에너지가격
- GHG 배출을 전제로 한 물량 및 그림자(잠재)가격
- 오염물질 배출을 전제로 한 물량 및 그림자가격이 같은 항목을 통해 위험평가는 아래의 틀에 의해 이루어져야 한다.

〈표 2-5〉 폐기물처리사업의 전형적인 위험

단계 또는 국면	위험
규제 측면	◦ 환경적 요구사항의 변경, 경제적 또는 규제적 도구(즉, 쓰레기매립지 과세 도입, 쓰레기매립 금지 등)
수요	◦ 예상보다 적은 폐기물 생성 ◦ 불충분한 폐기물 흐름/배달 통제
설계	◦ 부적절한 검토 및 조사 ◦ 부적합한 기술 선택 ◦ 부적절한 설계비용 추계
행정	◦ 건축 또는 다른 허가 ◦ 효용 승인
토지획득	◦ 예상보다 높은 토지비용 ◦ 절차적 지연
조달	◦ 절차적 지연
건설	◦ 사업비용 초과 또는 과다 ◦ 건설계획상 지연 ◦ 계약자 관련(예, 파산 또는 물자 부족)
운영	◦ '예상된 또는 예상치 못한' 많은 변이가 아닌 폐기물 구성의 문제 ◦ 예상보다 높은 유지개선비용, 기술적 고장의 축적 ◦ 질적 목표를 충족시키지 못한 과정의 결과 ◦ 설비로부터 배출(공기 또는 물에 대한) 한계의 충족 실패
재무	◦ 예상보다 더딘 관세 인상 ◦ 예상보다 느린 관세 징수
기타	◦ 공공의 반대

Case Study 1 상·하수 기간시설

Ⅰ. 사업의 개요 및 목적

본 사업은 두 부분으로 구성되어 있다. 첫째, 새로운 하수처리공장의 건설로서 이는 중규모 도시(인구 375,000명)에 적절한 행정명령 91/271/EEC의 요구대로 하수(폐수) 침투를 줄이고 그 수거비율을 제고시키기 위한 수거시설 투자와 수거된 하수가 새로운 하수처리공장으로 이송되게 하는 장치이며 둘째, 급수연결망을 확장해 공공 급수시스템을 되도록 많은 시민들이 이용하도록 하는 장치이다.

사업의 주요 목표는「도시의 하수처리 행정명령과 국가의 상수 공급 및 하수처리」에 따라 '증가된 수거 및 하수 적하'에 대한 순응적 처리와 급수범위의 확대를 통해 고양(高揚)된 환경 보존과 순응 수준을 보장하는 것이다.

Ⅱ. 수요 분석

수요분석은 주요 거시경제 및 사회지표에 대한 가능한 통계와 예측 치 그리고 상·하수 발생 전체를 전제로 현재 측정된 소비비율 뿐 아니라 사업에서 작업상 향후 이행계획을 근거로 수행된다. 인구 전망은 과거 조사와 매년 일정비율(예, 0.25%)로 감소하는 것을 전제로 하는 국가통계국의 미래인구 증가율 추계 값에 근거한다.

현재 물(상수) 소비의 가정 내 총합은 전체 물 소비의 약 70%(〈표 2-6〉: 수요예측에서 1기 기준 16.0/22.9=0.70)를 차지하며, 이는 지난 10년 동안 총비

〈표 2-6〉 수요 분석

수요		1	2	3	4	5	6	7	8	9	10	11	12	13	20	25	30
예측 수요 계산		건설기간			운영기간												
인구	000s	375.0	374.1	373.1	372.2	371.3	370.3	369.4	368.5	375.0	374.1	373.1	372.2	371.3	370.3	369.4	368.5
상수(Water)																	
일인당 소비	l/c/d	120.0	120.0	120.0	115.0	115.0	115.0	115.0	115.0	115.0	115.0	115.0	115.0	115.0	115.0	119.0	124.0
관련 인구비중	%	97.5	98.0	98.5	99.5	99.5	99.5	99.5	99.5	99.5	99.5	99.5	99.5	99.5	99.5	99.5	99.5
◦ 국내 소비	m m^3	16.0	16.1	16.1	15.5	15.5	15.5	15.4	15.4	15.4	15.3	15.3	15.2	15.2	14.9	15.3	15.7
◦ 상업용 & 공공용	m m^3	4.6	4.6	4.6	4.4	4.4	4.4	4.4	4.4	4.4	4.4	4.4	4.4	4.3	4.3	4.4	4.5
◦ 산업용	m m^3	2.3	2.3	2.4	2.5	2.5	2.6	2.7	2.7	2.8	2.9	2.9	2.9	2.9	2.9	2.9	2.9
총 급수(Total Water)	m m^3	22.9	23.0	23.2	22.4	22.5	22.5	22.5	22.5	22.5	22.5	22.5	22.4	22.4	22.1	22.5	23.0
하수(Waste Water)																	
관련 인구	%	95.0	96.0	97.5	99.0	99.0	99.0	99.0	99.0	99.0	99.0	99.0	99.0	99.0	99.0	99.0	99.0
◦ 국내 소비	m m^3	15.6	15.7	15.9	15.5	15.4	15.4	15.4	15.3	15.3	15.2	15.2	15.2	15.1	14.9	15.1	15.6
◦ 상업용 & 공공용	m m^3	4.6	4.6	4.6	4.4	4.4	4.4	4.4	4.4	4.4	4.4	4.4	4.4	4.3	4.3	4.4	4.5
◦ 산업용	m m^3	2.3	2.3	2.4	2.5	2.5	2.6	2.7	2.7	2.8	2.9	2.9	2.9	2.9	2.9	2.9	2.9
총 하수(Total Waste Water)	m m^3	22.5	22.7	22.9	22.4	22.4	22.4	22.4	22.4	22.4	22.5	22.4	22.4	22.3	22.0	22.4	23.0
연결망 확충에 따른 수요 증가(위 부분에 포함)																	
상수	m m^3	0.0	0.1	0.2	0.3	0.3	0.3	0.3	0.2	0.3	0.3	0.3	0.3	0.3	0.3	0.3	0.3
하수	m m^3	0.0	0.2	0.4	0.6	0.6	0.6	0.6	0.6	0.6	0.6	0.6	0.6	0.6	0.6	0.6	0.6

용을 만회하는 요금으로의 단계적인 상승 결과 일인당 소비수준은 120l/c/d 정도로서 상대적으로 낮은 수준을 보인다. 이 같은 소비수준에서는, 현행 요금이 가계소득의 2.7% 정도를 차지하는바, 가격의 추가 상승에 대한 수요 탄력성이 상대적으로 낮게 형성된다. 하지만, 사업으로 인해 요금이 상승할 경우 가계소득에서 차지하는 요금 비중이 3.0%로 상승하면서 소비를 115l/c/d 수준으로 꾸준히 감소시키고 이후엔 선정된 요금전략에 따라 그 수준을 유지한다.

예측기간 22년차 이후에서 끝 연도까지 매년 0.3% 정도인 '가계소득의 실질성장'은 3%(한계치) 이하의 요금상승률과 '소득탄력도와 관련해' 적절한 소비율의 상승을 초래한다. 하수는 상수 생산의 0.8~0.85 비율로 발생하지만 실제는 상수소비량과 동일하게 간주한다.

상업용 및 공공용 생산은 전체의 20%를 차지하고 '통근자 및 수시 방문자'의 소비를 포함한 국내소비에 직접적으로 비례하여 증가하는 것으로 가정한다. 산업용 소비는 기본적으로 전체 소비의 나머지 10%(2.3/22.9)로 구성되며, 자유로운 시장경제로의 전환기간 동안 하락한 이후 다시 회복하여 다음 10년 기간 동안 매년 2.5%씩 증가한 이후 일정하게 소비된다.

총 폐수처리공장(WWTP)의 용량은 375,000명 인구에 맞춰 525,000p.e.으로 계획되었을 뿐 아니라 상업/공공용 그리고 산업용 생산으로 각각 100,000p.e. 및 50,000p.e.씩 추가되어 있다.

Ⅲ. 대안 분석

대안에 대한 분석과 평가는 다음 기준을 고려한다.

- 집중화된 해결책과 집중화되지 않은 해결책의 비교
- 적절한 경우 상이한 대안들의 재무 분석

• 처리과정에 관한 기술적 대안들 간의 비교

특히 아래 차원에서의 대안은 중요하다.

• 폐수처리 전략
• 폐수처리공장(WWTP)의 위치
• 쓰레기 처리
• 폐수 연결망 부활

폐수처리 전략

강변 독립된 지역에 하나의 폐수처리공장을 짓거나 강의 두 측면에 작은 (local) 폐수처리공장을 각각 건설하는 문제를 가정한다. 운영비용의 할인된 현금흐름과 운영비용에 대해 분석할 경우 전자가 강의 좌측 둑(bank)으로부터 '인구가 많은' 우측의 폐기물처리공장까지 물을 퍼 올려야 함에도 불구하고 비용절약적인 대안으로 간주된다.

폐수처리공장 위치

WWTP 위치는 제한적이다. 하지만 6개의 독립된 지역이 선택될 수 있지만 실제로 소유권 및 공장의 공간적 문제로 인해 '관련 운영비용을 포함해' 할인현금흐름 분석은 2곳이 대상이다. 연결망 투자비용 및 운영비용의 차이로 높은 고도(WWTP2)가 유리하다. 관련하여 찌거기 관리와 폐수연결망 복구 문제가 서술된다.

〈표 2-7〉 대안분석: 폐기물처리공장 전략

단위: 백만 유로

대안	NPV WWTP 투자비용	NPV Network 투자비용	NPV 운영비용	NPV 비용합계	순위
WWTP 전략 1: 두 개의 작은 공장과 강의 양측에 별도 연결망 구축	45	8	37	90	2nd
WWTP 전략 2: 하나의 공장과 강저(江低) 터널로써 양측 연결망을 통해 도시 전체를 연결	38	10	32	80	1st

〈표 2-8〉 **대안분석: 폐기물처리공장 위치**

단위: 백만 유로

대안	NPV WWTP 투자비용	NPV Network 투자비용	NPV 운영비용	NPV 비용합계	순위
WWTP 위치 1: 낮은 고도(高度)로서 주(主)폐수 수거기의 높은 비용 소요	38	12	31	81	2nd
WWTP 위치 2: 높은 고도로서 추가적 펌프비용 소요	38	10	32	80	1st

Ⅳ. 사업비용 및 선택 대안에서의 수익

선택된 대안 사업의 총 투자비용은 기술적인 실행가능성 연구에서 도출되며, 이는 그 지역에서의 다른 폐수수거 사업 계약자의 추계와 일치한다. 세부적 상황은 아래 표에 제시되고 있다.

〈표 2-9〉 **사업비용 분해**

단위: 백만 유로

사업투자비용	총 비용	비(非)적격 비용	적격(eligible) 비용
계획/디자인 수수료	4.0	-	4.0
건물 및 연결망 자산	44.0	-	44.0
설비 및 기계류	10.0	-	10.0
기술보조	2.5	-	2.5
선전 또는 광고	1.0	-	1.0
이행과정 감독	3.0	-	3.0
우발 사건	5.5	-	5.5
소계(sub-Total)	70.0	-	70.0
부가가치	14.0	14.0	-
총 비용	84.0	14.0	70.0

V. 경제 분석

경제 분석 결과

사업평가 단계 중 동 사업의 재무 분석은 할인율 4%로 수행되었고 유럽연합(EU) 보조금(45.3백만 유로)을 받은 후의 순(純)현금흐름인 재무적 순(純)현재가치(FNPV)가 −8.6백만 유로(지속가능성 지표: 창출현금은 2.8백만 유로)로서 경제 분석을 수행

경제 분석에서 경제적 순(純)현재(ENPV)는 54.9백만 유로, 경제수익률(ERR)은 11.1% 그리고 편익/비용 비율(B/C ratio)은 1.61임

〈상 · 하수 기간시설사업의 비용/편익 구성〉

비용항목	편익항목
◦ 투자비용(우발적 상황 제외) ◦ 운영관리비(교체비용 포함) ◦ 투자의 잔여가치	◦ 환경 질 개선 이익(WTP로 평가) ◦ 불필요한 탱크의 폐쇄로 인한 물 사용자의 직접 저축 ◦ 우물의 미(未)사용으로 인한 물 사용자의 직접 저축

경제 분석은 30년 이상의 분석기간에 사업의 경제적 비용과 편익을 비교하여 증분접근법(incremental approach)으로 수행된다. 동 분석에 경상가격이 사용되고 사회적 할인율은 5%로 가정한다. 사업의 부품은 경쟁적 국제입찰가격으로 조달되고 지방의 재화 및 서비스가격은 지방시장을 통해 적절하게 설정되어 있음으로써 재무가격[7]으로부터 경제가격으로의 전환은 필요하지 않다.

사업으로 인한 '요금수입 증가분'은 사업의 직접 편익과 '긍정적인 외부성의 화폐로의 전환 시' 좋은 대(代)변수(proxy)로 볼 수 없기 때문에 경제 분석

7) 재무비용은 경제적 비용을 추계하는데 기초자료로 활용된다. 예로, 사업의 투자비용과 운영비용을 산출할 때 비숙련노동비용을 해당사업지역의 실업률 수준이 감안된 그림자가격(shadow price)으로 수정하는 등이다.

에서 제외되었다. 대신 주요한 사회경제적 기대 편익은 아래 표와 같이 포함되었다.

〈표 2-10〉 사업편익의 화폐로의 전환

사업편익의 화폐로의 전환(monetization)	순현재가치 (NPV)
총 가치	EUR 145.1 m
1. 수체(water bodies)의 '개선된 환경 질'로부터의 편익(WTP) ◦ 사업의 시행으로 여러 도시를 관통하면서 처리되지 않은 방출 폐수를 유입하는 강(river)의 환경 질이 상당 수준 개선되어 강 이용 및 오락 활동 주변여건 증진을 기대(사용가치). 이 같은 사용가치는 화폐로 측정하기 어려워 편익이전 방법(benefit transfer method)을 사용 - 최대지불가격(WTP)은 비교 가능한 사회경제적 또는 환경적 조건에서 폐수 처리와 관련된 환경의 외부효과를 평가하는 것으로서, 사업운영 첫해부터 일인당 매년 25유로를 해당지역 총 인구 375,000명에 적용 - WTP는 소득수준에 의존적인 관계로 사업관련 기간 동안의 1인당 실질GDP 증가로 인해 증대될 전망, 하지만 편익 측정의 불확실성 때문에 보수적 입장에서 사업관련 기간에 초기 값으로 고정하여 일정하게 평가	EUR 118.5 m
2. 사용자에게 귀속되는 자원비용 경감(1) ◦ 사업의 일환으로 하수집적시스템에 접속된 새로운 사용자는 폐쇄탱크를 설치하여 연간 자본 유지 및 운영비용을 부담할 필요가 없음 - 지역의 적절한 개별처리시스템의 평균비용을 고려할 때 15,000명 기준 일인당 매년 100유로를 비용절감 관련 편익으로 평가	EUR 19.0 m
3. 사용자에게 귀속되는 자원비용 경감(2) ◦ 사업의 일환으로 급수시스템에 접속된 새로운 사용자는 더 이상 개인 우물을 설치하여 운영비용(연간 자본 및 운영·유지비용 포함)을 부담할 필요가 없고 다른 곳에서 음료수를 구입할 필요 없음 - 지역의 개인 우물 및 다른 급수 원(原)의 평균비용에 대한 설문조사에서 비용절감 편익은 급수연결망에 접속하는 사용자 7,500명에 일인당 매년 80유로로 평가	EUR 7.6 m

동 사업은 그 외에 직접적 보건편익도 발생시킨다. 하지만 이러한 편익은, 이중적 편익계산의 위험을 고려하지 않더라도, 계량화를 통해 사업에 편입시키기 힘들다. 상기 가정을 통해 여러 경제지표를 산정해보면 경제적 편익이 경제적 비용을 상회하는 등 만족할만한 결과를 보여준다.

〈표 2-11〉 경제수익률(ERR) 및 편익비용비율(B/C) 계산

		1	2	3	4	5	6	7	8	9	10	11	12	13	20	25	30
할인율: 5%, 백만 유로		건설			운영												
C1. 투자비용 (우발적 상황 제외)	-56.1	-17.8	-21.6	-22.6	0.0	0.0	0.0	0.0	0.0	0.0	0.0	0.0	0.0	0.0	0.0	0.0	0.0
C2. 운영관리비 (교체비용 포함)	-50.5	0.0	0.0	0.0	-3.3	-3.3	-3.3	-3.3	-3.3	-3.3	-3.3	-3.3	**-8.3**	**-8.3**	-3.3	-3.3	-3.4
C3. 투자의 잔여가치	16.3	0.0	0.0	0.0	0.0	0.0	0.0	0.0	0.0	0.0	0.0	0.0	0.0	0.0	0.0	0.0	70.5
Ⅰ. 총 경제비용 (C1+C2+C3)	**-90.2**	**-17.8**	**-21.6**	**-22.6**	**-3.3**	**-3.3**	**-3.3**	**-3.3**	**-3.3**	**-3.3**	**-3.3**	**-3.3**	**-8.3**	**-8.3**	**-3.3**	**-3.3**	**67.2**
B1. 환경 질 개선 이익(WTP)	118.6	0.0	0.0	0.0	9.4	9.4	9.4	9.4	9.4	9.4	9.4	9.4	9.4	9.4	9.4	9.4	9.4
B2. 불필요한 (폐쇄) 탱크로 인한 사용자의 직접 저축	19.0	0.0	0.0	0.0	1.5	1.5	1.5	1.5	1.5	1.5	1.5	1.5	1.5	1.5	1.5	1.5	1.5
B3. 우물의 미사용으로 인한 사용자 직접 저축	7.6	0.0	0.0	0.0	0.6	0.6	0.6	0.6	0.6	0.6	0.6	0.6	0.6	0.6	0.6	0.6	0.6
Ⅱ. 총 경제편익 (B1+B2+B3)	**145..2**	**0.0**	**0.0**	**0.0**	**11.5**	**11.5**	**11.5**	**11.5**	**11.5**	**11.5**	**11.5**	**11.5**	**11.5**	**11.5**	**11.5**	**11.5**	**11.5**
경제적 순 현재가치* (ENPV=Ⅱ−Ⅰ)	**54.9**	**-17.8**	**-21.6**	**-22.6**	**8.2**	**8.2**	**8.2**	**8.2**	**8.2**	**8.2**	**8.2**	**8.2**	**8.2**	**8.2**	**8.3**	**8.2**	**78.6**
ERR	**11.1%**																
B/C ratio	**1.61**																

주: 1. 투자비용의 NPV: − 56.1 = −17.8/1.05 + (-21.6/1.052) + (-22.6/1.053)이며 다른 수치도 상기 16개 시점(1~13, 20, 25, 30)을 통한 동일한 방법으로 산정
2. 잔여가치의 NPV: 16.3 = 70.5/(1.05)30 = 16.32

* 동 사업의 재무적 순 현재가치(순현금흐름 FNPV: -8.6) = 공공기여(-22.8) + 이자지급(0) + 원금상환(0) + 운영유지비(-61.0) + 수입(70.7) + 투자의 잔여가치(4.6)

상기 분석표에서 도출된 양(+)의 경제지표는 사업 시행이 사회후생을 증대시킬 것을 기대하는바, EU에서 보조금(45.3 백만 유로)을 받을 가치가 있음을 시사한다. 아울러 이는 도시지역 폐수처리 훈령(directive)과 함께 국가적 목표에도 부합된다.

Ⅵ. 위험 평가

(1) 민감도 분석

민감도분석은 사업에서의 주요 변수의 변동이 재무적 또는 경제적 성과지표에 초래하는 영향을 측정하는 작업이다. 이 때 경제 분석에서 가능한 (주요)변수를 보다 잘 인식하기 위해 집계·선택하여 분리된 변수(예, 수요에서 가격을 따로 분리)를 사용한다. 경제적 순(純)현재가치(ENPV)에 영향을 주는 변수들에 대한 탄력도와 전환 값(switching value)들은 아래와 같다.

〈표 2-12〉에서 보듯 ENPV의 탄력도를 기준으로 '경제적 편익가치의 감소'가 3.1로 가장 큰 영향을 미치는 반면 '사업으로 인한 운영비용 증가'가 1.0으로 가장 작은 영향을 미쳤다. 전환 값은 순(純)현재가치를 0으로 만드는 주요 변수의 '% 변화'를 의미하는바, 부호를 기준으로 투자비용 증가와

〈표 2-12〉 민감도 분석 결과 및 전환 값

(투입)변수	경제적 순 현재 가치(ENPV)탄력도	전환 값
투자비의 증가(%)	1.1	90%
경제편익의 가치 경감(%)	3.1	32%
요금수입의 감소(%)	-	-
물 용량 수요의 감소(시나리오의 유무 함께 적용), %	-	-
사업결과 추가운영비용의 증가(%)	1.0	105%

주: 1. 탄력도(elasticity) = 경제적 '순현재가치(ENPV)의 % 변화/각 투입변수의 % 변화'임

경제편익 가치 경감 그리고 추가운영비 증가 모두 경제적 수익성에 음(−)의 효과를 발생시킨다.

ENPV의 탄력도가 가장 큰 '경제편익 가치 경감'이 가장 작은 전환 값(32%)을 나타냈고 다른 변수의 전환 값 순서도 탄력도의 역순(투자비용 증가: 90%, 운영비 증가: 105%)으로 나타났다.

이로써 전환 값을 기준으로 '경제편익 가치 경감'은 +32%까지 증대(즉, 편익가치 감소)를 허용하고 투자비용 증대와 추가운영비 증가는 각각 90%와 105%까지 허용함으로써 어느 변수도 사업의 경제적 수익성을 위협하지 못하는 것으로 나타났다.

(2) 위험 분석

민감도분석의 결과와 '비용편익분석 시 반영되지 않은' 불확실성을 고려하여 가능한 위험예방과 경감수단을 인식하려면 위험행렬(risk matrix)이 필요하다. 위험분석에서 사업의 잔여위험은 인식된 위험의 출현을 예방하거나 '실현되는 불리한 영향'을 줄이려는 노력에 의해 작게 나타났다. 잔여위험의 전체 수준은 수용할 만한 규모를 보임으로써 동 사업이 목표 달성에 실패할 확률은 그만큼 낮아짐을 알 수 있다. 위험은 4가지 측면으로 측정 가능하다. 즉, 수요측면, 금융측면, 시행 측면, 그리고 운영측면이 그것이다.

〈표 2-13〉 위험분석표

위험 항목	확률 (P)	심각성 수준 (S)	위험 수준 (=P * S)	위험 예방 및 경감 조치	예방/경감 조치 이후 잔여위험
1. 수요 측면 위험					
물(상수) 소비량 및 폐수 생산량의 기대 수준 이하	B	Ⅲ	Low	일간 가계소비량(120l/c/d)은 기댓값의 하한치(end)이고 가격탄력성으로 115(l/c/d)까지 하락할 전망, 산업 측 수요는 불확실하지만 전체의 10%정도. 수혜자	Low

물(상수) 소비량 및 폐수 생산량의 기대 수준 이하	B	Ⅲ	Low	비용구조의 큰 부분은 수요량에 고정적인 관계로 소비 변화는 지불여력의 제한적 영향 때문에 상수요금에 적응함으로써 안정화됨. 요금은 도시정부가 수혜사업을 고려하여 결정 담당: 사업수혜자와 의견조정한 도시정부(도시의 소유·운영기업)	Low
2. 재무 위험					
요금이 '지속성 유지' 수준에서 승인되지 않음	B	Ⅳ	Moderate	민감도 분석에서 나타났듯 요금결정은 재무 지속가능성에 있어 가장 중요한 문제. 도시정부는 국가법에 따라 요금을 정하는데, 이로써 총비용을 만회하는 원칙에서 소비량 변화에 따라 매년 재평가되어 삽입되는 비용항목이 결정된다. 최근 몇 년 동안 현존하는 서비스에 상응하도록 적절한 수준으로 요금이 결정 담당: 사업수혜자와 의견조정한 도시정부(도시의 소유·운영기업)	Low
사용자가 요청된 요금을 지불하지 않음	B	Ⅲ	Low	현재 수입은 99% 이상의 수준이며 그에 대한 주민들의 인식은 양호한 편. 요금이 가계소득의 3%를 상회하지 못하지만 인플레이션을 감한할 때 12%정도의 추가 인상이 요청되고 이는 사회적 이슈는 되지 않을 듯. 담당: 사업수혜자	Low
투자비용 과다	C	Ⅲ	Moderate	민감도 분석에서 동 주제는 주요한 위험으로 인식되지 않음. 투자비용 추계치는 지역에서 시행된 다른 유사 사업과 비교되며 과다투자의 첫 회 분(10%)은 우발적 사안에 대한 대응 분임. 그럼에도 불구하고 과다 지출의 경감과 관리를 위해 적어도 분기별로 예산대비 엄밀한 비용 점검 필요 담당: 사업수혜자	Low
운영비용 과다	B	Ⅱ	Low	현재 비용구조는 잘 구축되어 전망 시 좋은 기반으로 작용. 새 투자 관련 비용(특히, 폐수처리공장 관련)은 더욱 불확실하지만 전체 운영비용의 비교적 작은 비중을 차지 담당: 사업수혜자	Low

지역 협력적 금융의 가용성 문제	B	Ⅳ	Moderate	지역공공보조금은 EU금융의 금융계획에서 덜 중요한 부분임 담당: 자치정부	Low
3. 이행위험					
토지구입 문제	B	Ⅱ	Low	새로운 폐수처리공장 및 새 도관 확장은 '공적으로 소유 또는 드물게 관련허가'가 획득 담당: 사업수혜자	Low
미숙한 절차의 연장으로 인한 지연	C	Ⅲ	Moderate	특수한 기술보조에 의해 성사되는 사업자의 조달 배분. 조달 및 건축계획은 용이하며 적격기간 내 우발적 사건에도 적응. 담당: 사업수혜자	Low
4. 운영 위험					
폐수의 처리 공장으로의 흐름이 달성불가	B	Ⅲ	Low	단일 자금계획에 의해 외부 폐수흐름을 처리공장으로 연결하는 수집 장치를 포함하도록 구상 담당: 사업수혜자	Low
폐수 처리공장 접속기술의 장애로 사업목적 달성 불가	A	Ⅳ	Low	입증된 '가장 용이한' 기술의 선택 담당: 사업수혜자	Low
사용자의 연결망으로의 접속 실패	B	Ⅲ	Low	유효 입법은 사용자가 12개월 이내 접속하도록 하고 어떠한 경우이든 폐수 방출에 대해 대가를 지불하도록 함. 추가로 유틸리티(프로그램작성 software)접속에 대한 승인과정을 능률화함 담당: 사업수혜자	Low

주: 위 표의 평가 척도(evaluation scale)는 아래와 같음.

1. 확률(P) A; 아주 '일어날 것 같지' 않은, B; '일어날 것 같지' 않은, C; 아마 '일어날 것 같지' 않은, D; 일어날 것 같은, E; 아주 일어날 것 같은
2. 심각한 정도(S) Ⅰ; 영향 없음 Ⅱ; 약간 Ⅲ; 중대한 Ⅳ; 파국적
3. 위험 수위(P * S로서 4단계): 낮은, 적당한, 높은, 그리고 '수용할 수 없는'의 구분

제 3 장

에너지

1. 서론

유럽에서 에너지 기간시설 투자는 국가·지역·해외에서의 에너지 시장에 영향을 미치는 특별한 도전에 의해 발생한다. 유럽연합(EU)에서 부각되는 주요 논제는 공급의 안전성과 신뢰성 그리고 합당한 에너지 소비자가격이다. 아울러 기후변화에 즈음한 지구적 관심은 화석에너지를 지속가능한 연료로 대체하는 작업에 집중되고 있다. 다른 동인은 풍력·태양광 등 간헐적 재생에너지로부터 전체의 전기시스템과 전력망을 통한 전력 생산에 집중하려는 도전이다.

유럽에서 에너지정책의 목적은 국경 간 상호연결망의 구축, 공급 원천 및 경로의 다양화, 에너지 효율성의 개선, 그리고 저(低)탄소 에너지로의 급속한 전환 등이다. 그 전략적 중요성은 EU의 '명민하고 지속가능하며 포괄적인' 성장을 위한 「유럽 2020 전략」과 '자원 효율적인 유럽'을 선도하는 시범사업을 통해 재확인되고 있다. 특히, 이러한 주력사업의 목적은 경제성장의 자원사용과의 분리, 저탄소 경제로의 전환 도모, 재생에너지 자원의 사용 촉진, 수송부문의 현대화, 에너지 효율성 개선, 경쟁 촉지, 에너지 안전에서의 큰 진전 등으로 요약된다.

2. 정황의 서술 및 사업목적의 정의

(1) 정황의 서술

특정 사업이 시행되는 정황 또는 배경을 이해하는 것은 사업 평가에 첫걸음이다. 특히, 에너지사업은 국가적 또는 국제적 차원으로 확장되는 전체 연결망의 일부분이므로 더욱 중요하며, 그 결과 사업의 지속가능성 또는 성과는 수많은 외부적 요인과 종속적 관계를 형성한다. 아래는 에너지사업(에너지 부문)에 대해 추천되는 기준선 배경요인들을 보여준다.

〈표 3-1〉 사업배경의 설명: 에너지 부문

구분	정보
사회적 · 경제적 · 정치적 방향	◦ 국가적 또는 지역적 GDP성장률 ◦ 소득 처분 ◦ 지리적 변화 ◦ 경제의 에너지 강도(intensity)* ◦ 연료가격 추세
지리적 요인	◦ 날씨 및 기후 여건 ◦ 국내영토 안에서 가능한 에너지자원 및 연료의 유형 및 량(에너지 균형) ◦ 다른 국가와의 상호 연결 및 통합 정도
정치적 · 제도적 및 규제 요인	◦ EU의 행정명령 및 에너지 분야 정책서류의 언급 ◦ 우선순위 중심 및 '운영계획을 통해 개입하는' 분야의 언급 ◦ 단기 · 중기 · 장기의 국가적 · 지역적 · 지방적 계획서 및 전략(예, 국가의 재생에너지 실천계획)의 언급 ◦ 에너지시장에 영향을 미치는 정치적 요인 ◦ 규제 및 통제기관과 그들의 역할
현존의 서비스시장 조건	◦ 시장구조: 에너지 (공익)사업, 도매업자, 소매업자, 최종소비자의 유형 및 개수 ◦ 시장의 수직적 통합 정도와 시장자유화 및 경쟁에 관한 관련 정보 ◦ 요금 또는 에너지가격시스템 그리고 소비자가격 동향
현존의 서비스기술 조건	◦ 에너지생산량, 중간 및 최종소비, 유형별 에너지의 수입 및 수출, 전기 생산에 필요한 에너지 자원/연로 ◦ 수입의존도(비율) ◦ 사업과 관련된 기술의 부하(負荷; 짐) 수준과 부하율 ◦ 한 계절 또는 일일 에너지소비 동향 ◦ 역사적 및 현행의 에너지 생산 · 소비와 교역패턴에 관한 정보 ◦ 에너지 분야에서의 EU/국가적인 목표성취도 ◦ 사업성과에 영향을 미치는 계획된 또는 실행된 투자 ◦ 현행 제공되는 서비스의 기술적 특성 ◦ 서비스의 질과 신뢰도 ◦ 하부구조 생산과 수송 및 에너지저장 능력

주: * 경제의 에너지 강도=국내에너지 총소비/GDF

자료: 저자들.

(2) 사업목적의 정의

에너지사업의 가장 직접적인 목표는 유럽연합(EU)의 에너지시스템에 영향을 미치는 한 가지 또는 그 이상의 도전을 부각시키는 것이다. 구체적으로 그 목표는 아래와 같다.

- 증가하는 에너지수요에 대비하여 새로운 에너지 수용능력을 개발
- 에너지수입 의존도를 줄이기 위한 수용능력을 개발
- 공급이 닿지 않는 지역을 위해 공급연계망을 확장
- 에너지 원료와 공급시장을 다양화
- 국내 에너지시장을 다른 국가들에 보다 잘 통합하여 EU 전체를 통해 에너지소비자가격의 조절을 보장
- 에너지 공급의 기술적 신뢰와 안전을 개선하고 에너지 차단을 방지
- 에너지손실을 줄여 생산의 효율성을 높이고 현존 에너지 생산시설을 현대화하며 폐열발전(co-generation)을 추진
- 에너지시스템의 효율성 및 질을 기술적으로 그리고 운영상 전달을 도모하고 에너지 분배를 개선함으로써 상승
- 주택부문과 공공건물 그리고 기술적 설비에 있어 전반적 에너지소비를 줄이기 위해 소비에너지 효율성을 제고
- 온실가스와 에너지 분야에서 화석연료 대신 '보다 지속가능한' 에너지원(예, 풍력 태양열, 수력전기, 생물자원 등)으로의 대체를 통해 발생하는 오염물 배출 경감

(3) 사업의 인식

정부의 에너지사업 개입 목적을 정의한 뒤 이행될 사업을 구체적으로 제시한다. 초점은 아래의 두 범주로 나타난다.

- 건설, 에너지 생산 공장의 현대화 및 질적 개선, 보관, 수송, 전달, 그리고 배분을 위한 연결망
- 에너지 소비의 효율성 향상을 위한 활동 즉, 공공 및 개인 건물 그리고 산업생산시스템의 적극적 부활

〈표 3-2〉 에너지 투자 사례

에너지 생산, 비축, 수송, 전달 및 분배	전기	◦ 주어진 재생 또는 재생 불가의 연료로부터 전기를 생산하는 공장 건설 ◦ 에너지 생산시설 확충 또는 효율성 제고를 위한 기존시설의 현대화 또는 에너지 발생 연료의 교체 ◦ 국가 내 또는 국외로의 전력전달 망의 건설 또는 현대화 작업 ◦ 각종 배전체계의 건설 또는 현대화 ◦ 자동화한 전달 및 분배체계의 개발(smart grid) ◦ 전기저장시설의 개발 또는 확장 ◦ 분배된 또는 분산시킨 전기 발생
	천연가스	◦ 액화천연가스의 재(再)기체화 터미널 및 지하저장시설의 건설 및 현대화 ◦ 기존 가스수송파이프라인의 국내 신설 또는 확장 작업 또는 국내 네트워크의 해외 가스공급체계로의 연결 ◦ 기존 가스공급체계의 현대화
	열(난방)	◦ 보일러 기지 및 '열 생성 및 병합 생성'을 위한 화력발전소의 건설 및 현대화 ◦ 지방의 열 분배시스템의 건설 및 현대화
	제2세대 생물체연로	◦ 제2세대 생물체연료 생산시설 구축
에너지소비 효율성		◦ 에너지 특성 개선을 위한 공공건물(학교, 병원 등)의 일신 작업 ◦ 에너지 특성 개선을 위한 아파트 및 민간 빌딩의 일신 작업 ◦ 산업생산시설의 에너지 절약 및 효율성 개선 측정

자료: 저자들.

3. 에너지의 수요 · 공급 예측

특정 시장에서 에너지의 수요와 공급은 모든 에너지사업을 전제로 평가되고 예측되어야 할 필요가 있다. 전력생산 사업일 경우 전력 저장에서의 기술적 한계 및 서비스체계의 혼란 또는 붕괴를 막기 위한 항시 수급균형 등의 문제로 인해 특별히 중요하다.

원칙적으로 시설 등으로 오랜기간이 소요되는 가스 사업에서의 수급 균형도 마찬가지이다. 실제로 해외로부터의 가스 공급은 종종 장기계약에 의해 이루어지기 때문에 공급의 신뢰도를 제고하기 위해 비록 성수기라고 하더라도 '믿을 만한' 수요예측량을 명기하고 그에 맞춰 조달되는 것이 필요하다. 재무 분석 및 경제 분석을 위해 에너지 수요와 공급 예측이 어떻게 이루어지는지에 대한 지표들은 아래와 같다.

에너지 산출물(예, 천연가스, 전기, 열 및 생화학연료 등)은 가계와 상업 활동, 산업체 또는 공공기관 등 최종 소비자와 '에너지산출물을 다른 형태(예, 천연가스는 열과 전기로 전환)로 전환시키는' 중간소비자에 의해 수요가 각각 발생한다. 이로써 두 범주로의 에너지사업(즉, 에너지생산, 수송, 사업의 전달 및 분배, 에너지-효율적 소비 등)에 대한 수요를 예측할 때 다른 요인을 고려하고 분

〈표 3-3〉 수요 및 공급의 주요 요인 및 분석 시 필요데이터

수요		공급	
주요 요인	분석 시 투입자료	주요 요인	분석 시 투입자료
◦ 인구 동학 ◦ 경제 동향 ◦ 날씨 및 기후여건 ◦ 요금체계 ◦ 에너지 효율성의 개선	◦ 에너지 산출물의 연간 전체 및 평균 소비(예: 전기; TWh/year 가스; bcm/year 등) - 가계/상업적 최종 소비자 - 산업의 최종소비자 - 에너지 전환부문 ◦ 최고 수요(전기; GW, 가스; mcm/day) ◦ 계절 그리고 일일 소비수준의 변동성 ◦ 연간 수출 수요	◦ 연료 요금에 영향을 미치는 국내외적 사회경제적 및 정치적 요인 ◦ 특정 유형의 에너지원과 연료(예, 원자력)의 불연속에 대한 정치적 결정 ◦ 특정 유형의 에너지원과 연료(예, 재생자원에의 보조금 등)에 대한 동기부여체계 ◦ 에너지 생산 시 추가 비용을 유발하는 환경적 요건 ◦ 에너지시스템의 질(생산설비와 수송·전달·분배의 연결망 두 측면) ◦ 시장구조(경쟁자 수, 시장개방 정도 및 여타 시장과의 통합 등)	◦ 전기그리드 구조 또는 수성/분배 연결망 ◦ 공장/기술 유형 ◦ 사용된 에너지원 또는 연료 ◦ 총 시설수용능력 ◦ 기간산업의 순 수용능력 및 활용률 ◦ 수입에너지산출물의 연간 물량 ◦ 연료 및 에너지생산 기술 유형에 따른 효율성 ◦ 에너지 생산 및 배달에서의 추정 손실 ◦ 저장능력(천연가스, 전기)

석하는 작업이 필요하다.

- 인구 동학: 총 에너지 수요는 인구 규모에 비례
- 경제동향 또는 추세: 빠르게 성장하는 경제는 더디게 성장하는 경제에 비해 많은 양의 에너지를 수요하고 높은 생활 기준도 마찬가지
- 날씨와 기후 조건: 난방과 냉방 수요에 특별한 영향
- 요금시스템: 피크타임이 아닐 경우 할인된다면 소비 수준 및 시기(timing)에 영향
- 에너지 수송·전달 또는 소비에서의 에너지 효율 개선: 총 에너지 수요에 현저한 영향

4. 대안 분석

에너지사업의 대안들은 아래의 정보를 바탕으로 논의되고 비교된다.

- 현재 및 미래의 에너지 수요·공급의 특성
- 특히 공기오염과 관련된 현재 사업영역의 환경적 조건
- 가능한 기술적 대안: 각기 다른 효율성·수용능력·환경적 영향을 나타내는 다양한 기술에 의한 동일한 에너지의 생산·전달·저축 가능
- 전기 생산을 위한 가능한 자원: 일부 지역에서의 '특별한 에너지 자원' 제공 불가
- 에너지 수송을 위한 가능 경로와 전달/배분 연결망
- 지능형 전력망(smart grid) 등 국가주지사협회(NGA) 기간시설의 전개에 따른 '가능한 상승효과'
- 기술 대안을 제약하는 적용 규제(예, 원자력에 의한 에너지 생산을 금지)
- 주어진 사업 영역(또는 국가)에서의 특정 기술에 대한 부정적 여론/공공적인 강력한 반대
- 상이한 피크 부하(負荷)의 정리

5. 경제 분석

에너지사업은 반(反)사실적 시나리오와 비교하여 이행되는 사업 유형에 따라 상이한 사회적 비용과 편익을 산출한다.

(1) 에너지의 생산·비축·수송·전달·배분

에너지 생산, 비축, 수송, 전달, 배분을 위한 사업의 유형은 통상 아래의 편익과 연관되어 있다.

〈표 3-4〉 에너지사업의 전형적 편익

경제적 편익	효과의 유형	전형적 사업의 사례
수요증가를 충족하기 위한 에너지 공급의 증대 및 다양화	직접	◦ 새로운 에너지 생산 공장 건설 ◦ 에너지설비의 생산용량 증대 ◦ 에너지저장설비의 건설 또는 확대 ◦ 수입에너지 량 확대를 위한 상호연결정치 또는 LNG의 재(再)가스화 설비의 건설
에너지 공급의 안전성과 신뢰성 확대	직접	◦ 새로운 에너지 생산 공장 건설 ◦ 국가 내 에너지공급시스템의 건설 및 현대화 ◦ 전기 및 천연가스 연결망의 EU공급시스템으로의 통합 ◦ 에너지저장설비의 건설 또는 확대 ◦ 스마트분배시스템(smart grid)의 개발 ◦ 전력연결망에서의 혁신가능 에너지원의 통합
에너지원천의 대체를 위한 에너지비용의 경감	직접	◦ 새로운 에너지생산 공장의 건설 ◦ 국가 내 에너지 분배시스템의 건설 및 현대화 ◦ 스마트분배시스템의 개발
시장 통합	직접	◦ 저장시설의 건설 또는 확대 ◦ 국경 간 새 이전망의 개발
에너지효율성 제고	직접	◦ 생산효율 제고를 위한 에너지설비의 현대화 ◦ 손실 최소화를 위한 에너지 분배시스템의 현대화
온실가스 배출의 변화(량)	외부성	◦ 모든 유형의 에너지사업
공기오염물질의 변화(량)	외부성	◦ 모든 유형의 에너지사업

자료: 저자들.

- 에너지공급의 증가 및 다양화: 증대되는 수요 충족
- 에너지 공급의 안전 및 신뢰성 증가
- 에너지 자원 대체에 따른 에너지 비용의 감축
- 시장 통합: 혼잡 감축을 위한 시스템을 통해 효율적 방식으로 전력을 거래함으로써 높은 사회경제적 후생 취득
- 에너지 효율성 개선: 에너지 단위당 생산/비축/수송/전달/배분 비용의 감축

〈표 3-5〉는 통상적으로 인용되는 반(反)사실적 즉, "사업 없는(without project)" 가상 시나리오를 평가하기 위한 또 다른 구체적 방식을 제시한다.

〈표 3-5〉 에너지사업의 편익 평가방법

경제적 편익	평가 방법	반(反)사실적(counter-factual)
수요증가를 충족하기 위한 에너지 공급의 증대 및 다양화	에너지소비 증가에 대한 최대지불금액(WTP)	◦ 최소 실행(do-minimum) 선택: 수요 증가를 충족하기 위한 차선의 대안
에너지 공급의 안전과 신뢰 확대	◦ 공급에 있어 증가된 안전 및 신뢰에 대한 WTP(이는 전력의 상실부하에 대한 가치) ◦ 공급되지 않는 에너지의 회피 사회비용	◦ 통상의 사무 ◦ 최소화 선택: 에너지 공급의 안전과 신뢰를 제고하기 위한 차선의 대안
에너지원의 대체를 위한 에너지 비용의 경감	대체된/대체되는 에너지원/연료의 경제적 비용 변동	◦ 통상의 사무 기준: 동일한 에너지원과 또는 전기 혼합생산의 지속적 사용
시장 통합	◦ 비용절감 ◦ 증가된 사회경제적 후생(소비자잉여 + 생산자잉여 + 전기의 '혼잡에 기인한' 초과이윤)	◦ 통상의 사무
에너지효율성 제고	에너지원/연료의 경제적 비용 변동	◦ 통상의 사무
온실가스 배출의 변화(량)	온실가스 배출의 그림자 가격	◦ 통상의 사무
공기오염물질의 변화(량)	공기오염물질의 그림자 가역	◦ 통상의 사무

주: 이는 〈표 3-4〉의 연장(延長)으로서 경제적 편익 항목은 동일

자료: 저자들.

편익과 정책목표의 관계

편익의 추계는 에너지 사업이 EU의 에너지정책의 목표 달성에 어느 정도 기여했나를 보여주기 위해 제시된다.

- 동 사업이 수입에너지(예, 전기)의 '값싼 국내 에너지'로의 대체를 목적으로 한다면, 과거의 에너지 수입으로 인해 감소된 에너지생산/공급비용에 대한 추계는 해당국가의 낮아진 에너지수입 의존도를 파악하는 역할을 수행
- 동 사업이 저렴한 가격에 에너지 수입을 허용하여 비효율적인 국내생산을 대체하는데 목적을 두면 해당국가의 향상된 상호연결 능력을 평가받을 것이고, 그 때의 편익은 EU 시장의 통합을 제고시키는 역할 수행
- 동 사업이 화석연료를 재생에너지로 대체하는데 목적을 둘 경우 편익 추계는 저탄소 경제로의 진전과 에너지원의 다양성을 높이는 역할을 수행
- 동 사업이 에너지 손실 및 소비를 감소시켜 생산 및 소비 비용의 경감을 목적으로 둘 경우 편익 추계는 에너지효율성 제고와 온실가스 배출 및 오염물질의 저하 정도를 파악하는 역할을 수행

(2) 건물 및 생산시스템에서의 에너지 효율적 소비

산업생산시스템 개선을 위해 공공·민간 건물 또는 작업현장을 일신하려

〈표 3-6〉 에너지 효율적 소비 사업의 전형적 편익

경제 편익	효과 유형	사업 예
소비 효율성 증가	직접	◦ 공공건물의 일신(一新) ◦ 에너지 특성 개선을 위한 플랫(flat)식 공통주택 및 민간건물의 일신 ◦ 생산시스템의 에너지 경감과 에너지 효율성 방안
위안 또는 안락 증가	직접	◦ 공공건물의 일신(一新) ◦ 에너지 특성 개선을 위한 플랫식 공통주택 및 민간건물의 일신
온실가스 배출 감축	외부성	◦ 모든 유형의 에너지 사업
공기오염 감축	외부성	◦ 모든 유형의 에너지 사업

자료: 저자들.

는 사업은 에너지소비의 비용 감소를 반영한 생산시스템 또는 건물에서의 에너지 효율성 증가와 맥을 같이 한다. 추가로 건물 내 절연작업과 가열시스템 개선은 내부 온도 및 안락의 수준 상승과 연관되어있다.

〈표 3-7〉 에너지 효율적 소비 사업의 편익 측정 방법

경제 편익	가치측정 방법	반(反)사실적 가정
소비의 효율성 개선	에너지 자원/연료의 경제적 비용 변화	통상의 사무
위안 또는 안락 증가	에너지 자원/연료의 경제적 비용 변화	에너지 생산의 '사업 없는' 상태에서의 기술/시스템을 통한 적정(열량) 온도 유지를 위해 유지되는 경제적 비용
온실가스 배출 감축	온실가스 배출의 잠재가격	통상의 사무
공기 오염물질 감축	공기오염의 잠재가격	통상의 사무

자료: 저자들.

▶ 소비의 효율성 개선: 공공 또는 민간 건물의 에너지 성과를 높이기 위한 새로운 투자 사업은 건물의 정면 또는 지붕에 절연(絕緣) 작업과 창문 개조 및 난방시스템의 개선, 그리고 재생에너지 원천으로부터 자가발전장비를 설치하는 것이다. 이러한 사업의 전형적인 효과는 소비의 에너지 효율성 개선이다. 생산시스템의 에너지특성의 개선도 에너지 효율성 개선에 이바지한다.

▶ 안락 수준의 제고: 어떤 경우 에너지 소비의 단위비용 감축 외에도 건물의 에너지 특성 개선을 위한 정부 개입이 건물 내 온도를 높임으로써 사용자의 위안을 증가시킬 수 있다. 높은 온도는 소비자가 단위에너지 비용의 감축으로 가옥 내 온도 수준을 올리려고 결정하기 때문이다.

▶ 온실가스 배출 및 공기 오염물질 감축: 빌딩 에너지 효율성 관련 사업은 에너지 소비 감소 및 열 분산 감축 등 개선 작업으로 인해 온실가스 또는 오염물질 감축 같은 외부편익을 발생시키기도 한다. 이산화탄소 배출 변화 또는 다른 외부환경비용(이산화황, 산화질소, 입자물질)의 변화

가 초래하는 경제적 가치는 에너지의 생산/수송/전달/배분사업에서의 외부비용과 동일한 방법으로 추계된다.

건물에서의 에너지 효율성 향상에 대한 가치측정

사례 1 에너지소비의 단위비용 감축

동 사례는 '사업 없는' 시나리오 수준에서 건물 내 온도를 유지하기 위해 '절감된 에너지 소비지출'을 허용하는 절연 장치와 난방시스템 교체를 포함하는 사업을 설명한다. 개량되지 않은 건물의 소유주는 섭씨 18도에 맞춰져 연간 1,000유로의 난방비를 지출한다고 가정한다. 사업 진행으로 에너지 효율성이 향상되어 건물 내 동일한 실내온도 유지에 비용이 900유로 즉, 절반수준으로 감축된다. 재무 분석에서는 운영비가 100유로 감소했고 경제 분석에서는 기회비용을 고려하여 비용절감에 전환계수(1.1)를 적용하였다. 그 결과 사업의 편익은

$$\text{Benefit} = (1{,}000 \times 1.1) - (900 \times 1.1) = 110$$

이는 위안(慰安)을 고려하지 않은 기회비용 기준에서의 연료절감의 가치를 나타내며 에너지 비용 절감을 전제로 하면 다른 실내온도 유지에도 양(+)의 수치를 보일 것이다.

사례 2 에너지 소비및 위안 증가의 단위비용 감축

쾌적성을 높이려고 실내온도를 섭씨 22도로 올리고 에너지비용을 1,000에서 900으로 낮춘다고 하자. 재무 분석을 통해 시장가격으로 100이 절감되었지만 경제 분석에서는 비용 절감의 편익과 '온도상승으로 인한' 위안의 증가를 함께 고려한다. 그 결과 '사업 없는' 반(反)사실적(counter-factual)인 전제를 바탕으로 섭씨 22도로의 상승은 에너지비용을 1,200으로 올려야 하고 이때의 편익은 110에서 330으로 증가하게 된다.

$$\text{Benefit} = (1{,}200 \times 1.1) - (900 \times 1.1) = 330$$

	'사업 없는' 실제온도	'사업 전제' 실제온도	'사업 없는' 연간 에너지비용	'사업 전제' 연간 에너지 비용	시장가격 기준 에너지비용 절감	잠재가격 기준 경제적 편익
사례1	섭씨 18도	섭씨 18도	1,000	900	100	110
사례2	섭씨 18도	섭씨 22도	1,200	900	300	330

6. 위험 평가

민감도분석에 있어 비용편익분석은 사업관련 변수 변동에 대해 그 결과를 검증받을 수 있다.

- 에너지수요의 증가
- 기간구조 실현에 필요한 연수(年數)
- 가능한 한 세분화된 투자비용
- 가능한 한 세분화된 운영비용
- 유지비용
- 에너지원 및 산출물의 시장가격 또는 기회비용
- 사업에 의해 대체된 에너지혼합(energy mix)
- 사업에 의한 절감된 에너지
- 에너지 소비의 최대지불금액(WTP) 추계
- 안정적인 에너지 공급의 신뢰도 증가의 최대지불금액(WTP) 추계
- 비사용 에너지의 비용추계에 활용되는 총 부가가치
- 온실가스 배출 및 생산된 오염물질의 경제적 추정 가치 또는 양
- 사고 위험 평가를 위한 삶의 가치

민감도 분석을 통해 주요한 변수가 인식되고, 이어 다음 [표 3-8]에 제시된 위험을 평가하는 최소한의 질적 위험평가도 이행되는 것이 바람직하다.

〈표 3-8〉 에너지사업의 전형적 위험

단계	위험
규제 관련	◦ 환경적 요구 변화 ◦ 경제적 기구의 변화 ◦ 에너지정책의 변화
수요	◦ 수요 부족 ◦ 다른 경쟁연료 가격의 뜻밖의 변화 또는 상승 ◦ 냉난방 연료 소비에 영향을 주는 기후조건의 부적절한 분석
디자인(설계)	◦ 부적절한 부지(site) 검토와 조사 ◦ 부적절한 디자인비용 추계 ◦ 에너지 생산/전달/비축 기술의 개혁으로 인한 종전사업 내 기술의 폐물 현상
행정 관련	◦ 건물 또는 다른 허가 ◦ 효용 승인
토지 획득	◦ 예상보다 높은 토지가격 ◦ 보다 높은 도로소유권 획득 비용 ◦ 절차적 지연
조달	◦ 조달 지연
건축	◦ 사업비용 과다 ◦ 예상치 못한 기술적 어려움으로 인한 지연 ◦ 사업추진자 통제 밖 보완 업무의 지연(예, 국경간 사업) ◦ 홍수, 산사태 등 ◦ 사고
운영	◦ 예상보다 높은 유지·보수비용 ◦ 기술적 고장의 축적 ◦ 사고 또는 외부 요인에 의한 장시간 서비스 부재
재무	◦ 요금체계의 변화 ◦ 동기부여 시스템의 변화 ◦ 에너지 가격 동향에 대한 부적절한 추계

Case Study 2 천연가스 전달파이프

Ⅰ. 사업의 개요 및 목적

(1) 사업 개요

본 사업은 '알파와 베타'라는 두 가스결절(nodes) 사이에 새 가스전달 도관을 건설하는 작업이다. 최고 전달 용량은 700,000㎥/h 또는 16.8million ㎥/day이며 이 같은 투자는 국가전달체계 운영부서(TSO)에 의해 추진되며 아래의 주요 항목을 담고 있다.

- 직경이 70mm(DN 700)인 175 킬로의 철도관은 8.4Mpa의 압력으로 작동
- 중간에 두 군데의 압력 강하및 계량 관측소(station)는 람바다와 세타에 위치
- 광학 섬유 통신시스템의 설치

현재 Alpha 및 Beta 사이에 설치되어 있는 DN500은 30년 전 건립된 관계로 용량이 충분치 않다. 가스전달서비스에 대해 늘어나는 국내 수요와 향후 지하저장(UGS) 설비의 확충 여건으로 볼 때 현재의 도관으로는 연간으로 확대되는 수요와 그에 상응하여 믿을만한 공급을 더 이상 충족시킬 수 없다는 판단을 한다.

(2) 사업 목적

사업목적은 '우선 축(priority axis) X' 사업의 주요 목표와 긴밀한 협력관계를 유지하면서 운영프로그램 '기간시설'의 '지속가능하고 안전하며 경쟁력 있는 에너지'를 확보하는 것이다. 특히, 해당투자는 아래의 운영계획(OP;

operation programme)지표 달성에 기여한다.

지표	OP 2023 목표	목표 대비 계획
가스전달 도관 길이(km)	500	175(35%)
추가적 전달 용량(Mm^3)	40	16.8(42%)

새로운 Alpha-Beta 가스관 건설은 '추가 가스량'을 Gamma-Delta 지역의 '확장된 지하저장설비로부터(from) 또는 지하저장설비로(to)' 전달할 수 있게 할 뿐 아니라 연결망의 새 시작점에서 '현재 Epsilon에서 건설 중인' 천연액화가스(LNG) 종착점까지 전달할 수 있게 한다. 이에 따라 에너지 관련 안전은, 분배 연결망 및 전달 망에 직접 연결되어있는 대규모 산업고객에 성수기와 비(非)성수기를 통해 지속적으로 가스를 공급함으로써, 개선될 수 있다.

또한 국가 내 천연가스의 관통(貫通) 증가는 중장기 석탄 및 석유제품의 에너지원 대체에 도움을 준다. 가스가 비교적 청정한 화석연료이기 때문에 사업은 간접적으로 온실가스(GHG) 배출과 공기오염을 줄일 수 있기 때문에 「유럽 2020전략」의 지속적 성장 측면에서 이바지할 수 있다.

Ⅱ. 수요 분석

천연가스는 국가에서 석탄·원유에 이어 세 번째로 중요한 에너지원으로서 총 에너지 공급의 약 20%를 차지한다. 소비는 2013년에 총 180억㎥이며 전달시스템에서 성수기 수요는 2월 6일 하루에 8,300만 ㎥에 달했다. 「2030 국가에너지 전략」의 시나리오 및 예측에 의하면 국가전체의 가스(전달) 수요의 전망치는 아래 표에 제시되고 있다.

국가 가스 수요	2015	2020	2025	2030
연간소비(Gm^3/y)	19.3	25.2	26.5	27.8
정점 수요(Mm^3/day)	92	120	126	132

사업 수요에 있어 '추가적인 전달 용량'에 대한 시장의 반응을 확인하기 위해 일종의 허가(open season) 절차가 시작된다. 사업 없이 현존 DN500 도관의 최대공급 수준으로 공급이 제한되는 상황과 비교할 때 새로운 Alpha-Beta 가스관 건설은 아래의 추가적인 가스용량 전달을 가능하게 한다.

수요 - 사업영역 증분 가스 흐름(전달)	2017	2020	2025	2030	2035 이후
Mm^3/year	332	348	374	401	428
PJ/year(at 39.5MJ/m^3)	13.1	13.7	14.8	15.8	16.9

Ⅲ. 대안 분석

대안 분석은 '용이성 연구'를 통해 아래의 두 가지 집합을 평가한다.

- 도관 배열의 선택: 세 가지 상이한 도관 배열이 고려된다. 사업 대안은 환경적 및 기술적 차원에서의 질적 분석과 함께 최소비용 경로 분석을 바탕으로 이루어지며 Alpha와 Beta 사이에서 선택된 도관 배열은 아래의 특성을 지닌다.
  - 7.4유로/1,000m^3의 가치로서의 최소 단위전달비용
  - Natura 2,000을 포함한 천연 지역과의 최소 충돌
  - 단계적 사업 이행
- 도관의 기술적 표기: 추가적인 기술 문제로서 도관 지름 및 물자·벽(wall)의 두께의 선택을 최적화한다.

Ⅳ. 경제 분석

경제 분석 결과

사업평가 단계 중 동 사업의 재무 분석은 할인율 4%로 수행되었고 유럽연합(EU) 보조금(33.2백만 유로)을 받은 후의 순(純)현금흐름인 재무적 순(純)현재가치(FNPV)가 －4.2백만 유로(지속가능성 지표: 창출현금은 0백만 유로)로서 경제 분석을 수행

경제 분석 결과, 경제적 순(純)현재가치편익(ENPV)은 278.0백만 유로, 경제수익률(ERR)은 17.7%, 편익/비용 비율(B/C ratio)는 3.2임

〈천연가스도관 설치사업의 비용/편익 구성〉

비용항목	편익항목
◦ 투자비용 ◦ 운영관리비 ◦ 투자의 잔여가치	◦ 전력부문에서의 가스 가치 ◦ 산업부문에서의 가스 가치 ◦ 주거 및 상업지역에서의 가스 가치 ◦ 가스의 경제적 비용 증가(차감항목)

경제 분석은 가스도관 사업으로 가능해진 자연가스 공급량 증대가 여타의 경제부문 등 사회에 미치는 영향을 조사하는 것이다. 경제비용은 재무 분석에서 사용한 금액이다. 지역의 실업률은 낮은 수준이고, 물자 조달 및 기술서비스 등은 적용 가능한 조달원칙 또는 규칙에 맞춰 공개적이며 경쟁적인 절차로써 결정된다. 그러므로 사업비용은 적당한 수준으로 사회적 기회비용을 반영한 것으로 볼 수 있다.

사업 투자와 관련된 사회후생의 변화는 사회의 '가스 증분'에 대한 최대 지불금액(WTP)과 기회비용과의 차이로 나타난다. 최대의 WTP는 국경가격[8] 기준의 가스 매입비용인데, 이는 '연소 시 배출되는' 이산화탄소 배출의 외

8) 이는 국제적으로 거래되는 물자에 대해 관세 및 시장왜곡을 배제함으로써 기회비용을 보다 정확히 반영하기 위한 개념임

〈표 3-9〉 경제수익률(ERR) 및 편익비용비율(B/C) 계산

		1	2	3	4	5	6	7	8	9	10	11	12	13	14	15	20	25
할인율: 5%, 백만 유로		건설			운영													
C1. 투자비용	-127.3	-33.2	-63.6	-44.0	0.0	0.0	0.0	0.0	0.0	0.0	0.0	0.0	0.0	0.0	0.0	0.0	0.0	0.0
C2. 운영관리(O&M)비용	-34.1	0.0	0.0	0.0	-3.0	-3.0	-3.0	-3.0	-3.0	-3.0	-3.0	-3.0	-3.0	-3.0	-3.0	-3.0	-3.0	-3.0
C3. 투자의 잔여가치	35.1	0.0	0.0	0.0	0.0	0.0	0.0	0.0	0.0	0.0	0.0	0.0	0.0	0.0	0.0	0.0	0.0	119.0
Ⅰ. 총 경제비(C1+C2+C3)	**-126.3**	**-33.2**	**-63.6**	**-44.0**	**-3.0**	**-3.0**	**-3.0**	**-3.0**	**-3.0**	**-3.0**	**-3.0**	**-3.0**	**-3.0**	**-3.0**	**-3.0**	**-3.0**	**-3.0**	**116.0**
B1. 전력부문의 가스의 가치	742.2	0.0	0.0	0.0	50.8	52.4	54.0	55.8	57.4	58.9	60.7	62.3	64.0	65.9	67.6	69.3	78.5	85.1
◦ 회피 석탄비용(국경가격+수송비)	314.8	0.0	0.0	0.0	23.8	24.3	24.8	25.4	25.8	26.2	26.7	27.1	27.5	28.0	28.4	28.8	31.0	32.0
◦ 회피 이산화탄소 배출	357.4	0.0	0.0	0.0	21.6	22.6	23.6	24.7	25.8	26.9	28.1	29.2	30.4	31.7	32.9	34.1	40.7	46.1
◦ 자본·유지관리비 감소(석탄vs.가스 전력공장)	69.9	0.0	0.0	0.0	5.4	5.5	5.6	5.7	5.8	5.8	5.9	6.0	6.1	6.2	6.3	6.4	6.8	7.0
B2. 산업부문의 가스 가치	1,138.7	0.0	0.0	0.0	80.7	82.8	84.9	87.5	89.6	91.9	94.3	96.5	98.8	101.3	103.5	105.7	117.8	125.3
◦ 회피 석탄비용(국경가격+수송비)	161.6	0.0	0.0	0.0	12.2	12.5	12.7	13.0	13.2	13.5	13.7	13.9	14.1	14.4	14.6	14.8	15.9	16.4
◦ 회피 이산화탄소 배출	183.6	0.0	0.0	0.0	11.1	11.6	12.1	12.7	13.3	13.8	14.4	15.0	15.6	16.3	16.9	17.5	20.9	23.7
◦ 회피 연료오일 비용(국경가격+수송비)	643.5	0.0	0.0	0.0	48.3	49.2	50.2	51.4	52.3	53.3	54.4	55.3	56.7	57.3	58.2	59.1	63.9	65.9
◦ 회피 이산화탄소 배출	150.1	0.0	0.0	0.0	9.1	9.5	9.9	10.4	10.8	11.3	11.8	12.3	12.8	13.3	13.8	14.3	17.1	19.3
B3. 주거 및 상업지역의 가스 가치	611.3	0.0	0.0	0.0	44.6	45.6	46.7	48.0	48.9	50.0	51.2	52.1	53.2	54.4	55.4	56.5	62.0	64.9
◦ 회피 가스오일 비용(국경가격+수송비)	525.3	0.0	0.0	0.0	39.4	40.2	41.0	42.0	42.7	43.5	44.4	45.1	45.9	46.8	47.5	48.3	52.2	53.8
◦ 회피 이산화탄소 배출	86.0	0.0	0.0	0.0	5.2	5.4	5.7	6.0	6.2	6.5	6.8	7.0	7.3	7.6	7.9	8.2	9.8	11.1
(차감비용) 가스의 경제적 비용 증가	-2,087.9	0.0	0.0	0.0	-147.7	-151.7	-155.8	-160.4	-164.4	-168.5	-173.0	-177.1	-181.3	-185.8	-189.9	-194.0	-216.2	-228.6
◦ 증가된 가스 비용(국경가격+수송비)	-1,654.0	0.0	0.0	0.0	-121.5	-124.3	-127.1	-130.4	-133.1	-135.8	-138.9	-141.6	-144.4	-147.4	-150.0	-152.6	-166.8	-172.7
◦ 증가된 가스로부터 이산화탄소 배출	-433.9	0.0	0.0	0.0	-26.2	-27.4	-28.7	-30.0	-31.3	-32.7	-34.1	-35.5	-36.9	-38.4	-39.9	-41.4	-49.4	-55.9
Ⅱ. 총 경제편익(B1+B2+B3−차감비용)	**404.3**	**0.0**	**0.0**	**0.0**	**28.4**	**29.1**	**29.8**	**30.9**	**31.5**	**32.3**	**33.2**	**33.8**	**34.7**	**35.8**	**36.6**	**37.5**	**42.1**	**46.7**
경제적 순 현재가치(ENPV=Ⅱ−Ⅰ)*	**278.0**	**-33.2**	**-63.6**	**-44.0**	**25.4**	**26.1**	**26.8**	**27.9**	**28.5**	**29.3**	**30.2**	**30.8**	**31.7**	**32.8**	**33.6**	**34.5**	**39.1**	**162.7**
ERR	17.7%																	
B/C ratio	3.20																	

* 동 사업의 재무적 순 현재가치(순현금흐름 FNPV: -4.2)=사업자 기여(-52.1)+이자지급(-10.7)+원금상환(-32.2)+운영유지비(-38.5)+수입(121.5)+투자의 잔여가치(7.9)

부효과를 반영하여 산업/주거지/상업지역에서의 전력 생산 시 차기의 최선 대안 연료의 수송·소비 등을 고려한 개념이다.

증가된 가스에 대한 경제 비용도 국경가격에 해당시장까지의 수송비용 그리고 이산화탄소의 잠재비용(shadow cost)을 모두 더해 산출된다. 천연가스 소비자의 WTP는 실제 화력(at burner-tip)에 의해 평가됨으로써 다른 경쟁적 연료의 사용과 관련된 비용 및 효율성 차이를 고려하기 위해 조정이 이루어진다.

〈표 3-9〉에 제시된 17.7%의 경제수익률과 278백만 유로의 경제적 순 현재가치 그리고 '3.2'의 편익/비용비율을 근거로 Alpha-Beta 가스관 건설은 사회 후생을 증가시키게 된다. 이로써 유럽연합(EU)로부터 후원 또는 기여(보조금)를 받을 가치가 있다. 사업편익의 단계별 화폐로의 전환(monetisation)은 아래 표를 통해 설명된다.

〈표 3-10〉 사업 4년째의 편익 가치

사업편익의 현금화(단위: 백만 유로)	4년째 가치(백만 유로): 건설이후 운영1년차
(편익1) 전력부문의 가스 가치	**51.1**
◦ 회피 석탄비용(국경가격+수송비) 수요분석에 의하면 전력부분에서의 가스 수요증대는 운영 첫 해(4년째)에 4.6 PJ (=13.1×0.35)이며, 이를 전력공장에서의 가스와 석탄의 예상 연료효율성인 57%와 41%를 이용해 4.6 * (57/41)=**6.4 PJ** 또는 **0.255Mt**의 석탄(칼로리 가치로 톤당 25GJ로서 6.4/25=0.255)로 대체 가능. 그 해에 석탄의 국경가격(본선인도가격 CIF, 북-서유럽)은 톤당 83.2유로이고 수송비용은 톤당 10유로이므로 회피석탄비용은 (83.2+10)×0.255=23.8백만 유로임	23.8
◦ 회피 이산화탄소 배출 석탄의 배출요인(성분)은 95.09tCO_{2eq}/TJ[283]이며 그해 추계된 이산화탄소의 그림자가격(shadow price)은 톤당 36유로이므로 회피 이산화탄소 배출의 가치는 6.4×(95.09×1,000)×36=21.9백만 유로임	21.9
◦ 자본·O&M비용의 감소(석탄 vs. 가스 발전소) 가스발전소는 석탄발전소에 비해 높은 연료비용이 들지만 대신 낮은 단위자본 및 운영유지 비용이 소모되는바, 그 차이는 석탄 1GJ당 0.85유로이므로 (0.85×10^6) ×6.4=5.4백만 유로임	5.4

(편익2) 산업부문의 가스의 가치	**80.7**
◦ 회피 석탄비용(국경가격+수송비) 수요분석에 의하면 산업부문에서의 가스 수요증대는 운영 첫 해에 6.56 PJ(=13.1×0.5). 산업부문에서 대체연료로 석탄·가스의 50/50 비중을 가정할 경우 추가 공급될 가스 가 6.56×0.5=**3.28 PJ 또는 0.131 Mt**의 석탄을 대체함. 그 해에 석탄의 국경가격(CIF, 북서유럽)은 톤당 83.2유로이고 수송비용은 톤당 10유로이므로 산업부문의 회피석탄비용은 (83.2+10)×0.131=12.2백만 유로임	12.2
◦ 회피 이산화탄소 배출 석탄의 1TJ당 배출요인(성분)은 95.09tCO_{2eq}이며 추계된 이산화탄소 그림자가격은 톤당 36유로이므로 회피 이산화탄소 배출의 가치는 3.28×(95.09×1,000)×36=11.1백만 유로임	11.1
◦ 회피 연료오일 비용(국경가격+수송비) 산업에서 천연가스는 6.56×0.5=**3.28 PJ 또는 0.076Mt**의 연료오일(칼로리 가치로 톤당 43GJ)을 대체 가능. 국경가격(CIF, 북-서유럽)은 톤당 573유로이고 수송비용은 톤당 60유로이므로 산업에서의 회피 연료오일비용은 (573+60)×0.076=48.3백만 유로임	48.3
◦ 회피 이산화탄소 배출 단위요소는 연료오일 1TJ당 77.65tCO_{2eq}일 때 배출의 가치는 3.28×(77.65×1,000)×36=9.1백만 유로임	9.1
(편익3) 주거·상업부문의 가스 가치	**44.6**
◦ 회피 가스오일 비용(국경가격+수송비) 수요분석에 의하면 주거/상업부문에서 가스는 13.1×0.15=1.97PJ 또는 가스오일 0.046Mt(톤당 43.8GJ)를 대체 가능. 국경가격(CIF, 북-서유럽)은 톤당 783유로이고 수송비용은 톤당 80유로이므로 회피 비용은 (783+80)×0.046=39.4백만 유로임	39.4
◦ 회피 이산화탄소 배출 단위요소는 가스오일 1TJ당 74.35tCO_{2eq} 일 때 배출의 가치는 1.97×(74.35×1,000)×36=5.2백만 유로임	5.2
(차감 비용) 가스의 경제적 비용 증가(편익 감소)	147.7
◦ (차감 1) 증가된 가스 비용(국경가격+수송비) 운영 1년차 EU의 국경에서 천연가스의 도관(pipeline)을 통한 수입가격은 1GJ당 8.2유로로 예측되고 수송비는 전력 및 산업부문(85%)에 0.5유로, 주거 및 상업부문(15%)에 4.5유로 정도이므로 총 경제적 비용은 (8.2+0.5×0.85+4.5×0.15)×13.1=121.5백만 유로	121.5
◦ (차감 2) 증가 가스로부터 이산화탄소 배출 가스의 단위성분은 56.15tCO_{2eq}/TJ일 때 배출의 가치는 13.1×(56.15×1,000)×36=26.2백만 유로임임.	26.2
총 경제적 편익(=편익1+편익2+편익3-차감 비용)	**28.7**

V. 위험 평가

(1) 민감도 분석

민감도분석은 주요 사업변수의 가능한 변화에 대한 비용편익분석 결과의 강건성을 평가한다. 경제적 편익에 관해 이러한 기법은 주요 변수들을 잘 인식하기 위해 세분화된 변수(예, 수요가격과 수요량을 분리)를 사용한다. 주요 변수에 대한 경제적 순(純)현재가치(ENPV)의 탄력도 추정 결과는 아래와 같다.

〈표 3-11〉 경제적 순(純)현재가치 탄력도

변수	경제적 순현재편익(ENPV) 탄력도
투자비용	-0.46
운영 및 유지비용(O&M cost)	-0.12
가스유량 수요 증가	1.45
이산화탄소 잠재가격	1.23
연료비(국경가격)	0.08

주: 탄력도=ENPV의 % 변화/주요변수(선정변수)의 % 변화

〈표 3-11〉에서 가스 사업에서 실제로 경제적 편익의 순 현재가치를 변동시키는 주요 변수는 총 5개로 구성된다. 새 도관에 의해 전달된 가스의 수요 증가는 탄력도가 가장 큰 1.45로서 경제사회 활력에 가장 중요한 변수로 나타났고 산출된 전환 값도 비교적 높다(만약 가스유량이 사업평가 기간에 걸쳐 평균 69% 감소할 경우 ENPV는 0가 되는데 이는 흔히 일어나지 않는다). 투자비용 및 '운영 및 유지관리비용'의 탄력성은 각각 −0.46과 −0.12를 보여 단위비용 증가에 대한 경제적 순(純)현재가치의 감소 정도가 전자가 후자의 4배 정도로 나타난다.

비관적 시나리오로서 이산화탄소 수요·가격이 중립적 시나리오에 비해 20% 하락하고 투자비용은 현행 예산에 비해 30% 상승하는 경우를 상정해

보면 경제적 순(純)현재가치편익은 '9% 오차'로써 104백만 유로의 양(+)의 수치를 보일 수 있다. 이로써 동 사업은 어려운 조건에서도 경제적인 활력을 입증한다.

(2) 위험 분석

위의 민감도 분석 결과와 비용편익 계산에 '직접 반영되지 않은' 측면과 연관된 불확실성을 바탕으로 가능한 위험 예방 및 경감 수단을 확인하는 차원에서 아래처럼 위험행렬(risk matrix)을 구축할 수 있다.

사업의 전반적 위험은 민감도분석과 위험분석의 결과를 기준으로 '낮음~적당'의 수준으로 평가된다. 인식된 위험 발생을 억제하여 불리한 효과를 경감시키려는 노력으로 인해 잔여위험이 작아지며, 합리적인 사업비용으로서 목표 달성에 실패할 확률은 최저수준이다. 그러므로 잔여위험은 충분히 수용가능하며 확률적 위험 분석은 본 사례에서보다 대규모 에너지투자 사업일 경우 수행하는 것이 바람직하다.

〈표 3-12〉 위험 분석 총괄

위험 항목	확률 (P)	심각성 (S)	위험 수준 (P*S)	위험 예방/경감 조치	예방/경감조치 이후 잔여위험
수요·공급측면의 위험					
전달용량에 대한 심각한 수요 감소	B	Ⅲ	Moderate	개방시즌 절차에 기초한 증대된 가스유량 전망. 현재 경기하강과 EU 탄소에 대한 연장된 저가 승인을 고려 담당: 사업추진자	Low
(공급) 새로운 LNG터미널 건설 지연 및 UGS용량의 확대	C	Ⅲ	Moderate	경제부장관의 감독 및 연락 하에 다른 사업의 수행 단위. 증가된 사업수요는 또한 현재 장기가스수입계약의 융통성에 의해 충족(최대 수입량은 연간 계약 량의 115%). 담당: 경제부장관	Moderate
재무 위험					

투자비용 과다	C	Ⅲ	Moderate	낙관적 편의를 수정하기 위한 '참고 성격의 예측'에 근거한 비용예산. 폭넓은 경쟁을 보장하기 위한 EU의 공식 저널 속 메모사항 출간 담당: 사업추진자	Low
EU보조금과의 공동금융의 때 늦은 활용	B	Ⅱ	Low	사업주기 초기에 JASPERS 기술보조 포함. 추진자에 의한 EU보조금의 조기 확보 가능 담당: 지역개발장관 및 사업추진자	Low
부채상환을 위협하는 저조한 수익률	B	I	Low	가스의 전달활동은 비용부담을 보장하도록 규정. 요금은 중기(中期)에 규제자에 의해 조정되어 운영자에 적절한 이윤을 주도록 함 담당: 국가에너지공단	Low
이행 위험					
토지 구입 및 도로사용권 획득 관련 문제	B	Ⅱ	Low	사업은 '쉬운 토지권리 절차'를 그를 통해 미리 알 수 있게 하는 새로운 에너지법에 기술되어있는 국가의 전략적 기간사업 중 일부분에 해당	Low
작업 중 예견치 못한 기술적 문제	B	Ⅱ	Low	개념적 단계에서 분석되는 까다로운 대지조건(예, 강 도하, 습지, 숲)임. 최종의 도관의 정렬은 그러한 점을 극복하기 위한 것임 담당: 사업추진자	Low
미숙한 절차 연장 관련 지연	C	Ⅲ	Moderate	전문기술자의 도움에 의한 사업추진자의 조달 분배. 사업계획서에 필요한 적절한 긴급시간 배정 담당: 사업추진자	Low
환경 위험					
보호지역에 대한 부정적 영향 (Natura 2000)	A	Ⅱ	Low	심각한 영향을 미치는 개방 굴착을 방지하기 위해 채택된 '수평의 방향 탐지의 drilling 기법 사용; 또한 동물지(fauna)의 재(再)생식 기간에 금지된 건설작업 주 기능자: 계약자	Low
도관으로부터의 예기치 못한 메탄(가스) 배출	B	Ⅱ	Low	L485MB 철관을 사용해 벽 두께를 17.5mm로 하고 부식 방지를 위해 음극보호 처리 담당: 계약자	Low

제 4 장

수송

1. 서론

유럽횡단수송망(TEN-T)지침서에 정의된 「EU 사회기간시설 전략」은 신규 투자를 통해 수송 기간시설의 질을 개선하고 수송 수요에 부응할 뿐 아니라 접근성·이동성·안전성 증진을 위해 기존의 사회기간시설을 효율적으로 이용하는데 초점을 둔다. 투자의 우선순위는 주제별 해당 목표인 「지속가능한 수송의 촉진과 핵심 수송망 기간시설의 병목 제거」 항목에 정의되었으며 크게 4가지이다.[1)]

- 유럽횡단수송망에 투자하여 '모든 수송수단을 통합한' 단일 유럽수송영역에의 지원
- 2차 및 3차 교차점(nodes)을 유럽횡단수송망 기간시설에 연결함으로써 지역이동성을 강화
- 환경 친화적이고 저탄소 배출 수송체계의 개발과 개선 및 지속가능한 광역/지역이동성의 증진
- 포괄적이면서 양질의 상호운영 가능 철도시스템의 개발과 재생

유럽의 공동전략 틀에 맞춰 수송부문의 유럽지역발전기금(ERDF) 및 결합기금으로부터 자금이 조달되는 실행 방안들은 폐쇄형기금(CEF)과의 긴밀한 협조로 이루어진다. CEF는 유럽전반에 걸친 연결망사업에 역외투자를 가속화하고 수송·에너지·통신정책 간 시너지를 극대화하며 공공과 민간 영역으로부터 투자유치를 확고히 하고자 2012년에 창설된 직할기금이다.

또한 동 폐쇄형기금은 고부가가치 사업에 집중하며, 특히 역외기간시설을 위한 핵심연결망과 철도에 주력하고 ERDF와의 결합기금은 유럽횡단수송망 기간시설을 지원하여 수송망의 병목 현상을 제거하는 사업에 집중한다. 수송(수송) 투자는 수송수요에 대한 엄격한 평가에 기초하여 국가단위 수송계획에 긴밀히 연동되며, 수송수단 간 상호운영이 가능한 통합과 함께 2020년 이후 유럽횡단을 실현시키는 연결망을 추진하고자 한다.

---

1) 수송(Transport)은 사람 및 화물을 통행시키는 교통·운송의 의미를 총괄한다. 사안에 따른 수송량·통행량·교통량은 기간시설에 있어 문맥상 동일하거나 유사한 의미를 갖는다.

2. 정황의 서술

수송사업의 목표는 프로젝트가 건설되는 해당 지역 혹은 국가의 지형적 배경에 부합하고 아래의 정보를 기본요소로 제시하여야 한다.

〈표 4-1〉 정황의 서술

	가정
사회경제적 추이	◦ GDP성장률 ◦ 인구변동 ◦ 산업물류 구조와 시설(운송) ◦ 고용예측 ◦ 사회기간시설과 관련된 지역의 경제예측지표(예; 여행업의 부가가치성장율)
정치, 행정, 사법	◦ EU 지침 및 정책서류 참조 ◦ 장기 국가·지역계획서류 및 전략(예; 국가 수송개발계획, 공공 수송개발계획) 참조 ◦ 우선순위와 '운용계획 개입' 영역 참조 ◦ 기존의 승인된 계획서와 결정된 문건
현재 서비스 상태	◦ 기존수송기간시설 상세정보 ◦ 대안적 수송방식으로부터의 경쟁정보 ◦ 사업성과에 영향을 줄 수 있는 계획된 투자 및 최근 실행된 투자 ◦ 수송형태에 대한 과거 및 현재에 대한 정보 ◦ 지역별 이동성·접근성(자동차 보급률 등)에 관한 정보 ◦ 현재 제공되는 서비스의 기술적 특성 ◦ 서비스 품질, 주기, 안전성 ◦ 기간시설 규모

자료: 저자들.

3. 사업목적의 정의

사업목적은 영향을 주는 분야와 받는 분야의 전후방에 놓여있는 화물과 승객의 수송조건 개선뿐만 아니라 수송 환경의 질과 '수송을 이용하는' 사람들의 후생 개선과도 관련되어 있다. 세부적으로 목표를 기술하면 다음의 6개 사항이 해당된다.

• 수송능력을 제고하여 수송망에서 야기되는 정체 감소
• 수송속도 증진과 운영비용·사고의 감소를 통한 수송망의 실행능력 향상
• 수송망의 신뢰성과 안전성 개선
• 탄소배출 및 공해 극소화 및 환경영향 최소화
• 연결수송망 부재 혹은 연결 불량 수송망의 완성
• 주변지역 접근성 개선

동 목표들은 사업의 편익과 논리적으로 연결된 지표로서 계량화하고 목표에 적합한 방향 설정이 이루어져야 한다. 즉, 기대수송량·수송시간·평균속도와 같은 지표들이 편익의 구체화와 목표의 달성여부와의 연결 관계를 확인하기 위하여 사용될 수 있다.

4. 사업의 인식

기간시설을 간략하면서도 분명하게 인식하는 가장 좋은 출발점은 기간시설의 기능을 잘 기술하는 것이다. 물론 투자목표와 연결되어야 하고 사업 유형에 대한 설명이 있어야한다. 즉, 신규시설인지, 대형프로젝트와의 연결사업인지, 기존 시설의 확장 또는 고도화인지를 나타내야 한다. 결국 상세하고 구체적인 계획명세서가 포함된다.

투자유형의 분류

• 수송수요 증가를 만족시키는 신규기간시설
• 현존수송망의 미(未)연결부분 완성
• 현존 기간시설의 확장/개선
• 현존수송망 안전장치 투자
• 현존수송망 사용개선
• 제수송수단의 통합에 대한 개선(예: 호환방식)
• 수송망 상호간 운영가능성 개선
• 기간시설 투자관리 개선

수송(수송)부문의 사업은 독립적인 분석단위로 간주하는 것이 쉽지 않다. 왜냐하면, 대부분의 사업은 보다 광범위한 연결망에 속하면서 투자의 결정·실행이 별도로 분리되어있기보다 공적 개입이 필요한 대규모 시스템의 일부일 뿐 아니라 기타 보완적 기간시설과의 물리적 통합도 필요하기 때문이다. 또 사업 인식에 있어 범위는 언제나 '독립적인' 사회경제적 및 기술적 단위이어야 하는 것이 기본원칙이다. 즉, 다른 사업에 의존적이지 않고 수송의 관점에서 기능적이면서 독립적으로 유용하면 된다.

- ▶ 사업이 어떤 수송 투자의 일부분을 담당하는 경우 비용편익분석(타당성 검토 포함)은 유럽지역발전기금/폐쇄형기금과는 무관하게 전체 투자에 초점을 둔다.
- ▶ 사업이 한 묶음의 여러 개입들을 포괄하는 상위 투자전략 또는 계획에 기여하는 경우 각각의 개입은 비용편익분석을 거쳐야한다. 예를 들어, 유럽횡단수송망에 따라 국가 간 연결이 어떤 프로젝트에 포함될 경우 경제적 평가는 전체 연결에 초점을 두는 것이 아니라, 다른 선택 안이 존재한다면 프로젝트의 해당부분에만 초점을 둔다.

5. 수송량 예측

(1) 수요분석에 영향을 미치는 요인

수송투자에 대한 수요분석을 진행할 때, 다음과 같은 핵심변수에 대한 통행량의 반응이 중요하다.

- 인구변화: 연령구조별 인구수, 교육수준, 생산 가능인구 및 비생산가능 인구
- 사회경제적 변화: GDP, 개인소득, 실업률, 수송기간시설에 따른 해당 지역의 경제구조의 현재와 미래
- 산업물류 구조와 설비: 산업 활동 중심지역의 위치, 자연자원, 수송요충지(항구와 공항), 물류구조, 공급망 조직의 예상되는 변화(클러스터, 물

류패턴의 변화)

- 품질·시간·가격에 대한 탄력성: 수송수요의 특성 및 구조, 그리고 탄력성은 유료기간시설과 관련한 프로젝트인 경우에 중요한데, 이는 예상 통행량이 요금수준과 수송조건에 의해 결정
- 경쟁하는 수송방식과 시행중 전략에 대한 수송량 압박: 장기투자에 관련성 높음. 어떤 투자가 완료되는데 필요한 시간 내에 신규 기간시설로 흡수 가능한 수송량이 다른 형식으로 변화할 가능성 존재. 그럴 경우, 이미 진행된 신규 시설을 되돌리기 힘듦
- 공간적 변화: 잠재적 수송량의 배분에 있어서 변화를 가져오는 공간적 변화
- 수송관리정책의 변화: 해당지역 차량이용의 제한(특히, 대중수송의 경우) 또는 경쟁적인 수송방식에 대한 보조금 혹은 세금 부과
- 기술변화: 변화로 인해 프로젝트와 대안들의 비용구조에 영향을 주는 경우(예: 연료 효율, 기차속도)

가격 정책

요금, 통행료, 기타 가격정책들은 예상 수요량과 수송방식에 따른 수요 배분 형태에 영향을 미친다. 따라서 상이한 가격 가설을 도입할 때는 언제든 수요추정치를 재검토하고 각각의 수송방식에 상응하는 수송량을 할당하는 것이 중요하다. 가격수립 기준에 관해서는 다음 사항을 구별하는 것이 중요하다.

- 사회기간시설의 관리자/건설업자의 매출수입을 극대화하는 요금: 자체자금 조달 능력의 극대화
- 효율적 요금: 사회적 잉여를 고려하며 또한 외부비용(환경과 안전비용 뿐 아니라 정체비용)을 고려

원칙적으로 효율적 가격은 사회적 한계비용(SMC)에 기초를 두어야 하고, 정체비용 및 환경비용 등 '외부비용'의 내부화를 필요로 한다. 사회적 효율성에 따르면 수송수단 이용자는 한계사적비용인 내부비용과 사회에 부과되는 외부비용(external cost)을 함께 지불하게 된다. 이 경우 요금의 효율적 구조로 인해 이용자는 자신의 의사결정에 따른 사회적 한계비용에 직면하게 된다.

상기 변수들의 추이가 불확실하다는 전제로 최소한 가능성 측면에서 상·중·하로 구분된 3가지 수송시나리오를 만드는 것이 바람직하다. 이 시나리오는 위험분석에 반영되어야하며 외생변수(예: GDP성장)와 내생변수(예: 가격정책)의 다양한 조합에 기초를 두어야한다. '사업 없는(without the project)' 가상 시나리오와 사업대안에 대해서도 수요예측이 별도로 진행되어야 한다.

(2) 가설, 방법, 투입물

교통량 예측을 위해 아래 항목에 대해 일정한 가정이 전제된다.

- 사업이 영향을 미치는 분야: 교통량 연구와 연관된 경제적 영향의 범위를 최소화하기 위한 것으로서 사업 이전의 수요와 신규 기간시설의 영향을 파악하고 잠재적으로 관련된 기타 수송방식을 파악하는 것이 중요
- 수송방식들 간 보완성과 경쟁의 정도: 특히 경쟁형태와 대체경로, 이용자의 요금과 비용, 가격설정과 관련규정 정책, 혼잡도와 수송처리용량의 한계, 그리고 예상 신규투자 등이 평가 대상
- 과거 추이로부터 괴리: 조세체계, 에너지가격 혹은 통행료 징수 정책의 변동을 포함
- 수요패턴의 상대적 민감도: 수송공급 변화에 대한 통행량 혹은 계약(용도지정)통행 지분

교통모형 구축

컴퓨터에 기반을 둔 교통모형의 구축은 수송망에서 통행량배분의 의태분석을 가능하게 하여 '여행(또는 통근)이 시간에 걸쳐 교통의 수급 변화에 어떻게 반응할 것인지에 대한 암시를 제공하는' 수요분석을 위해 필요하다. 쾌적한 여행의 개발은 교통수요 및 교통망의 변화(예: 신규 수송시설의 건설 및 운영서비스 제공)의 결과로 나타난다.

모형은 단순한 '가로·세로 표(spread sheet) 모형'으로부터 '명확히 정의된 영향 영역을 묘사하는 연결망(network)모형'까지 다양하게 존재한다. 연결망 모형은 피드백 고리와 관련되어 일반적으로 복잡하며, 수송망의 결과(상태)가 이용자의 의사결정에 영향을 미칠 수 있다. 이러한 복합모형은 특정기간

에 수많은 수송이동 사례를 설명하기 위해 수요구조와 수송망 및 역학관계(예, 시간표, 교차지점)에 관한 상당한 정보를 내포한다. 데이터는 수송망에 있는 각각의 수송연결고리가 지니는 '속성'의 형태로 유형화시켜 암호화 된다. 여기에는 속도, 수송의 질, 그리고 각각을 연결하는 수송양식을 포함한다.

합당한 모형을 선택하느냐의 여부는 여러 요인들에 달려있다. 즉, 대안의 성격, 지리적 위치, 범위, 규모, 예상되는 중요한 영향들이 요인에 포함된다. 일반적으로 사업 틀이 복잡할수록 모형의 복잡성이 요구된다. 예를 들면, 규모는 수송서비스 또는 지역 수송형태에 큰 영향을 미친다.

비록 수송모형의 개발과 응용을 위한 유럽 차원의 상세안내서는 존재하지 않지만, 모형설정의 기본과 특성은 국가차원의 지침으로부터 유도할 수 있다. 어떤 모형과 어떤 모형설정 과정이 채택되든 현재 및 미래 수요에 적용되는 모든 가설과 가정들은 사업 후원자가 명확히 제시해야 한다. 수송모형 설정을 위한 데이터의 분석은 비용편익분석의 영역은 아니지만, 인용된 인구분포 및 공간적·경제적 자료의 출처는 필요하다.

(3) 교통예측의 산출물

경제 분석을 위한 필요조건을 고려하여 승객·화물 운송에 대한 교통량을 예측한다. 예측치 결과는 재무적 및 경제적 분석 뿐 아니라 기술적 분석에 필요한 정보를 포함한다. 모형에서 각각의 세부영역(subsector)은 교통량 예측에 관련된 고유 지표를 갖지만, 일반적으로 비용편익분석모형을 위해 아래의 수요매개 변수들이 필요하다.

- 단위시간당/평균여행 당 수송수단(차량, 기차, 버스, 비행기, 선박 등)들의 수(예: 연간평균일일수송량, 일일 기차대수)
- 유형별, 속도범위 및 도로범주별 수송수단들의 수
- 승객의 수, 탑승시간, 탑승거리
- 화물톤수, 화물이동시간, 화물이동거리
- 여행회수 및 기타 수송망의 성과지표

교통(통행량) 반응의 유형

교통 유형들은 사업의 행동적 반응에 따라 구분이 가능하다. 본 지침서에서 제안된 분류 내용은 다음과 같다.

- 현재의 통행량: 검토대상(신규 사업)의 수송망 또는 개량 및 재건설되는 기간시설의 현재 통행량
- 전환통행량: 다른 경로 혹은 수송방식으로부터 본 사업으로 전환되는 통행량
- 생성/유발 통행량: 양호한 수송조건에 의해 유입된 신규이용자에 기인하는 수송시설의 개선으로 발생되는 추가적 통행량 흐름

교통시스템에 대한 전망과 '교통모형의 일반화된 비용 산정 시 적용되는 데이터의 실제 가용성'에 따라 사회경제적 편익에 대한 평가는 상이하게 진행된다. 또 경제적 평가 목적을 위해 교통량 조사는 사업·통근·레저여행 등 목적별 여행지분에 관한 정보를 제공해야한다. 장·단거리 여행에 근거한 추가적 구분은 자동차 및 기차 여행과 관련될 수 있다.

6. 대안 분석

사업의 인식은 물리적 환경 및 이용가능 기술에 기초하여 모든 유력한 전략적·기술적 대안들에 대한 평가가 이루어진 후 가능하다. 평가를 왜곡하는 주요 잠재요인은 관련 대안들 특히, 관리 및 가격설정 해법 같은 저(低)원가 해법과 '설계자·기획자가 중요하게 생각하지 않는' 기간산업에의 정부개입 등 관련대안을 무시하는 행위이다.

수송 대안은 i) 형식 ii) 위치/경로 iii) 정렬 iv) 기술적 해법 v) 나들목 등 관련대안을 포함하며, 그 대안에 따라 수요·비용(원가)·영향도 각각 다르다.

대안 선정에 있어, 그들을 몇 개로 압축하기위해 우선 다중기준분석(Multi-Criteria Analysis)을 사용하여 압축된 대안들의 결과를 비교하고 가장 유력한 대안을 선정하기 위해 비용편익분석을 사용하는 것이 일반적으로 사

용되는 접근방식이다.

대안 분석은 설계와 자금을 신청하기 이전에 개념단계에서의 타당성연구가 이루어져야 한다. 이 경우 사업자는 이용 가능한 대안이 강력한 평가를 거쳤고 사회경제적 관점에서 최선임을 입증하기 위해 타당성연구에서 대안 분석서(option analysis)를 적절히 기술하여야 한다. 만일 합당한 분석이 공식적으로 완성되지 못했다면, 사업 신청의 부속서류인 타당성연구의 '한 부분(part of)'으로 정리된다.

끝으로, 대안분석은 특히, 사회경제적 상황이 변동되었을 때 종전 설계의 효율성을 검토하기 위해 향후에 사용될 수 있다. 그 결과 사업의 재설계로 연결된다.

다중기준분석

선택문제는 우리 주위에 수없이 많이 존재한다. 하지만 "선택 기준이 다수이고 그 속성이 복합적"일 경우 의사결정자 또는 의사결정자 집단의 선호도를 반영한 "대안들(alternatives)의 체계적인 비교"는 쉽지 않다. 계층화분석과정(AHP: analytic hierarchy process)은 평가기준이 다수인 상황에서 '여러 가지 대안들의 상대적인 매력도를 체계적으로 점수화'하는 다(多)기준 의사결정(MCDM: multi-criteria decision making) 기법이다. 즉, AHP는 대안들의 선호도를 비교 · 평가하는데 있어 객관적인 요소뿐만 아니라 주관적 요소, 그리고 정량적 요소뿐만 아니라 정성적 요소도 고려할 수 있도록 한다.

7. 경제 분석

수송사업에 있어서 주요한 직접적 편익은 아래의 예측 가능한 값의 변동에 의해 측정된다.

▶ 소비자잉여는 특정 여행에 대하여 총수송비용을 초과하는 이용자의 지

불하고자 하는 금액을 말한다. 총수송비용은 특정 수송방식을 사용하여 시작지부터 목적지 사이를 여행하는 이용자의 전반적인 불편함으로 표현된다. 실제로 이는 화폐적 비용에 여행시간(또는 동등하게 긴 배차간격)의 가치를 더해 화폐가치로 산정된다. 재화와 사람의 이동을 위한 수송의 일반 비용의 감소는 소비자 잉여의 증가를 결정한다. 소비자잉여의 추정 시 고려할 항목은 아래와 같다.

- 요금
- 여행시간
- 도로이용자의 차량운영비

▶ **생산자잉여**는 생산자에게 할당되는 수입(소유자와 운영자모두 포함)에서 대응 비용을 차감하여 정의한다. 즉, 생산자잉여의 변화는 생산자수입 변화(예, 판매수입증가)에서 생산자 비용의 변화(예, 기차운영비 변화)를 차감하여 산정된다. 이는 특히, 공적 수송사업 또는 유료도로사업에 관련되어 있으며, 만일, 사업이 중요한 수송량이나 요금의 심대한 변화를 초래하면 소비자잉여의 추정 시 고려할 주요항목은 이용자 요금과 생산자 운영비이다.

기간시설 이용에 대한 경제 분석에서 요금은 소비자잉여 추정에서 이용자에게는 비용으로 그리고 생산자잉여 추정에서 생산자에게는 수입으로 각각 인식된다. 따라서 분석을 통해 요금은 항상 상쇄되는 항목이다. 하지만, 이는 유발통행량에 대한 편익을 산출하는 경우에는 적용불가하며 그 계산에 '절반의 법칙(RoH; 아래에 제시)'을 적용하며, 전환수송에 대한 편익에도 동일한 절반의 법칙이 적용된다. 그런 경우에 생산자 수입과 연동된 사용자 요금(비용)은 상쇄되지 않는다.

이는 수송사업에서 경제 분석이 두 가지 중요한 상황에 따라 상이하게 구성될 수 있음을 시사한다.

▶ 사업이 통행량을 변동시키지 못하는 것으로 예상하는 경우 소비자잉여와 생산자잉여의 변동을 추정할 필요가 없다. 왜냐하면, 이용자가 지불하는 요금은 항상 상쇄되기 때문이다. 그러므로 단순 접근방식이 채택

될 수 있고 분석은 여행시간의 절약 형태로서 단지 이용자에게 미치는 순수효과를 추정하는데 달려 있게 된다. 또한 도로 사업에 대하여는 차량운영비용 절약의 형식으로 그 효과를 추정하게 된다.

▶ 사업이 통행량을 변동시키는 것으로 예상하는 경우 또는 수송가격전략이 도입되거나 변화되리라 예상될 경우 이용자의 지불요금이 상쇄되지 않는다. 이에 따라 분석은 소비자잉여와 생산자잉여 양쪽에 미치는 순(純)효과를 추정하는 것으로 구성된다. 이는 생산자 운영비용의 변동뿐 아니라 이용자의 요금도 별도 처리되어야 함을 시사한다. 철도에 관한 사례연구는 이러한 접근방식의 실례를 제공한다.

〈표 4-2〉 수송사업의 경제적 편익(비용) 유형

효과	평가방식
여행시간 단축	◦ 진술선호 ◦ 현시선호(다목적 가계/기업 조사) ◦ 비용절약방식
운송수단 운영비절감	◦ 시장가치
운송업자 운영비	◦ 시장가치
사고비용 절약	◦ 진술선호 ◦ 현시선호(헤도닉 임금방식) ◦ 인적자본 접근
소음배출의 변동	◦ WTP/WTA 보상 ◦ 헤도닉 가격방식
공해의 변동	◦ 공해물질의 그림자가격
온실가스 배출의 변동	◦ 온실가스 배출의 그림자가격

자료: 저자들.

추가로, 수송사업은, 그것이 어떤 것이든, 안전과 환경에 관한 비시장적 영향을 발생시킬 수 있고, 이는 언제나 평가될 필요가 있다. 위의 [표 4-2]는 기간시설 구축 사업의 경제적 평가를 위해 고려할 주요 효과와 관련된 평가 방식을 검토한다.

다음으로 주요 필요 정보와 위에서 예시된 비용 및 편익을 평가하기 위한 실무적 지침들이 제시된다. 그리고 [표 4-2]에서 나열한 항목외의 경제적 효과들이 발생할 수 있음에 주목할 필요가 있다. 이는 주로 지역개발에 미치는 광범위한 영향과 관계가 있고, 종종 대형 수송투자와 연결되어 있다. 예로, 공항을 개발하면 일자리를 활성화시켜 지역경제를 발전시키며 지역사회활동을 증진시키고 여행 사업을 유발함으로써 사회경제적 성장을 가져올 수 있다.

절반의 규칙(The Rule of Half; RoH)

- 절반의 규칙은 예로, 수송개선사업이 없을 경우 '여행을 하지 않으려는' 사람들의 동 사업에 대한 최대지불가격(WTP)이 일상 수송비에 비해 저렴하다는 생각으로부터 출발한다. 사업이 완성된 이후에는 수송비가 낮아짐으로써 종전에 여행하지 않으려했던 사람들 중 일부는 여행을 시도하게 된다.
- 비록 최고지불가격을 정확히 측정할 수 없지만 새로 창출된 수송량에 대한 소비자잉여의 평균변동은 개선된 '원점-거리(O-D; Origin-Destination) 방식'에 근거하여 수송사업 전후 수송비 차이의 절반정도로 추정될 수 있다.
- 이는 새로운 도로사용자들이 선형의 수요 및 공급곡선을 전제로 두 범위(O-D)사이에 평등하게 분포되어 있음을 가정하기 때문이다. 즉, 여행을 시작하는 한계적 동기와 새로운 수송체계로의 변화로 초래되는 편익을 고려하여 여행 여부를 결정한다.
- 이로써 절반의 규칙은 아래의 공식으로 나타난다.

$$\mathrm{gc} = p + z + v\tau$$

p, z는 통행료 및 운영비 등
v는 여행 총시간
τ는 시간당 비용

- 통상적 사업시나리오의 특별한 경우(i and j)에 대한 소비자잉여(CS^0)가 그림에서 표현되며, 이는 수요곡선 아래 면적과 새로운 비용균형점 위의 면적에 의해 나타난다.

$$\text{사용자 편익} = \text{소비자잉여 } CS_{ij}{}^1 - \text{소비자잉여 } CS_{ij}{}^0$$

(여기서 '1'의 표기는 'do-something'의 시나리오이며 '0'표기는 통상 사무(BAU) 시나리오임)

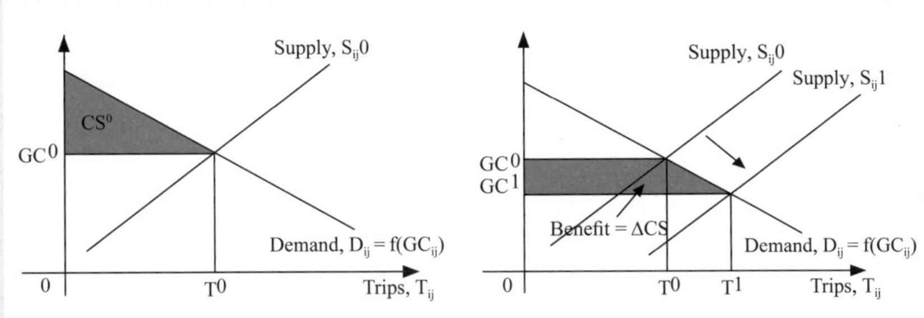

- 상기의 우측 그림은 수송개선사업 이후 공급비용의 하락으로 소비자잉여가 ΔCS만큼 늘어난 상태를 표시한다. 이 때 전체 사용자(현재 및 새로운 사용자)의 편익은 '절반의 규칙'에 해당하는 아래 식에 의해 추정될 수 있다.

$$\Delta CS = \int_{GC^1}^{GC^0} D(GC)dGC \approx \text{Rule of one Half(RoH)} = 1/2(GC^0 - GC^1)(T^0 + T^1),$$

GC: 일반화된 비용

그리고 새로운 사용자의 창출 수요에 대한 소비자잉여 증가분은

$$\Delta CS(\text{창출}) \approx 1/2(GC^0 - GC^1)(T^1 - T^0)$$

- 완전히 새로운 기간시설에 대해서는 '절반의 규칙'이 직접 적용되지 않으며, 그 때의 편익의 측정은 새 양식(mode)의 성격, '양식 계층'에서의 위치 및 수송망에 영향을 받으며 사용자의 최대지불가격으로부터 측정되거나 다른 측정수단이 필요하다.

(1) 여행시간

여행시간의 단축은 신규 건설 혹은 기존 수송시설의 개량으로부터 발생될 수 있는 가장 중요한 편익 중 하나이다.

비용편익분석을 수행함에 있어 승객의 시간 가치를 매기는 방법은 여러 가지가 있다. 그리고 직무 시간과 '직무와 관련되지 않은 여행'에 소요되는 수송시간(통근시간 포함)의 추정은 구별된다.

첫째, 업무와 업무 외 수송시간을 추정하기 위하여 해당 국가의 특정한 실증적 연구 혹은 조사를 수행하는 것이다. 현시선호이론을 활용한 접근방식은 개별 인터뷰 혹은 다목적 가계/기업 조사로 구성된다.

둘째, 비용절감 접근법을 채택하여 시간 가치를 추정하는 것이다. 이에 근간이 되는 논리는 업무관련 여행을 위한 시간소비는 고용주의 비용이라는 것이다. 즉, 고용주는 그렇지 않으면 '대체적 생산방식'에 그 고용인을 사용할 수 있었을 것이다. 비용절감방식으로 업무시간 가치를 매기는 제안된 과정은 다음과 같다.

- 해당 국가 혹은 지역의 임금률 설정: 총 시간당 임금(시간당 유로)은 관찰된 임금으로부터 도출되며 통계청의 자료가 바람직
- 추가적 부대비용을 반영하기 위한 조정: 연차수당, 고용에 따른 사용자 부담 분(예, 고용보험, 국민연금 사용자부담 분), 각종 수당.

이처럼 비용절감방식은 해당국가 혹은 지역의 시간당 단일임금을 추정하는 단순방식이다.

업무 외의 여행시간에 대하여 시간단축의 경제적 가치는 여행관련 시간의 한계가치와 레저관련 시간의 한계가치의 차이로 정해진다. 이는 임금으로부터 '업무 외의' 여행의 경제적 가치를 추정하는데 대한 이론적 기초가 없음을 시사하며, 그 때문에 경제적 가치는 행동으로부터 유추되어야 한다.

진술 또는 현시 선호방식을 사용하는 통계청 자료가 부재한 경우 통상적인 해결책은 '업무 외 여행 시간을 개별 여행자가 스스로 평가'하는 비율보다 전국평균비율로 평가하는 것이다. 다른 말로 업무 외 시간은 업무와 관련

시간 가치에 영향을 미치는 요인들

- 노동시장: (비용절감접근법) 노동시장이 왜곡되지 않음을 전제로 노동시장에서의 총임금률은 노동의 한계생산물가치와 동일
- 산업분야: (비용절감접근법) 근로시간 절약의 경제적 가치는 절약을 하는 사람의 한계생산성과 동일
- 수송이용방식(버스 및 자가용운전자): 한 방식의 다른 방식에 대한 상대적인 '질 및 안락'을 고려하면 여행시간의 가치는 수송방식과 관련
- 도보 및 대기시간: 다른 것들이 일정( )할 때 사람들은 전형적으로 버스 또는 승용차 여행을 도보 · 대기 · 환승으로 시간을 보내는 것보다 선호
- 통근거리: 업무 외 여행시간의 가치와 여행기간 간 관계는 여행소요시간에 따른 한계비효용의 증가, 장거리여행 시 증가하는 시간제약, 그리고 단거리와 장거리에 있어 여행목적의 혼합()상 차이 등을 포함, 실제로는 거리와 무관하게 여행시간의 단일가치가 사용
- 여행조건: 여행자가 여행소요시간을 활용하는 능력을 포함한 '여행조건에 따른 안락' 등이 시간 가치에 영향

시간 가치의 추세

근로시간(work time)의 진정한 가치는 실질임금에 직접적으로 연관되어 있다. 이로써 시간 가치는 1인당 GDP성장률과 움직임을 같이하는 임금률 전망치가 상승할 때 증가한다. 경제학 문헌에 의하면 미래에 시간 가치는 상승할 것으로 예상되는데, 이는 1인당 GDP성장률에 대한 '기간 간' 탄력도가 0.7~1.0의 범위에 있다는 사실에 근거한다. 이러한 탄력도는 시장 전역에서 아주 적게 변동하는 등 시간에 걸쳐 안정적이다. 비(非)근로시간의 가치는 임금률과 관련되지 않으며 둘을 연계시키는 이론적 정당성도 없다. 하지만 비(非)근로시간 가치는 소득과 관련되며 그의 변동은 비(非)근로시간 가치에 영향을 미친다. 영국 · 네덜란드의 연구에 의하면 시간가치의 소득에 대한 탄력도는 대략 0.5~0.8 정도로 나타난다. 일반적으로 근로시간 및 비근로시간의 가치는 반대의 '지역적 증거'가 없을 경우 1인당 GDP증가에 비례해 증가하는 것으로 인식된다.

하여 발생하는 가치의 일부로 인식할 수 있다. 여러 국가들의 시간가치에 대한 경제문헌들을 살펴보면 업무 외 시간은 작업시간의 25~40%의 범위에 놓여있다.

운송에 대한 시간가치의 추정방법은 자본고정(capital lock-up) 방식에 기초하는 게 옳다. 이 방식에 의하면 재화이동에 관련된 시간가치는 수송시간 동안의 '재화에 투자된 자본'에 대한 이자비용과 '이동 간 부패하기 쉬운' 제품 특히 고가제품의 가치 감소를 포함한다. 또한 생산과정이 투입물의 망실(亡失)로 중단되거나 고객이 재고 부족으로 제품을 공급받지 못할 가능성도 포함한다.

(2) 운송사업자의 운영비

철도, 공항, 항만 투자에 있어 기간시설의 최초 사용자는 운송사업자가 된다. 결국, 이들은 최종이용자인 여객과 화물운송에 대한 서비스를 제공하는 회사(즉, carrier)가 된다. 예로, 기간시설이 업그레이드되면 철도 수송비는 보다 제고된 효과성, 전력사용 효과성, 직원 생산성, 단축된 경로 등으로 운영비가 감축될 수 있다.

(3) 사고

모든 수송 활동은 성격상 사고의 위험을 수반한다. 사고의 경제적 비용은 다음의 두 가지 요소로 설명된다.

- 직접비용: 재활의료비용, 사고발생 연도 및 상해에 따라 잔여 생애기간 동안의 미래비용, 경찰행정비용, 사법행정비용, 비상서비스, 보험비용
- 간접비용: 제조 손실 즉, 해당직원이 제조할 수 있는 재화·용역의 가치. 젊은 희생자의 특정 년도 사고손실은 은퇴연령까지 계속되는 것으로 간주

통계적 삶의 가치; VOSL

죽음의 위험에 영향을 미치는 계획(사업)을 분석할 때 통상 '통계적 삶의 가치(VOSL)' 추정치를 포함한다. VOSL은 평균 사망자를 하나씩 줄이는데 대한 사회가 부여하는 경제적 가치의 추정치이다. 이 경우 사람들이 죽음의 위험을 줄이려고 기꺼이 부담하려는 소득의 평가도 포함된다. 헤도닉 임금방식에 따라

$$VOSL = \sum_{t}^{T} \frac{L_t}{(1+i)^t}$$

T: 잔여 인생(기간), Lt: 근로소득, i: 사회적 할인율

문헌 자료에 의하면 통상 여생기간(life ahead)은 젊은 성인에 대해 최소 40년의 기간이 해당되며, 근로소득은 시장왜곡이 존재하지 않음을 전제로 노동의 한계생산물가치와 일치하는 연간 총임금을 의미한다. 그리고 심각한 실업이 존재하면 총임금률을 해당지역의 잠재임금률로 대체한다.

(4) 소음

소음공해는 인간 활동에 의해 초래되는 '원하지 않거나 해로운' 외부소리로 정의된다. 수송수단에 의해 배출되는 소음·도로수송 소음·기차·산업 활동으로 초래되는 소음 등을 포함한다. 소음의 경제적 비용은 다음에 의해 발생한다.

- 하고픈 활동의 즐거움에 대한 어떠한 제약으로 야기되는 불편
- 건강에 부정적 영향
- 소음배출 영향의 크기는 기간시설 위치로부터의 거리와 관련되어 사업 현장에 근접하면 할수록 소음 배출로 인한 불쾌감은 더욱 커짐

(5) 공기오염

수송투자는 공해배출의 변화를 통해 공기의 질에 심대한 영향을 미칠 수 있다. 공해에 미치는 효과는 크게 투자형태에 따라 달라지며, 비용편익분석은 공해의 경제적 비용을 통합한다.

• 건강효과
• 건물 또는 재료 파괴
• 수확 손실
• 생태계 및 생물 다양성에의 영향

(6) 기후변화

비용편익분석은 온실가스배출의 긍정적 혹은 부정적 변화로 야기되는 기후변화의 경제적 비용을 통합한다. 온실가스배출은 지구온난화를 통해 해수면 상승, 농업, 보건, 생태계, 생물다양성에의 영향, 예외적인 기온 상승 등을 초래한다. 또한 기후변화는 세계적인 영향을 초래하기 때문에 관련비용은 투자의 지정학적 위치와는 무관하다.

8. 위험 평가

시간단축과 사고에 대한 민감도 분석을 수행하는 것이 중요하다. 사실 수송사업에서 시간단축의 가치가 총 편익의 70%이상을 차지할 수 있다. 위험평가 시 적어도 다음 변수들에 대한 점검이 필요하다.

• 시간가치
• 사고 비용
• GDP 및 기타 경제변수 추이에 관한 가정
• 수송증가율
• 기간시설 실현에 소요되는 기간
• 투자액 및 유지비용
• 요금 또는 통행료

민감도분석에 이어 아래의 유형 분류에 대하여 위험평가가 이루어져야 한다.

〈표 4-3〉 수송분야의 전형적 위험

분야	위험
규제	◦ 환경적 요구의 변화
수요분석	◦ 예상과 상이한 수송 예측
설계	◦ 부적절한 부지 조사 및 조사 ◦ 부적절한 설계비 추정
관리	◦ 건축허가 ◦ 수도·전기 등 공익사업 승인
토지취득	◦ 예상보다 높은 토지비용 ◦ 구입 지연
구매	◦ 구입 지연
건설	◦ 사업비용 초과 ◦ 홍수, 토사붕괴 ◦ 고고학적 발견 ◦ 부도 및 자원 부족 등 계약자 관련 사안
운영과 재무	◦ 통행료 수입의 예상대비 저조 ◦ 예상보다 높은 유지관리비
기타	◦ 민원발생

Case Study 3 도로사업

Ⅰ. 사업개요 및 목적

도로 사업은 16.4Km의 유료도로를 신규로 건설하는 사업이다. 새로운 고속도로는 매일 18,000대 이상의 차량이 통행하는 현행 도로의 통행량을 경감시킬 것이다. 그리고 기존 도로의 대부분은 환승 목적의 통행이고 수용능력의 한계에 도달한 상태이다. 현행 도로는 소규모 주택단지와 계곡에 위치한 중간규모의 마을을 관통하고 있어 소음과 배기가스로 인한 공해로 주민들의 골칫거리가 되고 있으며, 다수의 하부 도로와 교차하여 정체·단절·수송안전 취약성을 배가시키고 있다. 지난 10년간 수송량이 크게 증가(연평균 4.5%)하였고 운송차량 점유율이 매우 높다(약 35%).

도로사업의 목적은

- 원거리 통근 및 환승 통근자를 위한 신속하고 신뢰 가능한 수송여건제공
- 수송안전도 제고
- 거주민의 수송 환경 개선에 있다.

Ⅱ. 수요와 대안 분석

2013년에 시행된 타당성분석에 포함된 상세한 수요분석은 선호도 높은 대안의 선정과 최종 설계를 위한 기초로 사용되었다. 대안 분석에서는 예비타당성 연구에서 제시되었던 기본적 사업 해법을 보유한 '두개의 수정 판'을 비교하였다. 예비타당성 연구는 아래 항목에 관한 대안들의 범위를 분석하였다.

• 배치
• 기술적 해법과 설계변수(우회로, 신규 2개 차선, 4개 차선의 간선도로)
• 교차로의 수, 위치, 형태
• 단계별 실행(고속도로 건설 포함)

예비타당성 분석은 경제성, 엔지니어링, 수송, 환경, 사회적 측면을 고려한 여러 가지 기준에 근거한 일반적인 사업 해법을 평가하는 반면, 타당성 분석은 비용편익분석에 기초한 두개의 수정된 대안만을 비교한다.

Ⅲ. 경제 분석

경제 분석

사업평가 단계 중 동 사업의 재무 분석은 할인율 4%로 수행되었고 유럽연합(EU) 보조금(232.7백만 유로)을 받은 후의 순(純)현금흐름인 재무적 순(純)현재가치(FNPV)가 −41.4**백만 유로(지속가능성 지표: 창출현금** 0**백만 유로)로서 경제 분석 수행**

5.0%의 할인율을 적용한 경제 분석의 결과, 순(純)현재가치편익(ENPV)은 87.0백만 유로, 경제수익률(ERR)은 7.1%, 편익/비용 비율(B/C ratio)는 1.45임

〈도로사업의 비용/편익 구성〉

비용항목	편익항목
◦ 투자비용 ◦ 운영유지비 ◦ 투자의 잔여가치	◦ 시간 단축 ◦ 유지비 절감 ◦ 사고(처리)비 절감 ◦ 이산화탄소(CO2) 절감

사회경제적 측면의 평가를 위해 추계 투자비용은 재무적 효과에 0.91(재무 수정에 속하지 않는 토지비용을 배제)을 곱하고 고정 유지비용은 0.88을 곱해 산정한다. 재무수정 요인은 노동 및 에너지 비용에서의 이전지출 몫(share)에 근거하고 전체 비용에서 차지하는 각각의 비중을 감안한 것이다. 사회경제적 분석은 '분리된 자동차 길로 인한 보다 빠르고 안전한' 여행, 여행시간 단축, 운송수단(VOC) 운영비용 경감, 사고 비용 경감 등 사업목적에 부합하는 화폐화된 편익을 포함한다.

공해와 소음과 같이 부정적 영향의 감소와 관련된 편익은 계량화하기 어려운 관계로 고려하지 못하지만 수송의 환경 영향요소로서 CO_2 배출에 미치는 영향은 경제 분석에 포함시킨다.

사업의 결과로서 1년차에 신규도로를 사용하는 차량은 평균 약 12분의 수송시간이 단축되는 것으로 추정되는 가운데 수송의 경우는 9분가량 단축되고 기존 도로는 차량 당 4분이 단축된다.

〈표 4-4〉 **평균속도(km/h)**

구분	길이 (km)	사업시행 전				사업시행 후			
		Year 1		Year 20		Year 1		Year 20	
		일반 차량	트럭	일반 차량	트럭	일반 차량	트럭	일반 차량	트럭
E2	1.7	51.4	46.5	41.0	40.2	64.7	53.8	62.5	53.4
E3	3.6	35.2	35.2	31.9	31.9	38.8	38.6	32.5	32.4
E4	3.1	42.7	42.1	32.3	31.8	57.2	53.0	52.9	49.6
E5	3.7	40.6	39.3	34.5	33.9	54.8	51.0	53.9	50.2
E6	5.6	69.0	57.6	55.1	47.5	79.1	63.6	78.7	63.6
N1	5.7					104.8	75.2	98.4	72.4
N2	10.7					113.0	74.5	107.7	72.5
N3	2.0					79.7	70.0	78.6	69.6

주: 속도상승(즉, 시간 절약)의 편익 계산(화폐화)은 ① 승차 인원(일반 차량 1.8명, 트럭 1.2명) ② 일반 차량 여행목적(업무여행 20%, 비업무여행 80%) ③ 트럭 여행목적(업무여행 100%) ④ 시간 가치(업무여행 12.9유로, 비업무여행은 4.3유로) ⑤ 시간 가치의 상승요인은 1인당 GDP 성장(탄력도는 0.7)의 가정을 기초로 함.

〈표 4-5〉 경제수익률(ERR) 및 편익비용비율(B/C) 계산

경제수익률(ERR)	단위:백 만 유로	1	2	3	4	5	6	7	8	9	10	15	20	25	30
		건설			운영										
	할인율 5%														
C1. 투자비	-234.3	-94.9	-92.1	-57.0	0.0	0.0	0.0	0.0	0.0	0.0	0.0	0.0	0.0	0.0	0.0
C2. 운영유지비	-21.0	0.0	0.0	0.0	-0.8	-0.8	-0.8	-0.8	-0.8	-0.8	-0.8	-6.9	-0.8	-0.8	-0.9
C3. 투자의 잔여가액	44.6	0.0	0.0	0.0	0.0	0.0	0.0	0.0	0.0	0.0	0.0	0.0	0.0	0.0	151.0
Ⅰ. 총 경제비용 (C1+C2+C3)	**-210.7**	**-94.9**	**-92.1**	**-57.0**	**-0.8**	**-0.8**	**-0.8**	**-0.8**	**-0.8**	**-0.8**	**-0.8**	**-6.9**	**-0.8**	**-0.8**	**150.2**
B1. 시간단축	266.7	0.0	0.0	0.0	10.7	11.5	12.3	13.2	14.1	15.0	16.0	20.7	25.4	30.5	37.7
B2. 유지비절감	26.5	0.0	0.0	0.0	1.3	1.4	1.5	1.5	1.6	1.7	1.8	2.1	2.4	2.7	3.0
B3. 사고비절감	9.2	0.0	0.0	0.0	0.4	0.4	0.5	0.5	0.5	0.5	0.6	0.7	0.9	1.0	1.2
B4. CO_2 절감	3.1	0.0	0.0	0.0	0.1	0.1	0.1	0.1	0.1	0.2	0.2	0.2	0.3	0.4	0.5
Ⅱ. 총 경제편익 (B1+B2+B3+B4)	**305.5**	**0.0**	**0.0**	**0.0**	**12.5**	**13.5**	**14.4**	**15.4**	**16.3**	**17.4**	**18.5**	**23.7**	**28.9**	**34.6**	**42.3**
Ⅱ.경제적 순 현재가치* (ENPV=Ⅱ-Ⅰ)	**94.8**	**-94.9**	**-92.1**	**-57.0**	**11.8**	**12.8**	**13.7**	**14.6**	**15.5**	**16.6**	**17.7**	**16.8**	**28.1**	**33.7**	**192.5**
경제수익률(ERR)	**7.1%**														
B/C 비율(Ⅱ/Ⅰ)	**1.45**														

* 동 사업의 재무적 순 현재가치(순현금흐름 FNPV: -41.4)=사업자 기여(-58.6)+운영유지비(-27.9)+수입(40.9)+투자의 잔여가치(4.2)

산출된 ENPV에 의해, 사업의 주요 편익은 '시간 단축'(총 편익의 87%)이고 그 다음은 유지비(9%), 사고발생비용(3%), 그리고 CO_2 절감(1%)로 각각 구성된다. 경제 분석 결과(ERR: 7.1%, ENPV: 94.8백만 유로) 해당사업은 긍정적인 후생변화를 가져오며, 따라서 EU의 지원을 받을 만한 가치가 있다.

Ⅳ. 민감도 분석

민감도 분석은 핵심적인 비용·편익의 1% 변화에 대한 ENPV의 % 변화로 산출한다. 만일 ENPV의 퍼센트 변화가 1%를 상회하면, 각각은 중요 변수로 간주된다.

변수	ENPV 탄력도
투자비용 +1%	-2.70%
신규도로상의 수송량 +1%	+2.04%
유지관리비 +1%	-0.24%
고속도로통행료 +1%	n. a.
차량운행시간 +1%	+3.08%
차량유지비 +1%	+0.31%
사고예방 +1%	+0.11%
CO_2 절감 +1%	+0.03%

주: 탄력도=ENPV의 % 변화/주요변수의 % 변화

민감도 분석결과 사업의 경제적 성과가 '가상적인' 투자비 변동과 여행시간 절감 및 수요의 변화에 민감한 것으로 나와 이들이 중요한 변수들로 인식된다. 이들 또한 전환 값에 영향을 미쳐 '기본 가정' 대비 투자비는 +37%와 차량운행시간 절감은 -32%를 나타냈다. 투자비 상승은 37%까지 그리고 운행시간 증가는 32%까지 감내할 수 있음을 보여준다.

V. 위험 분석

위험분석은 경제 분석에만 집중하며, 양적 측면과 질적 측면 모두를 대상으로 한다. 질적 분석은 다음의 위험행렬(risk matrix)에 제시되어 있으며, 각 요소의 불확실성을 고려한다. 예방과 경감 조치는 최상수준의 잔여위험에 대해서만 설명한다.

〈표 4-6〉 위험 분석 총괄

	위험	효과	확률 (P)	심각도 (S)	위험 수준 (=P*S)	원인	예방/경감조치
기획 및 관리 위험	건설허가취득	지체	A	III	낮음	환경영향평가 완료, 허가에 필요한 서류준비 완료	
	공익사업 승인	지체	A	I	낮음	승인획득, 조정 진행 중, 공간계획서 승인	
	환경요구조건의 변화		A	I	낮음	환경영향평가 절차 수행	
토지 취득	토지비용	비용	B	III	낮음	토지구입 부분적 완료	
	토지취득의 지연	지체	B	IV	보통	토지구입 부분적 완료	
	추가 요구사항	비용	A	I	낮음	현재까지 추가 필요사항 제기되지 않음	
	임시접근용 토지		A	I	낮음	건설현장 접근가능, 임시접근필요 없음	
설계	입지조사의 부적절성	비용	A	III	낮음	조건들이 이미 알려지고, 설계하는 동안 조사가 진행됨	
	요구조건의 변화	비용	A	III	낮음	모든 인프라 요소들과 변수들이 이미 합의됨	
	설계비용추정의 부적절성	비용	B	III	낮음	전반적 설계 완성	
건설 위험	건설비 추정의 부적절성	비용	D	IV	높음	입찰가격 아직 미정	입찰 결과에 의거 기금요청서 제출 결정, 예비비를 사업예산에 반영, 추가조달을 위한 신용한도 사용 가능함

건설 위험	비용지출 초과	비용	D	IV	높음	사업실행 아직 착수되지 않고, 지질학적 위험이 있는 터널공사를 포함	설계중 조사착수, 설계심사
	건설품질의 부적합성	비용	C	III	보통	경험에 의한 추정	
	홍수, 토사붕괴	비용	A	III	낮음	-	
	선사유적 발견	비용	B	I	낮음	근처지역에서 알려지지 않은 고고학적 유물 발견	
	감독비용 추정의 오류	비용	C	I	낮음	아직 알려지지 않은 입찰가격	
	임시직비용 추정의 오류	비용	C	I	낮음	사업실행이 아직 시작하지 않았고, 총비용대비 해당비용이 낮음	
	계약자의 부도	지체	B	III	낮음	재무적 건강성에 대한 요구조건들이 입찰서류에 포함될 것임	
	계약자의 자원	지체	B	III	낮음	재무적 상황이 '재무작업 및 자재 재고에 대한 하청업자의 능력'에 영향을 미칠 가능성	
	공공조달	지체	C	III	보통	1년 정도 지연 가능(경험상)	
기타 위험	민원제기	비용	A	I	낮음	종합계획은 승인되었으나 민간주도권은 작동되지 않음	
	전략수정	비용	A	I	낮음	국가의 우선사업, 국제적 관심, 현재까지 낮은 수준의 투자 비용	
	직접통행료징수(통행료 유출)	% 통행량	B	III	낮음	당분간 직접통행료 회수 계획 없음	
	공공융자의 부족	지체	A	IV	보통	사업기금 조달능력 감소와 최우선순위의 사업	
	통행수요위험	% 통행량	C	IV	높음	통행연구 이용가능,장기예측의 불확실성	통행모형에의 감사(audit)

주: 1. 확률: A. 발생가능성 매우 희박 B. 희박 C. 다소 희박 D. 가능성 보통 E. 가능성 높음
2. 심각도: I. 없음 2. 미미함 3. 보통 4. 심각 5. 매우 심각(재앙수준)
3. 위험수준: 낮음, 보통, 높음, 용납될 수 없는 수준

상기 질적 위험분석은 두 가지의 주요 위험을 제시하는데, 이는 건설비용 위험과 수요 위험이다. 여기서 건설위험은 설계자 예측을 상회한 계약가격의 상승, 계약가격 대비 생산비의 상승, 그리고 무엇보다 상당수준의 지질학적 위험을 지칭한다.

Case Study 4 철도

Ⅰ. 사업 개요

철도사업은 기존의 복선 철도를 개량하기 위한 사업이다. 현재의 선로는 길이가 94.75Km이고 복선이며 자동선로 잠김 장치 및 일반승객과 물류수송용으로 병용되고 있다. 현재 평균 통행량은 하루 40량의 기차이다. 현재의 선로조건하에서 허용속도는 약 81km/h로서 설계속도와 동일하고 상업용 속도는 이보다 느리다. 현재 노선은 유럽철도관리시스템(ERTMS)이 정착되지 않은 관계로 상호 운영은 불가능하다.

또 현존 철로의 성과측면에서 주된 문제는 속도제한요소와 종전 선로유지에 있어 심대한 결핍에 의해 발생되고 있다. 사업에 의해 제공된 속도상승요인에 더해 해당 선로길이는 94.75Km에서 89.5Km로 단축될 것이다. 사업과 관련된 주요 작업들은 아래와 같다.

- 63.464Km 복선선로의 개량 및 26.036Km 복선 선로 신설. 업그레이드가 완료되면, 선로 구간의 약 60%는 최대속도 시속 160Km로 증가
- 1,260m 길이의 외굴 터널 건설
- 13.705 Km의 방벽 설치 및 1.260Km의 경사보호와 강바닥 보정
- 32 교량 및 106 지하배수로 수선 및 개량
- 4개의 역사와 6개의 쉼터 개축(14,725 sq m)
- 승강장 확장과 보강, 6개 승객통과터널의 건축, 철도 건널목 수선
- 역내 선로의 감축 또는 재배치, 144개 분기(分器)의 교체, 화물측선(freight siding)의 750m 길이로의 확장 등

II. 사업 목적

본 사업은 수송시간 단축, 수송 능력 및 안전성 제고를 통해 철도서비스 수준을 향상시키는 것을 목적으로 한다. 또한 해당국가 및 유럽횡단수준에서 철도 운행 방식의 전반적인 '매력 향상'에도 기여하고자 한다. 특히 여객용 기차와 수송기차의 목표속도를 각각 160km/h와 120km/h로 향상시켜 장거리 여객철도 여행시간과 관련 다음의 주요 결과가 예상된다.

- 기차여행시간 단축
- 운영경비의 감소
- 외부경비의 감소로 철도여객에게 편익을 제공하여 도로에서 철도로의 전환 및 새로운 수송량을 철도로 유인
- 수송안전의 개선

동 사업(계획)은 현존의 전략적인 국가·EU 계획 및 운영계획수송(OPT)의 우선순위와도 일치한다. 또한 아래의 OPT지표의 성취에도 기여한다.

지표	단위	2015년 목표
산출물		
◦ 재건설 또는 개선된 철도선로 총 길이	km	209.18
결과		
◦ 개선 철로에 의한 '승객 및 화물 운송의 시간절약' 가치	연간 백만 EUR	86.93

Ⅲ. 대안 분석과 수요분석

(1) 대안 분석

다음의 주요한 대안들은 사업타당성에 대한 연구 안(案)을 통해 검토된다.

▶ 기준선(baseline; '사업 없는') 시나리오는 철도회사가 현행 추세대로 운행을 지속하는 것으로 가정한다. 이는 통상적인 필요 또는 적정수준에 비해 약간 미달인 유지관리 수준을 의미한다.

▶ '사업 수반' 대안으로서 세 가지로 구분할 수 있다.

대안 1: 새로운 개선이나 새로운 배치 없이 최초 설계 속도(120km/h)에 맞도록 선로를 개선

대안 2: 보통수준으로의 속도 개선(즉, 2020년까지 선로의 60%를 160km/h로 개선) 도모

대안 3: 최대속도로의 개선(즉, 2020년까지 선로의 80%를 160km/h로 개선) 도모

타당성 연구 안에서 비용편익분석에 기초하여 상기 대안들을 비교하였는바 대안 2가 가장 우수한 경제적 결과(최고 ERR 및 B/C 비율)를 제공해 우선적 대안으로 선정되었다.

(2) 수요 분석

현행 통행량은 일당 승객용 철도차량 30쌍(4,900 pax/day)과 9쌍의 화물운송철도차량(12,000 ton/day)이다. 수요예측 량은 GDP성장률, 인구성장률, 자동차보유율, 도로의 주행시간, 연비상승률 등 외부요인과 기차의 주행시간, 기차요금 인상률 등 내부요인에 기초한 모형으로부터 산출된다.

분석기간 동안 사업에의 영향은 건설기간 동안의 장애요인 발생으로 악화되다 객차 운영을 추가하면서 점차 호전된다. 긍정적인 효과는 수송시간이 단축되면서 도로이용에서 철도이용으로 전환되는 등 증가하는 철도수송량

을 반영한다. 그 결과 전체 예측치는 철도수송의 점증적 증가로 나타나 승객은 연 1.1%, 운송은 연 0.4% 증가하는 것으로 예측된다.

Ⅳ. 경제 분석

경제 분석 결과

사업평가 단계 중 동 사업의 재무 분석은 '할인율 4%'로 수행되었고 유럽연합(EU) 보조금(629.4백만 유로)을 받은 후의 순(純)현금흐름인 재무적 순(純)현재가치(FNPV)가 –109.7백만 유로(지속가능성 지표: 현금창출 –0.1백만 유로)로서 경제 분석 수행

'할인율 5%'로 경제 분석을 시행한 결과, 순(純)현재가치편익(ENPV)은 880.0백만 유로, 경제수익률(ERR)은 10.6%, 편익/비용 비율(B/C ratio)는 2.51임

〈철도사업의 비용/편익 구성〉

비용항목	편익항목
◦ 투자비용 ◦ 운영유지비 ◦ 투자의 잔여가치	◦ 시간 단축(현행소비자잉여) ◦ 철도요금 변동(현행소비자잉여: 0) ◦ 신규 철도이용자(사용자비용잉여) ◦ 기차운영비 절감(생산자잉여) ◦ 차량운영비 절감(생산자잉여) ◦ 철도수입 증가(생산자잉여) ◦ 버스수입 손실(**생산자잉여 차감**) ◦ 사고 감소(외부성) ◦ 공해배출 감소(외부성)

철도관련 사업에도 '30년 기간'을 공통으로 적용하여 분석한다. 또 불변가격을 사용하고 5% 할인율을 적용한다. 여기에 설정되는 가정은 아래와 같다.

매개변수	가정
평균승객 수, 승용차	1.6 인
평균승객 수, 화물차	1.2인
여행목적, 승용차	사업 15%, 출퇴근 30% 기타 55%
여행목적, 철도	사업 10%, 출퇴근 30% 기타 60%
여객기차 평균 적재인원	120 명
운반기차 평균 적재량	640톤
여객기차 평균 선로사용료	기차 1km당 2.1 유로
운반열차 평균 선로사용료	기차 1km당 3.29 유로
1km당 여객기차 운임	0.07 유로
1km당 여객버스 운임	0.05 유로
시간가치(1인 승객)	사업: 시간당 12.6유로
	시간가치(1인 승객)출퇴근: 시간당 6.2 유로
	시간가치(1인 승객)기타: 시간당 5.2 유로
차량 한 대의 Km당 차량운영비(도로)	승용차: 0.2 유로
	차량 한 대의 Km당 차량운영비(도로) 미니버스: 0.27 유로
	차량 한 대의 Km당 차량운영비(도로) 트럭: 0.95 유로
기차 한 대의 Km당 기차운영비	장거리승객: 3.95 유로
	기차 한 대의 Km당 기차운영비단거리승객: 3.3 유로
	기차 한 대의 Km당 기차운영비수송기차: 4.01 유로
기차의 시간당 운영비	장거리승객: 348.3 유로
	기차의 시간당 운영비단거리승객: 200.3 유로
	기차의 시간당 운영비수송기차: 93.4 유로
투자비 전환요소 값(잠재가격)	투자비: 0.91
	투자비 전환요소 값(잠재가격)유지관리비: 0.88

경제 분석은 3가지 측면에서 사업 영향을 화폐가치로 평가한다.

- 철도이용자인 소비자잉여
- 기차·버스 운영업자인 생산자잉여
- 오염배출·사고로 구성되는 외부성

소비자잉여

기존 철도이용자에게 발생하는 소비자잉여는 사용자비용(user cost)의 변화로 인식되며 '시간과 요금'을 측정단위로 사용한다. 단, 요금은 사업 결과로 변경되는 않으며 관련 영향은 시간단축으로 나타난다.

수송시간은 개선된 철도 성격을 고려하여 기차운영 시뮬레이션에 기초하여 결정되고 '사업 전' 시나리오에 대해 추정치는 현행 운전시간을 기초로 하며 시나리오에 설정된 운영프로파일 가정에 따라 조정될 수 있다. 이 때 공해 및 소음의 감소와 관련된 편익은 계산하지 않는다.

소비자잉여는 신규 철도이용자에게 발생하는데 "절반의 규칙(RoH)"에 따라 추정된다. 즉, 기존 이용자의 '총비용 절감분'의 50%로 가정하는데, 이 경우 요금이 불변이니 수송시간 단축의 절반을 의미한다. 또 기존 도로이용자에 대해 '통행량 감소'로부터의 한계편익은 평가에 포함시킬 정도의 중요한 것으로 간주하지 않고 도로는 정체되지 않으므로 무시한다.

생산자잉여

생산자잉여는 '주로 도로에서 전환되는 신규 철도통행의 결과와 기존 철도이용자의 운영비용 변화로 나타나는' 사업의 영향으로 인식된다. 즉, 철도사업자에겐 철도운영비용 절감 및 철도요금수입의 증가이고 도로사업자에겐 차량운영비용 절감 및 버스요금수입의 감소를 각각 의미한다.

기간시설 관리자에 미치는 비용의 영향은 투자비용, 잔여가치 및 유지비 등 생산원가 내에서 계량화되고, 철도선로 사용료 등 수입변화의 영향은 철도사업자 잉여로부터의 이전되는 사항으로 무시된다.

외부성

외부성은 사고(accident)와 오염배출(emission) 건이다. 사고비용 절감은 도로에서 철도로 전환되는 데서 발생한다. 사실인즉 사고비용은 철도가 도로주행보다 훨씬 저렴하다. 공해배출 비용(공해 및 기후변화비용) 절감은 도로에서 철도로 수송방식이 전환된 결과이다.

〈표 4-7〉 경제수익률(ERR) 및 편익비용비율(B/C) 계산

경제수익률(ERR)	(단위:백만 유로)	1	2	3	4	5	6	7	8	9	10	15	20	25	30
	할인율: 5%	건설			운영										
C1.투자비	641	220.8	209.2	279.0	0.0	0.0	0.0	0.0	0.0	0.0	0.0	0.0	0.0	0.0	0.0
C2.운영유지비	12	0.0	0.0	0.0	1.0	1.0	1.0	1.0	1.0	1.0	1.0	1.0	1.0	1.0	1.0
C3.투자의 잔여가액	-71	0.0	0.0	0.0	0.0	0.0	0.0	0.0	0.0	0.0	0.0	0.0	0.0	0.0	-305.2
Ⅰ. 총 경제비용(C1+C2+C3)	**582**	**22.8**	**209.2**	**279.0**	**1.0**	**1.0**	**1.0**	**1.0**	**1.0**	**1.0**	**1.0**	**1.0**	**1.0**	**1.0**	**-304.3**
B1.소비자 잉여	857	-2.0	-1.8	-3.0	7.2	10.4	13.6	17.7	23.9	40.1	44.0	66.1	98.9	143.7	207.1
◦ 현행철도이용자	801	-2.0	-1.8	-3.0	7.0	10.0	13.0	17.0	22.8	37.2	40.8	61.9	92.5	134.2	193.3
◦ 시간절감액	801	-2.0	-1.8	-3.0	7.0	10.0	13.0	17.0	22.8	37.2	40.8	61.9	92.5	134.2	193.3
◦ 철도요금변동	0	0.0	0.0	0.0	0.0	0.0	0.0	0.0	0.0	0.0	0.0	0.0	0.0	0.0	0.0
◦ 신규철도이용자	56	0.0	0.0	0.0	0.2	0.4	0.5	0.7	1.1	3.0	3.2	4.2	6.3	9.4	13.9
◦ 사용자비용잉여	56	0.0	0.0	0.0	0.2	0.4	0.5	0.7	1.1	3.0	3.2	4.2	6.3	9.4	13.9
B2.생산자잉여	466	-1.6	-1.4	-2.5	2.8	5.2	11.5	14.2	19.3	33.8	35.5	43.4	52.4	61.4	71.7
◦ 기차운영비절감	93	-0.4	-0.3	-0.5	-0.3	-0.2	2.3	2.6	3.4	6.1	6.5	8.4	10.9	13.7	17.2
◦ 차량운영비절감	284	-1.0	-0.9	-1.6	2.9	5.1	7.2	9.1	12.3	20.9	22.0	26.8	31.6	36.0	40.9
◦ 철도수입증가	254	-0.7	-0.6	-1.1	1.7	3.2	5.7	7.3	10.1	19.2	20.1	23.4	28.2	33.2	38.9
◦ 버스수입손실	-166	0.5	0.4	0.7	-1.5	-2.9	-3.7	-4.8	-6.6	-12.5	-13.0	-15.2	-18.3	-21.6	-25.2
B3.외부성	140	-0.3	-0.3	-0.4	0.5	1.5	2.1	2.7	4.0	7.5	8.1	11.7	16.3	22.3	30.3
◦ 사고감소	24	-0.1	-0.1	-0.1	0.1	0.3	0.4	0.5	0.7	1.4	1.5	2.0	2.8	3.8	5.1
◦ 공해배출절감	116	-0.2	-0.2	-0.3	0.4	1.2	1.7	2.2	3.3	6.1	6.6	9.7	13.5	18.5	25.3
Ⅱ. 총 경제편익(B1+B2+B3)	**1,462**	**-3.8**	**-3.5**	**-5.9**	**10.5**	**17.0**	**27.2**	**34.7**	**47.2**	**81.4**	**87.6**	**121.2**	**167.5**	**227.4**	**309.2**
경제적 순 현재가치(ENPV=Ⅱ-Ⅰ)*	**880**	**-224.7**	**-212.7**	**-284.9**	**9.5**	**16.1**	**26.2**	**33.7**	**46.3**	**80.4**	**86.7**	**120.3**	**166.6**	**226.4**	**613.5**
경제수익률(ERR)	**10.6%**														
B/C 비율(Ⅱ/Ⅰ)	**2.51**														

* 동 사업의 재무적 순 현재가치(순현금흐름 FNPV: -109.7) = 국가공적보조(-106.5) + 사업자 기여(-37.1) + 운영유지비(-16.3) + 수입(36.5) + 투자의 잔여가치(13.7)

	사망자수/100백만 km(차량)	사망자수/100 백만km(승객)
도로	5.80	3.6
철도	10.50	0.1

아래의 승객 당 또는 화물 당 도로·철도의 단위비용은 수송부문의 국가 차원에서의 연구에 바탕을 두고 있으며 기준연도 불변가격으로 조정되고 있다. 상승하는 수치는 이산화탄소의 시간에 걸친 환경 훼손(파괴)비용 증가를 반영한다.

Passengers(pax-㎞)		
도로 비용	EUR/pax-km	0.015
철도 비용	EUR/pax-km	0.007
Freight(ton-km)		
도로 비용	EUR/ton-km	0.026
철도 비용	EUR/ton-km	0.006

[표 4-7]에서 경제수익률은 10.6%이고 경제적 순현재가치(ENPV)는 880 백만 유로로 나타났다.

Ⅴ. 위험평가

(1) 민감도 분석

민감도 분석의 주 목적은 모형의 중요 변수를 결정하는 데에 있다. 그러한 변수들은 사업의 경제적 결과에 심대한 영향을 주는 긍정적 또는 부정적 항목들을 의미한다. 주요 변수는 그들의 절대 변동 량 1%가 '1%보다 작지 않는' 경제적 순(純)현재가치(ENPV)의 변동(이 경우 탄력도는 1이거나 크다)을 초래하는 변수로 정의된다. [표 4-8]의 분석 결과 (i) 기준선 통행량 (ii) 투자비

〈표 4-8〉] 민감도 변수에 따른 경제적 순(純)현재가치의 변화

변수	경제적 순(純)현재가치의 변화(변수의 '+/– 1%' 범위)	
투자비	-1.01%	1.01%
유지관리비	-0.02%	0.02%
기준선 통행량(사업 전)	1.3%	-1.3%
증가된 통행량(사업 후)	0.2%	-0.2%
시간단축	1.03%	-1.03%
차량유지비 절감	0.5%	-0.5%
사고 감소로 인한 비용절감		
외부성		
철도운영회사(TOC) 비용절감	0.10%	-0.10%

용 (iii) 시간단축 변수가 영향력이 크며 이에 따라 전환 값(switching value)와 위험 분석의 절차를 밟는다.

(2) 전환 값

전환 값(ENPV=0를 만드는 값)은 각 변수에 대해 사업이 경제적으로 손익분기점에 도달하게 하는 최대 변동 폭을 의미한다. [표 4-9]는 사업의 경제적 측면이 매우 견고함을 확인시켜준다. 즉, 투자비는 137%까지의 상승을 감내하고 기초수송량은 36%까지의 감소(-)를, 시간 단축의 감소(-)는 110%까지 각각 감내할 수 있음을 보여준다. 결과적으로 경제적 측면에서의 사업은 아주 공고함을 알 수 있다.

〈표 4-9〉 전환 값

중요변수	전환 값(ENPV=0)
투자비	137%
기초수송량	-36%
시간단축	-110%

(3) 위험분석

사업의 전망을 고려하여 아래의 특별한 위험들을 고려할 수 있다.

건설

건설은 일부 기술적 과제를 갖고 있다. 철도운행 중 기존 선로의 대체, 32개 교량의 건설 및 수선, 1.26km 길이의 신규 터널 건설 등을 실례로 들 수 있다. 모든 작업에는 기술과 역량을 필요로 하고 제반 활동들의 적절한 조정과 감독이 요구된다.

토지 취득

본 프로젝트는 26km 거리의 새로운 배치를 포함하고 있어 토지취득이 이슈가 된다. 하지만, 입찰서류에 포함하는 작업계획은 토지의 분할 인계내용을 제공하여 준다. 동시에 수용절차가 병행으로 진행된다. 그 절차는 최근 새로운 「수용법」 규정으로 완화되어야 한다.

유지관리

투자의 장·단기 지속성을 위한 핵심 이슈는 유지관리이다. 설계 매개변수(예, 시간당 160km의 속도)로 개량된 선로를 유지하기 위해 정상적인 유지관리를 필요로 한다. 그게 제대로 되지 않을 경우 속도 규제를 받게 되고 투자로부터 오는 편익을 상쇄시키게 된다.

수요

통행량 위험은 어떤 수송기간시설 사업이든 있기 마련이다. 이점은 사업시행이전 기본통행량이든 사업시행 후 증가된 통행량 예측이든 동일하다. 이용자를 위한 서비스 수준 및 효율성의 개선은 '기간시설이 제공하는 잠재력을 활용하는' 사업자의 능력에 달려있으므로 통행량 위험은 상기 언급된 요인들과 관련되어 있다.

다음의 행렬 표(matrix)는 중요성과 발생가능성 두 측면에서 앞에서 기술한 위험들의 질적 평가를 요약한다.

〈표 4-10〉 위험의 질적 평가

위험	확률 (p)	영향 (s)	전반적 위험도) (=p*s)	경감조치	잔여 위험
건설위험	D	III	높음	숙련된 감독용역과 계약, 직원채용과 훈련의 개선 등	중간
토지취득	D	III	높음	토지취득 마무리와 아울러 단계별 토지 승계 등	낮음
유지관리	C	III	중간	철도망 개혁프로그램 범위 내에서 유지관리비 증액 등	낮음
수요위험	C	IV	높음	서비스개선프로그램 마련 등	중간

주: 1. 확률: A.가능성 매우 희박 B.희박 C.보통 D.가능성 보통 E.높은 가능성

2. 심각도: I.영향 없음 II.미미한 영향 III. 보통 IV. 심각 V. 매우 심각(재앙)

3. 위험수준: Low, Moderate, High, Unacceptable(도저히 받아들일 수 없는 정도)

Case Study 5 도시교통

Ⅰ. 사업 개요

도시 X는 300,000명의 인구가 사는 중소도시이다. 대중교통인 버스 45%과 개인 승용차 55%로 도시교통을 해결하고 있다. 도심으로부터 북동쪽으로 7km 떨어진 거주 지역 Y는 급격히 팽창하고 있는 지역으로서 차량수요가 급격히 증가하고 있으며 Y지역과 '사무실이 집중된' 도심으로 연결하는 도로는 출퇴근 시간대에 정체로 몸살을 앓고 있다. 이러한 상황을 완화하기 위하여, 교통당국은 도심에로의 대중교통망을 개선하여 대중교통을 촉진하는 등 수송전환정책을 촉진하기 위해 일련의 일괄사업을 도입하고자 한다. 수송전환 정책은 다음과 같다.

- 9Km 길이의 전차 복선노선의 건설
- 15 세트의 신규 전차 구입
- 수송관리시스템 도입 (정거장마다 수송정보 판 설치, 통합 전자 발매기 설치, 대중교통용 전자위치추적시스템 포함)

추가로, 현재의 버스서비스는 신규 전차 라인과의 환승 기능을 추가하여 재정립될 것이다. 이로써, 대중수송 점유율은 45%에서 47%로 개선될 전망이다. 본 연구에서 신규 전차 시스템과 버스 서비스의 재구성으로 버스와 개인 차량이용에서 전차로 전환되는 통행량으로 수송체계에 있어 시간단축이 예상된다. 또한, 전차로의 이동과 버스서비스의 재구성의 영향으로 탄소배출이 절감되고, 기후변화 감축에 기여하게 될 것이다.

사업 실행 및 운영에 관련된 주체들 사이의 관계라는 측면에서 제도적 설정을 간략히 언급한다. 즉, 이는 현금 흐름, 재무적 지속성, 국가적 재무지원 평가를 분석하기 위한 제도적 설정이 당연히 고려됨을 시사한다.

해당도시는 사업의 수혜자이다. 수혜자로서 EU 보조금을 받을 것이고, 국제재무기구(IFI)로부터 사업 실행을 위한 자금조달을 위해 대출을 일으킬 것이다. 추가로, 나머지 부분에 대해서는 자신의 자원으로 조달할 것이다.

II. 사업 목적

도시화된 구역에 적용할 효율적인 대중교통서비스를 확실하게 수립하는 것이 본 사업의 목표이다. 그 구체적인 목표들은 다음과 같다:

- 도로체증, 사고, 부정적인 환경 영향의 감소 및 도시 생활과 환경의 질에 긍정적 영향
- 품질 기준의 강화를 통해 공공수송에 의한 여행 경험의 질 향상
- 교통조건의 악화 없이 차량과 승객의 대중교통 통행시간 단축

또 2차적 효과로서, 사업은 공공수송 이용가능성 증대를 통해 투자지역의 매력도를 증가시킬 것으로 예상된다.

사업목적은 수송 분야와 관련된 것뿐만 아니라 전체적인 지역과 공간개발과 관련된 전국적, 지역적, 도시 전략과 일치하여야 한다. 특히, 사업은 해당 도시의 다중수송방식의 이동 계획에서의 우선순위에 따른다. 즉, 도시 이동성을 위한 '필요'와 '해결책'을 식별하는 것이다. 사업 목표는 또한 도시 이동성 위원회의 정책과 일관되어야 하고, 수송운영프로그램의 목표에도 잘 부합하여야 한다. 특히, 사업은 다음의 운영계획(OP) 지표 달성에 기여할 것이다.

지표	OP 2023 목표	사업(OP 목표의 %)
산출물 지표		
신규 혹은 개선된 전차선로의 길이(km)	32	8(40%)
결과물 지표		
도시대중수송이용 고객의 증가 수(백만 고객/년)	40	10(25%)

Ⅲ. 대안분석과 수요분석

(1) 대안분석

대부분의 수송사업에서, 사업대안은 각각 상이한 수준의 통행량을 발생시킬 수 있다. 이로써 상세한 사업대안의 정의는 수송량에 대해 추정 및 예측을 수행하는 수요분석에 선행하여 이루어진다.

다중 방식의 이동 계획으로 현재의 극심한 정체를 초래한 상황과 주거지역의 확장으로 인한 예상 가능한 통행 악화 상황을 전제로 하여 주거지역 Y와 도심과의 연결을 개선할 필요성이 제기되었다.

이동계획에서 이용 가능 대안에 대해 일차적으로 배제하는 작업은 다중기준분석(MCA; Multi-Criteria Analysis)에 기초하여 이루어졌다. 선택기준은 기술적 타당성, 원가, 환경영향, 사회적 수용성을 포함한다. 이러한 배제 작업에 의해 도로 확장을 통한 도로능력 증가 및 Y지역과 도심 간의 연결도로 건설과 같은 대안적 사업대안은 포기되었다. 대중수송 대안이 가장 효과적인 것으로 고려되고 그것은 3개로 좁혀졌다.

- 대안 1: 버스차선 및 대중수송중심 수송관리시스템의 설치로 인한 버스 서비스의 강화
- 대안 2: 신규 전차(7.5km)선로 건설 및 전차 구입, 환승기능을 갖춘 버스서비스의 재구성, 대중교통중심의 수송관리시스템의 설치
- 대안 3: 신규전차(9 km)선로 신설 및 전차 구입, 환승기능을 갖춘 버스 서비스의 재구성, 대중교통중심의 수송관리시스템의 설치

여러 대안을 비교하는 반(反)사실적 시나리오는 해당사업이 보유한 자산의 기본적 기능이 작동하도록 지출수준을 유지하면서 '통상 수준'의 영업만을 지속할 경우, 이는 대중수송의 선호도 하락과 점유율의 미미한 하락을 의미한다.

상기의 세 가지 대안에 관한 비용편익분석이 사업타당성 연구의 일환으로 진행된다. 수송량 예측은 세 가지 대안에 대해 별도로 진행되고, 투자비·유

지관리비·편익들의 영향들이 개별 평가된다. 그 결과 세 번째 대안이 가장 높은 내부수익률을 얻는 것으로 나왔다.

(2) 수송 수요

수요분석은 다중수송망 모형(통행량 조사 및 예측)에 기초하여 이루어진다. 모형은 가장 최근의 통행량 연구로부터 나온 데이터로 보정된다(수송당국은 5년 주기로 수송조사 시행). 모형 결과는 재무 분석과 경제 분석 작업에 제공되며, 통행량 예측은 '사업 없는' 시나리오와 3개의 사업 대안 각각에 대해 별도로 진행된다.

예측은 3개년씩(Year 4-운영 첫해이며 Year 15 및 Year 25까지 지속) 이루어지며 그 나머지 연수 예측에 대하여는 선형보간법이 사용된다. 본 연구는 선택된 대안에 대해 이루어진 통행량 예측을 보여준다.

〈표 4-11〉 사업 유무 전제의 수요시나리오

<table>
<tr><th colspan="2"></th><th>Year 1
(건설 시작)</th><th>Year 4
(운영 첫 해)</th><th>Year 10</th><th>Year 15</th><th>Year 25</th></tr>
<tr><td colspan="7">사업이 없을 경우의 시나리오</td></tr>
<tr><td rowspan="3">승객 수</td><td>버스</td><td>42.4</td><td>45.0</td><td>50.2</td><td>52.7</td><td>52.7</td></tr>
<tr><td>전차</td><td>-</td><td>-</td><td>-</td><td>-</td><td>-</td></tr>
<tr><td>개인수송 수단</td><td>52.0</td><td>55.2</td><td>61.6</td><td>64.7</td><td>64.7</td></tr>
<tr><td rowspan="3">승객-시간</td><td>버스</td><td>21.2</td><td>22.5</td><td>25.1</td><td>26.4</td><td>26.4</td></tr>
<tr><td>전차</td><td>-</td><td>-</td><td>-</td><td>-</td><td>-</td></tr>
<tr><td>개인수송 수단</td><td>20.8</td><td>22.1</td><td>24.6</td><td>25.9</td><td>25.9</td></tr>
<tr><td colspan="7">사업이 있을 경우의 시나리오</td></tr>
<tr><td rowspan="3">승객 수</td><td>버스</td><td>42.4</td><td>37.0</td><td>41.3</td><td>43.4</td><td>43.4</td></tr>
<tr><td>전차</td><td>-</td><td>10.0</td><td>11.2</td><td>11.7</td><td>11.7</td></tr>
<tr><td>개인수송 수단</td><td>52.0</td><td>53.7</td><td>59.9</td><td>62.9</td><td>62.9</td></tr>
<tr><td rowspan="3">승객-시간</td><td>버스</td><td>21.2</td><td>18.1</td><td>20.2</td><td>21.2</td><td>21.2</td></tr>
<tr><td>전차</td><td>-</td><td>3.7</td><td>4.1</td><td>4.3</td><td>4.3</td></tr>
<tr><td>개인수송 수단</td><td>20.8</td><td>21.5</td><td>24.0</td><td>25.2</td><td>25.2</td></tr>
</table>

도시는 혼잡하고 높은 수준의 교외생활을 한다. 평균 수송거리는 버스와 전차 7km, 자동차 8km 이고, 사업 시행이전 시나리오 경우 평균속도는 버스 14km/h 자동차 20km/h, 사업 시행 후 시나리오는 버스 14.3km/h, 전차 19km/h, 자동차 20km/h으로 가정한다.

사업 완성에 이은 교통 안정화와 수송방식 전환 이후의 통행량은 완만한 증가율 즉, 개시년도(year 4)에서 10년까지 2%, 이후 15년까지 1%, 그 이후는 더 이상 증가하지 않는다. '사업 없는' 시나리오와 선택된 대안에 대한 시나리오들의 데이터는 다음 표에 요약된다. 모든 데이터는 백만 승객 혹은 연간 승객의 시간으로 표시된다.

수송모형 결과에 기초하여 '사업 있는' 시나리오 상 수요는 (i) 존속 부류('사업 없는' 시나리오에서 이미 여행을 하는 승객), (ii) 전환 부류(버스나 개인자동차에서 전차로 전환한 승객), (iii) 창출 부류('사업 없는' 시나리오에서 여행하지 않는 승객)의 세 가지로 구분된다. 모형에 따르면, '사업 있는' 시나리오를 살펴보면 '증가된 전차통행'은 버스로부터 전체 중 80%, 개인수송수단에서 15%, 그리고 새로 창출된 수송량은 나머지 5% 비율을 각각 차지한다.

(3) 수송 공급

수송공급 현황과 사업 결과로 나타나는 '예상 변화'에 관한 정보는 수송

〈표 4-12〉 사업 유무를 전제로 한 공급시나리오

	Year 1 (건설 시작)	Year 4 (운영 첫 해)	Year 10	Year 15	Year 25
사업이 없을 경우의 시나리오					
버스	9.6	9.6	9.6	9.6	9.6
전차	-	-	-	-	-
개인수송수단	346.4	368.0	410.4	431.3	431.3
사업이 있을 경우의 시나리오					
버스	9.6	8.0	8.0	8.0	8.0
전차	-	1.0	1.0	1.0	1.0
사적 수송수단	346.4	358.0	399.2	419.6	419.6

운영자가 제공하며 교통당국과 운영자 사이에 체결된 공공서비스계약에 나오는 바처럼 수송수단 생산에 관한 규정과 부합한다. 계획된 공급은 수송모형의 가정들과도 부합한다.

다음의 표는 현행 및 계획된 공공수송 공급(버스와 전차)와 예상되는 사적 수송생산에 대한 주요 정보를 요약한다. 모든 정보는 연간 백만 km로 표시된다.

Ⅳ. 사회경제적 분석

경제 분석 결과

사업평가 단계 중 동 사업의 재무 분석은 '할인율 4%'로 수행되었고 유럽연합(EU) 보조금(135.9백만 유로)을 받은 후의 순(純)현금흐름인 재무적 순(純)현재가치(FNPV)가 −55.5**백만 유로(지속가능성 지표: 창출현금** 0**백만 유로)로서 경제 분석을 수행**

할인율 5%로의 경제 분석 결과, 순(純)현재가치편익(ENPV)은 48.7백만 유로, 경제수익률(ERR)은 8.3%, 편익/비용 비율(B/C ratio)는 1.35임

〈도시수송사업의 비용/편익 구성〉

비용항목	편익항목
◦ 투자비용 ◦ 대체 비용(도시 부담) ◦ 생산자잉여(요금, 수송운영자의 유지관리비)의 감소 ◦ 투자의 잔여가치	◦ 시간절약 가치(소비자잉여) ◦ 차량운영비 감소(소비자잉여) ◦ 요금 경감 ◦ 추가적 통행량 ◦ 사고 감소(외부성) ◦ 환경 정화(외부성; 공해 및 기후변화 감소) ◦ 소음 감소(외부성)

전환계수(CF)는 사업비용과 '잠재임금(노무비에 대한) 및 세금부담(에너지비용에 대한)'의 평균 구성에 관한 통계청 자료를 통해 추정한다. 즉, 투자비에 대한 보정계수는 0.9 이고 유지관리비에 대하여는 0.85이다.

앞의 수요분석에서처럼 다중수송모형은 '사업 유무' 모두에 대해 대중수송 및 개인차량 이용자의 일반적인 비용에 대한 정보를 제공한다. 그러므로 현재의 통행량과 '개인차량 및 버스에서 전차로 전환된 통행량' 모두에 대한 '여행의 일반화된 비용(시간단축과 요금 포함)의 차이'로서 소비자잉여를 산출할 수 있다. 새로 창출된 통행량에 대한 편익은 '절반의 규칙(RoH)'으로 산출되며 주요 가정과 비용 및 편익 산출에 사용된 매개변수는 아래와 같다.

투자비용과 대체비용

경제적 가치로서 경제 분석에 포함된다. 즉, 노동의 기회비용을 보정하기 위하여 전환계수가 순(純)현금흐름에 적용된다.

생산자잉여

이를 계산하기 위해 도시철도 운영자에 수반하는 수익은 운영자 운영관리비용과 비교된다. 사례연구에서 생산자잉여는, 수익의 증가분이 비용의 증가분보다 작은 관계로, 음수(-)로 산정되어 사업에 순(純)비용으로 작용한다.

소비자잉여

▮ 여행시간

여행시간에 대한 영향은 수송(교통)모형에 의해서 제공되는 '집집마다의(door-to-door)' 정보에 기초하여 산출한다. 사업 결과 새로이 도입된 전차 방식으로 전환하는 버스 이용자와 자가운전자의 시간 단축으로 인해 수송시스템 내에서 여행시간(시간당 승객수의 감소)의 전반적인 단축이 발생한다.

본 사업에서, 도로 사용을 고집하는 자가운전자는 시간단축을 경험하지 못할 것이다. 왜냐하면, 사업은 도로 용량의 큰 증가를 발생시키지 못할 것으로 예상되기 때문이다(즉, 전차로의 전환으로 초래되는 '도로정체의 감소와 차량속도의 증가'는 지상 전차 길과 같은 새로운 통행방식으로 인한 도로능력의 제약

〈표 4-13〉 여행시간에 미치는 영향

(단위: 승객, 백만 명/hour)

	Year 4(운영 첫 해)	Year 10	Year 15	Year 20	Year 25
기존 통행량	-0.4	-0.4	-0.5	-0.5	-0.5
버스	-0.4	-0.4	-0.5	-0.5	-0.5
사적 수송	-	-	-	-	-
전환된 통행량	-1.1	-1.2	-1.3	-1.3	-1.3
버스에서 전차로	-1.1	-1.2	-1.2	-1.2	-1.2
사적수송에서 전차로	0.0	-0.1	-0.1	-0.1	-0.1
총계	-1.5	-0.7	-1.7	-1.7	-1.7

과 '대중수송에 중점을 두는' 교통관리시스템의 실행으로 상쇄).

다음의 매개변수는 시간가치(value of time)를 추정하기 위하여 채택된다.

업무분류 \ 여행목적	여행목적별 구성(%)		시간가치(EUR/h)	
	공공수송	개인수송	공공수송	개인수송
업무	35	45	9	11
비업무	65	55	3.6	4.4

비용절감 접근방식은 업무 여행을 위한 단위시간 가치를 추정하기 위해 채택되고 노동비용은 통계청의 통계 값에 근거하여 추정된다. 그리고 비업무 여행시간을 위한 단위시간 가치는 업무 시간가치에 0.4의 값을 적용하여 산출된다. 여행목적별 여행의 구성비는 최근 연구에 근거하고, 단위 값은 일인당 GDP 성장률에 대한 0.7의 탄력도로 시간에 걸쳐 증가하는 것으로 가정한다.

▎차량유지비용(VOC)의 절감

사업으로 차량이용에서 대중교통으로 전환하는 이용자의 '회피' 차량유지비는 편익으로 계산된다. 버스서비스의 재구성으로 생긴 차량유지비 절감(버스주행거리의 단축)은 사업운영자의 관리비에 반영한다.

수송모형은 증가된 전차사용의 5%만큼 수송시스템에서 새로 발생될 것임을 보여준다. 이는 총 차량기반 이동성(대중수송과 사적수송 포함)의 2% 증가를 나타낸다.

새로 발생된 수송에 대한 편익은 절반의 규칙(RoH)에 따라 추정된다. 현재 이용자의 일반적인 비용의 절반을 취하여(시간가치와 요금 포함) 발생된 이용자의 수에 곱한다.

외부성

❙ 사고

개인차량에서 대중교통으로의 전환으로 도로주행거리가 줄어들어 도로상에서의 사고수가 감소되리라 예상된다. 사고 발생 가능성, 부상자 및 사망자, 상해자의 수치는 통계청 자료에서 취한다. 단위 값은 일인당 GDP 성장률에 대한 0.7의 탄력도로 시간에 걸쳐 증가한다.

❙ 소음

사업과 관련한 소음비용은 전차, 버스, 개인차량과 관련된 수송 활동으로 인한 소음수준의 차이를 고려하여 추정한다. 소음에 노출된 사람의 수 및 사업 전후의 노출 수준은 환경영향평가를 통해 작성된 소음지도(noise map)에 입각하여 결정된다. 이러한 추정은 소음 원천의 유형, 영토의 형태, 건물 형식, 예상되는 수송 활동 변화 등을 고려한다.

평가에 근거할 때 사업은 전반적인 소음 수준을 감소시킬 것으로 예상된다. 이는 한편으로 새로 도입된 전차가 선로와 전차 모두에 대하여 소음방지 건설기술을 채택한다는 사실(즉, 소음 배출 방지)에 기인하며 다른 한편으로는 도로 통행량 수준이 감소(차량과 버스의 감소)되는 사실에 기인한다.

소음의 단위비용은 '진술선호조사'에 기초하여 측정되고 일정 수준의 소리 배출에 의해 발생되는 불쾌수준과 관련되어 있으며, 일인당 GDP 성장률에 0.7의 탄력도로 증가한다.

차별적 소음비용은 노출된 사람의 숫자에 '소음 수준에 상응하는' 단위 비용을 곱하여 추정한다. 두 변수는 각각 '사업없는' 그리고 '사업있는' 시나리오를 전제로 한다.

▮ 공기오염

환경부담의 감소는 도로 기반 방식(차량 및 버스)에서 전차로의 전환에 기인할 것으로 기대된다. 이러한 전환은 연료소비의 감소를 발생시키고 공해배출을 저감시켜 공해를 유발시키지 않는 것으로 인식된다. 에너지 생산의 전방에 미치는 간접적 환경영향은 기후변화 평가에서 고려한다.

▮ 기후변화

사업으로 인한 이산화탄소 배출의 변동 및 그 경제적 가치를 계산한다. 전기로 달리는 전차의 탄소배출은 전기에너지의 증가에 따른 에너지 생산의 초기단계에 관련하여 평가된다. 이러한 배출은 전차 사용 단계에서는 일어나지 않고 에너지 생산지역에서 발생하며 국가적 에너지 배합에 달려있다.

요약하면, 이산화탄소배출의 자그마한 증가가 전차 운영을 위한 전기소비량의 증가로 일어날지라도 사업은 전반적인 이산화탄소배출의 감소를 초래할 것이다.

도로사용에 기인한 탄소배출의 경제적 영향 산출은 다음 단계를 거쳐 이루어진다.

- 수송거리증가의 계량화(km)
- 이산화탄소배출 산출을 위한 '주행거리 증가에 탄소배출계수 곱하기'
- 총이산화탄소배출량에 단위 비용(EUR/tonne) 곱하기

(노면)전차에 기인한 이산화탄소 배출의 경제적 영향 산출은 다음 단계로 이루어진다.

- 한계에너지 소비량의 계량화 (KWh/train-km)
- 이산화탄소 배출 증가를 산출하기 위하여 에너지소비증가(in KWh)에 전국 평균배출계수(gCO2/KWh)를 곱하기
- 총 이산화탄소 배출량에 단위 비용 곱하기

상기 사항을 바탕으로 경제 분석을 한 결과는 〈표 4-14〉와 같다.

〈표 4-14〉 경제수익률(ERR) 및 편익비용비율(B/C) 계산

경제수익률(ERR)	(단위:백만 유로)	1	2	3	4	5	6	7	8	9	10	11	12	13	14	15	20	25
			건설		운영													
	할인율: 5%																	
C1. 투자비용	-118.3	-43.4	-43.4	-43.4	0.0	0.0	0.0	0.0	0.0	0.0	0.0	0.0	0.0	0.0	0.0	0.0	0.0	0.0
C2. 대체비용	-27.6	0.0	0.0	0.0	0.0	0.0	0.0	0.0	0.0	0.0	17.0	0.0	-10.6	0.0	0.0	0.0	0.0	0.0
C3. 생산자잉여	-3.2	0.0	0.0	0.0	-0.4	-0.3	-0.3	-0.3	-0.3	0.3	-0.3	-0.3	-0.3	0.3	-0.3	0.2	-0.2	-0.2
◦ 요금	8.4	0.0	0.0	0.0	0.7	0.7	0.7	0.7	0.7	0.7	0.7	0.7	0.8	0.8	0.8	0.8	0.8	0.8
◦ 유지관리비	-11.6	0.0	0.0	0.0	-1.0	-1.0	-1.0	-1.0	-1.0	1.0	-1.0	-1.0	-1.0	1.0	1.0	-1.0	1.0	-1.0
C4. 잔여가액	8.0	0.0	0.0	0.0	0.0	0.0	0.0	0.0	0.0	0.0	0.0	0.0	0.0	0.0	0.0	0.0	0.0	27.1
Ⅰ. 총 경제비(C1+C2+C3+C4)	**-144.3**	**-43.4**	**-43.4**	**-43.4**	**-0.4**	**-0.3**	**-0.3**	**-0.3**	**-0.3**	**0.3**	**17.3**	**-0.3**	**-10.9**	**0.3**	**0.3**	**0.2**	**0.2**	**26.8**
B1.소비자잉여																		
◦ 시간가치	115.2	0.0	0.0	0.0	8.3	8.5	8.8	9.0	9.3	9.6	9.8	10.0	10.2	0.4	0.6	10.9	11.4	12.1
◦ 차량운영비(개인 수송)	40.7	0.0	0.0	0.0	3.2	3.3	3.3	3.4	3.5	3.5	3.6	3.6	3.6	3.7	3.7	3.8	3.8	3.8
◦ 요금	-8.4	0.0	0.0	0.0	-0.7	-0.7	-0.7	-0.7	-0.7	0.7	-0.7	-0.7	-0.8	0.8	0.8	0.8	0.8	-0.8
◦ 추가 통행량편익	23.0	0.0	0.0	0.0	1.7	1.7	1.8	1.8	1.9	1.9	2.0	2.0	2.0	2.1	2.1	2.2	2.3	2.4
B2. 외부성																		
◦ 사고	2.8	0.0	0.0	0.0	0.2	0.2	0.2	0.2	0.2	0.2	0.2	0.2	0.3	0.3	0.3	0.3	0.3	0.3
◦ 환경	12.9	0.0	0.0	0.0	1.0	1.0	1.0	1.0	1.1	1.1	1.1	1.1	1.1	1.1	1.2	1.2	1.3	1.3
− 공해	11.2	0.0	0.0	0.0	0.9	0.9	0.9	0.9	0.9	0.9	1.0	1.0	1.0	1.0	1.0	1.0	1.1	1.1
− 기후변화	1.6	0.0	0.0	0.0	0.1	0.1	0.1	0.1	0.1	0.1	0.1	0.1	0.1	0.1	0.2	0.2	0.2	0.2
◦ 소음	3.6	0.0	0.0	0.0	0.3	0.3	0.3	0.3	0.3	0.3	0.3	0.3	0.3	0.3	0.3	0.3	0.3	0.4
Ⅱ. 총 경제편익(B1+B2)	**202.6**	**0.0**	**0.0**	**0.0**	**13.9**	**14.3**	**14.7**	**15.1**	**15.5**	**6.0**	**16.2**	**16.5**	**16.8**	**7.2**	**7.5**	**17.8**	**18.6**	**19.4**
Ⅲ. 경제적 순 현재가치* (ENPV = Ⅱ − Ⅰ)	**58.3**	**43.4**	**43.4**	**43.4**	**13.5**	**14.0**	**14.4**	**14.8**	**15.2**	**5.7**	**-1.0**	**16.3**	**6.0**	**16.9**	**7.2**	**7.5**	**18.3**	**46.3**
경제수익률 (ERR)	**8.3%**																	
B/C 비율(Ⅱ/Ⅰ)	**1.40**																	

* 동 사업의 재무적 순 현재가치(순현금흐름 FNPV: −55.5) = 사업수혜자의 투자비에의 기여(−8.7) + 이자지출(−3.9) + 원금상환(−10.0) + 운영유지비(대체비포함 −54.6) + 수입(9.9) + 투자의 잔여가치(11.7)

V. 위험 평가

(1) 민감도분석

사업이 어떤 상황에서 경제적 수익성이 없는지를 파악하기 위하여 경제적 수익성에 대한 민감도 분석을 수행한다. 분석은 가능한 결정변수를 보다 잘 식별하기 위하여 분해변수(수요와 가격)를 사용하여 수행된다.

민감도 분석에서 주요 변수라 함은 그의 1%의 변화가 '1% 보다 크거나 같은 수준'의 경제적 순현재가치(ENPV)의 변화를 초래할 경우(탄력도>1)에 정의된다. 주요변수의 1% 증가에 대한 순(純)현재가치의 예상탄력도는 아래 표와 같다.

변수	순(純)경제편익(ENPV) 탄력도
투자비용 ±1%	±2.8%
수송수요(증가) ±1%	±3.1%
시간가치(단위비용) ±1%	±2.8%

경제적 수익성에 대한 민감도 평가 결과, 위 표에서 보듯 교통수요 증가, 투자비용, 단위시간 가치 등 세 변수가 중요변수로 확인된다. 그리고 해당변수의 전환 값은 다음과 같다.

변수	전환 값(ENPV=0)
투자비용	+35%
교통수요	-32%
시간 가치	-36%

세 변수 중 투자비용 증가는 경제적 수익성에 음(-)의 효과를 내지만 수송수요 증가 및 시간가치 상승(도시수송 이용 증가)은 각각 양(+)의 효과를 발휘한다. 이로써 순(純)현재가치를 0으로 만드는 전환 값을 기준으로 투자비용

의 경우 +35%까지 증대를 허용하고 수송수요 및 시간가치는 '-32%~-36%까지'의 하락을 허용한다. 이로써 위에 제시된 전환 값의 어느 변수도 사업의 경제적 수익성 평가를 현실적으로 위협하지 못하는 것으로 나타났다.

(2) 위험 분석

위험분석은 통행량 예측 및 투자비용과 관련된 주요 위험 요인들을 분석하여 수익자(또는 수혜자)에 의해 위험 방지 또는 경감조치들을 식별할 수 있게 한다. 즉, 사업운영 및 사업 시행과 관련한 주요 위험에 대한 방지 및 경감전략들을 기술하면 아래와 같다.

〈표 4-15〉 주요위험 예방 및 경감 전략

위험 항목	확률 (P)	심각도 (S)	위험 수준 (=P*S)	위험방지/ 경감조치	잔여 위험
관리위험					
토지구입과 도로권리취득 문제	B	II	낮음	신설노선은 현재 도로상에서 운영되므로 토지구매를 최소화 담당: 해당도시	없음
행정 절차로 인한 지체(허가·입찰 등)	B	II	낮음	해당도시 구조 안에 적절한 자원을 갖춘 사업실행단위의 설립 담당: 해당도시	낮음
자금조달의 지연	B	II	낮음	초기에 전문용역지원 제공 담당: 관리당국과 해당도시	낮음
건설위험					
투자비 초과	C	Ⅲ	보통	예산은 관련 벤치마킹과 비교함으로써 낙관적 오차 방지. 외부 전문건설감독자 선임 담당: 해당도시	낮음
계약자로 인한 지체(마감충족 실패, 시행 철회, 부도)	C	III	보통	구매규정에 따른 계약자 선정 및 외부전문건설감독자에 의한 밀착 감시 담당: 해당도시	낮음

환경 및 사회 위험					
공해·소음·기후변화에 미치는 기대이상의 나쁜 영향	B	III	보통	포괄적이고 완벽한 수준의 환경절차 수립 및 환경영향평가에 공해 등 경감조치 반영 담당: 해당도시	낮음
공공 반대	A	II	낮음	환경영향평가에 시민의 참여 및 관련 중요결정사항을 시민에게 충분히 공지 담당: 해당도시	낮음
운영위험					
계획된 보상보다 높은 운영비 (운영자의 유동성문제)	B	III	보통	운영비 예측은 회사의 역사적 비용 뿐 아니라 합리적인 기준에 입각하여 작성 공공서비스계약(PSC)은 본 예측에 기초하고 운영비 변동에 대한 조정체계 제공 담당: 해당도시 및 PSC 담당 운영자	낮음
대중수송 수요(증가)의 예상보다 상당량 부족 (낮은 편익, 낮은 매출, 더 높은 보상 요청 등)	B	IV	보통	대중수송수단으로의 전환을 지원하는 조치와 경기침체의 영향을 감안하는 보수적 수요 예측 필요 담당: 해당도시	낮음
수요예측 수준에 상응하지 못하는 수송공급	B	III	보통	수송당국·운영자는 공공서비스계약에 합의·서명하여, 수송서비스 제공의 명확한 토대를 마련하고 운영자는 서비스의 품질과 이용자 만족도를 점검하기 위한 관리시스템을 도모 (예, 이용자만족도 조사 등) 담당: 해당도시(수송당국)	낮음

주: 1. 확률: A.가능성 매우 희박 B.희박 C.보통 D.가능성 보통 E.높은 가능성
심각도: I.영향 없음 II.미미한 영향 III. 보통 IV. 심각 V. 매우 심각(재앙)
위험수준: Low, Moderate, High, Unacceptable(도저히 받아들일 수 없는 정도)
2. 수송모형은 연구범위 내 '컴퓨터에 기반을 둔' 수송망에 따른 사람과 재화의 이동을 나타낸 것으로서, 철도의 경우 투자비용은 준비작업, 트랙작업, 기술구조, 지점 역, 환경보호 등의 항목으로 분류한다.
3. 비용절감접근법은 한계생산성이론에 기반을 둔 방법이며, 생산비 절감은 한계생산비(MC)가 한계수입(MR)과 일치할 때까지 생산이 증가함으로써 충족된다. 또 출퇴근 거리 단축으로 인해 발생하는 인건비 감축은 고용을 늘려 관련 생산을 증가시킨다.

민감도 및 위험분석 결과, 사업의 전반적 위험은 '낮음~보통'이며 인식된 위험의 예방과 불리한 영향에 대한 경감조치가 그 역할을 수행한다.

제 3 부

비용편익분석과 규제관리

제 1 장

규제 현황

1. 중앙정부기관 규제 현황

우리나라는 2020년 11월 현재 42개 부·위원회·처·청(기관)의 법령조문 기준으로 총 983개의 규제를 제정·관리하고 있다. 부처 중 규제 개수가 가장 많은 부는 국토교통부로서 99개의 법령을 운영하고 있고 국무조정실은 2개 그리고 개인정보위원회·국세청·통계청이 각각 1개씩으로 가장 적게 운영하고 있다.

2016~2020년의 4년 동안 기관 조정을 통한 전체 규제 수는 933개에서 994개로 늘어나 6.5%의 증가율을 보였다. 증감상황을 보면 2020년 기준 해양수산부는 4년 전에 비해 법률명 기준으로 규제 수가 22개로 가장 많이 늘어 36.1%의 증가율을 보였고 행정안전부는 19개 늘어 65.5%의 증가율을 그리고 국토교통부는 7개 늘어 7.6%의 증가율을 각각 나타냈다. 반면, 교육부는 17개 감소하여 −23.3%의 감소율을 보였고 금융위원회는 13개 감소하여 −27.1%의 감소율을 보였으며 과학기술정보통신부(구 미래창조과학부)는 7개 감소하여 −14.0%의 감소율을 각각 나타냈다.

하지만 정부의 각 기관은 법률(명) 소관의 법률·시행령·시행규칙·행정규칙 등 4개 항목을 통해 훨씬 세분되고 많은 수의 '관련 규제'를 제정·운영하고 있다(「규제정보포털」 참조). 부처별로 제정·시행되는 규제는 중앙부처가 국민을 상대로 펼치는 국정(國政)으로 볼 수 있으므로 그 증가를 일방적으로 바람직하지 않다고 생각할 수 없다. 국정의 여건이 달라지기 때문이다. 중요한 건 여건 변화를 고려하면서 국가 사무와 민간사무를 어떻게 합리적으로 구분·설정하는가이며 또한 그러한 범주를 통해 중앙정부와 지방정부 간에 국정을 얼마나 효율적으로 관리하는가이다.

〈표 1-1〉 부 · 위원회 · 처 · 청별 규제 현황 – 법률명 기준(2020년 11월)

구분	기획 재정	교육	과학 기술	외교	통일	법무	국방	행정 안전
규제 수	24	56	43	9	6	19	14	48
구분	문화 체육	농림 축산 식품	산업 통상	보건 복지	환경	고용 노동	여성 가족	국토 수송
규제 수	44	61	65	79	58	31	20	99
구분	해양 수산	중소 벤처기업	국무 조정(실)	방송 통신 (위원회)	공정 거래 (위원회)	금융 (위원회)	국민 권익 (위원회)	원자력 안전 (위원회)
규제 수	83	21	2	9	12	35	3	6
구분	개인정보 보호 (위원회)	국가 보훈 (처)	식품의약품 안전 (처)	인사 혁신 (처)	국세 (청)	관세 (청)	조달 (청)	통계 (청)
규제 수	1	12	19	4	1	10	5	1
구분	경찰 (청)	소방 (청)	문화재 (청)	농촌 진흥 (청)	산림 (청)	해양 경찰 (청)	특허 (청)	기상 (청)
규제 수	10	10	6	8	20	5	8	3
구분	금융 감독 (원)	질병 관리 (청)						
규제 수	6	7						
총합계	983개							

주: 1. 개인정보위원회 · 국세청 · 통계청 소관 법령조문은 각각 1개로서 개인정보보호법, 주세 법, 통계법임
2. 국무조정실 소관 2개 법령조문은 '사회적 참사의 진상 규명 및 안전사회 건설 등을 위한 특별법'과 '저탄소 녹색성장 기본법'임

자료: 규제정보포털.

〈표 1-2〉 부·위원회별 규제관련 주요 법률명 및 변동 상황(2020.11 기준)

	부 또는 위원회	주요 법률명				
		1	2	3	기관별 소관법률명 개수	
					현행	이전(2016)
1	**기획재정부 (규제 증가)**	공공기관 운영에 관한 법률	국가재산법	외국환거래법	24	23
2	교육부	고등교육법	교육공무원법	사립학교법	56	73
3	과학기술 정보 통신부	과학기술기본법	국가정보화 기본법	우주개발진흥법	43	50
4	**외교부 (규제증가)**	여권법	해외 국민 등록 법	한국국제협력단법	9	8
5	**통일부 (규제증가)**	남북교류협력에 관한 법률	통일교육지원법	북한이탈주민의 보호 및 정착지원에 관한 법률	6	4
6	법무부	국적법	변호사법	법률구조법	19	21
7	국방부	군인공제회 법	군 공항 이전 및 지원에 관한 특별법	군인의 지위 및 복무에 관한 기본법	14	15
8	**행정안전부 (규제 증가)**	공공기관의 정보 공개에 관한 법률	공유재산 및 물품관리법	농어촌도로 정비법	48	29
9	**문화체육 관광부 (규제증가)**	관광진흥법	국민체육 진흥법	국어기본법	44	39
10	농림축산 식품부	농수산물 유통 및 가격안정법	낙농진흥법	농어촌정비 법	61	69
11	산업통상 자원부	경제자유구역 제정 및 운영에 관한 특별법	중견기업 성장 촉진 및 경쟁력 강화에 관한 특별법	산업발전 법	65	69
12	**보건복지부 (규제 증가)**	건강검진기본법	공공기록물 관리에 관한 법률	노인복지 법	79	77
13	**환경부 (규제증가)**	대기환경보전법	기업 활동 규제 완화에 관한 특별조치법	가축분뇨의 이용 및 관리에 관한 법률	58	50
14	고용노동부	근로기준법	고용정책 기본법	고용보험법	31	31

15	여성가족부	건강가정기본법	성폭력 방지 및 피해자 보호 등에 관한 법률	아동·청소년 성보호 등에 관한 법률	20	20
16	**국토교통부 (규제증가)**	건축법	개발이익 환수에 관한 법률	공공주택특별법	99	92
17	**해양수산부 (규제증가)**	공간정보의 구축 및 관리 등에 관한 법률	국제선박 등록 법	농어업 재해보험법	83	61
18	중소벤처 기업부	기술보증기금 법	벤처기업 육성에 관한 특별조치법	중소기업창업 지원법	21	-
19	국무조정실	온실가스 배출권 및 할당에 관한 법률	저탄소 녹색성장 기본법	-	2	2
20	**방송통신 위원회 (규제증가)**	방송법	위치정보의 보호 및 이용 등에 관한 법률	전파법	9	7
21	공정거래 위원회	독점규제 및 공정거래에 관한 법률	소비자기본법	대규모유통업에서의 거래 공정화에 관한 법률	12	15
22	금융 위원회	공적자금관리 특별법	금융산업 구조 개선에 관한 법률	금융실명거래 및 비밀보호에 관한 법률	35	48
23	국민권익 위원회	공익신고자보호법	부패방지 및 국민권익위원회의 설치와 운영에 관한 법률	부정청탁 및 금품 등 수수의 금지에 관한 법률	3	3
24	원자력 안전 위원회	생활주변 방사선 안전관리 법	원자력시설 등의 방호 및 방사능 재해 대책법	원자력안전 법	6	6
25	개인정보 보호 위원회	개인정보 보호법	-	-	1	
합계					**848**	**812**

〈표 1-3〉 처 · 청별 규제 관련 주요 법률명 및 변동 상황

	처 또는 청	주요 법률명				
		1	2	3	전체 수	
					현행	이전(2016)
1	국가보훈처	국가유공자 등 예우 및 지원에 관한 법률	대한민국 재향 군인회법	제대군인 지원에 관한 법률	12	12
2	**식품의약품 안전처 (규제증가)**	농수산물품질 관리법	식품위생법	약사법	19	14
3	**인사혁신처 (규제증가)**	공무원연금법	공직자윤리법	국가공무원법	4	3
4	국세청	주세법	-	-	1	1
5	관세청	관세법	남북교류협력에 관한 법률	대외무역법	10	17
6	**조달청 (규제증가)**	국가를 당사자로 하는 계약에 관한 법률	건축서비스산업 진흥법	조달사업에 관한 법률	5	3
7	통계청	통계법			1	1
8	경찰청	도로수송법	집회 및 시위에 관한 법률	사행행위 등 규제 및 처벌 특례법	10	10
9	소방청	소방기본법	위험물안전 관리법	다중이용업소의 안전관리에 관한 특별법	10	-
10	문화재청	매장문화재 보호 및 조사에 관한 법률	문화재보호법	고도 보존 및 육성에 관한 법률	6	6
11	농촌진흥청	농수산물품질 관리법	농약관리법	농촌진흥법	8	9
12	산림청	목재의 지속가능한 이용에 관한 법률	산림보호법	국유림의 경영 및 관리에 관한 법률	20	20
13	해양경찰청	선박수송관제에 관한 법률	수상레저안전법	해양경비법	5	-
14	특허청	발명진흥법	부정경쟁방지 및 영업비밀보호에 관한 법률	실용신안법	8	9
15	기상청	기상관측표준화법	기상 법	기상산업진흥법	3	4

16	질병관리청	감염 병의 예방 및 관리에 관한 법률	약사법	의료법	7	
17	금융감독원	금융 산업의 구조 개선에 관한 법률	상호저축은행법	온라인투자연계 업 및 이용자 보호에 관한 법률	17	12
합계					**146**	**121**

주: 1. 법률이하 자세한 내용은 규제개혁위원회의 「규제정보포털」을 참조.

2. 법률명 소관의 법률, 시행령, 시행규칙, 행정규칙의 4개가 기본구조이며 각 부(部)의 법률명별로 기본구조의 구성은 상이.

3. 규제 현황에서 '종전'은 2016년 12월 기준이며 '현행'은 2020년 11월 기준임.

자료: 규제정보포털.

규제는 기업 활동 및 소비생활 등 여러 관점에서 그 적절성 또는 정당성 여부를 평가받고 있다. 아래에서는 규제의 현황을 경제활동의 현실에 맞춰 설명하고자 2019~2010년 동안 주요 언론이 게재한 국민(전직 공무원, 전경련, 기업)의 입장에서의 비판적 사고를 세 가지 관점으로 소개해 보았다.[1)]

첫째, 자유로운 기업 활동 즉, 자율·창의를 억제하는 방향의 규제행위에 관련된 내용이다. 이는 해외에서 기업에 대해 형사법 처벌을 줄여가는 추세와는 달리 공정거래위원회 소관의 전속고발권리를 통해 "처벌에만 집중하면 기업의 활동이 통제되며 이를 통해 경제가 위축될 가능성이 크다"는 논리이다.

둘째, 여론조사는 정부가 규제샌드박스 제도 시행 및 규제자유특구의 활성화를 위해 노력함에도 불구하고 기업인들이 느끼는 규제개혁 체감도는 하락한다는 내용이다. 규제샌드박스란 "새로운 제품이나 서비스가 출시될 때 일정 기간 동안 기존 규제를 면제·유예시켜주는 제도"로서 신기술·서비스가 국민의 생명과 안전에 저해되지 않을 경우 기존 법령이나 규제에도 불구하고 실증(실증특례) 또는 시장 출시(임시허가)할 수 있도록 지원해주는 제도이다. 근래 OECD 분석보고서는 한국의 경우 시장규제 정도에 있어 최(最)하

1) 규제의 객관적인 타당성 여부를 떠나 실제 기업들이 나타내는 '규제에 대한 반응'을 인용한 것임.

위권으로 분류하고 있다는 내용이다.

셋째, 동일한 규제대상 기업에 대해 다수의 정부기관이 각각의 목적으로 규제행위를 함으로써 비용부담을 가중시킨다는 내용이다. 즉, 세 정부기관의 '품질의 안전 및 관리에 관한 규제, 원도급업체의 안전관리(시행령 기준), 하도급업체에 대한 원도급업체의 불공정행위에 대한 규제'로서 이는 모두 비용 또는 원가상승을 초래하는 원인으로 작용한다는 것으로 주장되었다.

이러한 규제들을 생각할 때 해당부처의 일방적인 규제 완화만이 능사는 아니다. 해당부처의 입장 및 견해는 다를 수 있고 여건이 바뀌면 그 관점도 달라질 수도 있다. 중요한 건 정부개입이 꼭 필요한 부분을 중심으로 규제를 운영하는 즉, 규제의 적정수준 운영이 국정운영의 효율성 제고 차원에서 필요하다.

| 사례 1 | "세계는 기업 처벌 줄이는데 한국만 역행"

최근 퇴직한 공정거래위원회 부위원장이 "해외 독점규제법은 기업 경영활동에 대한 형사 처벌을 줄이는 방향으로 가고 있는데 한국만 역행하고 있다"는 비판을 내놓았다.지철호 전 공정위 부위원장(59 · 사진)은 23일 본보와의 전화 인터뷰에서 공정거래법 개정안의 핵심인 '전속고발권리 폐지'와 관련해 "처벌에만 치중하면 기업의 자율과 창의를 저해해 경제 자체를 위축시킬 가능성이 크다"며 이같이 밝혔다. 재직 시절 '재계의 저승사자'로까지 불렸던 지 전 부위원장이 기업에 대한 형사법 처벌을 줄여야 한다고 주장하는 이유는 전속고발권리 폐지 이후 고발이 남발될 수 있다는 우려 때문이다. 그는 "지금도 공정위가 가벼운 입찰 담합 등 웬만한 사안을 모두 고발하고 있는데 전속고발권이 폐지되면 검찰과의 중복 조사로 기업 활동이 엉망이 될 수 있다"고 했다.

전속고발권리는 공정거래법 관련 사건에 대해선 경쟁당국의 고발이 있어야 검찰의 기소가 가능하게 한 제도다. 전속고발권리를 시행 중인 나라는 한국과 일본뿐이다. 하지만 2010년 이후 공정위가 기업을 고발한 건수는 575건인 반면에 일본 경쟁당국의 고발 건수는 4건에 그친다. 지철호 전 부위원장은 "일본은 악질적인 담합 범죄나 정부가 내린 중지, 금지 등의 명령을 위반했을 때만 고발하며, 독일 · 중국 등은 독점규제 위반에 대해 대부분 형사벌칙을 규정하지 않거나 일부 위반 행위에만 제한적으로 규정한다."고 설명했다. 지 전 부위원장은 30여 년간의 공직생활을 마치고 8월 퇴임했다. 세계 각국이 독점을 어떻게 규제해 왔는지를 다룬 책 '독점규제의 역사'를 발간하는 등 관련 제도를 연구하고 있다.

– 주애진(동아일보, 2020. 10. 24)

❙사례 2❙ "규제 샌드박스(sand box) 도입했지만 기업 체감지수 오히려 후퇴"

정부의 규제 샌드박스(sand box) 제도 시행과 규제자유특구 활성화 등의 노력에도 불구하고 기업들의 규제개혁 체감도는 지난해보다 낮아진 것으로 조사됐다. 전국경제인연합회는 17일 "여론조사 기관 리서치&리서치에 의뢰해 500개 기업(대기업 250사, 중소기업 250사)을 대상으로 '2020년 규제개혁체감도'를 조사한 결과, 올해 규제개혁 체감지수는 93.8로 지난해(94.1)보다 0.3포인트 하락했다"고 밝혔다.

이 지수가 100보다 높으면 만족, 100 미만이면 불만족, 100이면 보통이라는 의미다. 체감도는 새 정부에 대한 기대감으로 2018년 97.2로 반등한 이후, 지속적으로 하락세를 보이고 있다.

규제개혁 성과에 불만족하는 기업은 18.4%로 만족한다는 기업(8.3%)의 2.2배인 것으로 나타났다. 특히, 중소기업의 경우 지난 1년간 규제개혁 성과에 '매우 불만족'으로 응답한 비율이 8.2%로, 대기업(3.6%)보다 크게 높았다. 이 기업들은 정부가 최우선으로 규제를 개혁해야 할 분야(중복 응답)로 '노동 규제'(41.8%)를 꼽았다. 이어 '환경 · 에너지 관련 규제'(27.8%), '대기업 규제'(26.4%) 등 순이었다. 현 정부의 규제개혁 정책성과 전망에 대해서는 '매우 부정적'(5.4%), '부정적'(19.6%)이라는 응답이 '매우 긍정적'(2.2%), '긍정적'(6.8%)보다 2.8배 많았다. 기업들은 규제개혁 성과 전망에 부정적인 이유로 '경제 민주화 및 반(反)기업 정서 등에 대한 우려'(16.8%), '핵심규제 개선 미흡'(12.0%) 등을 들었다.

– 신은진(조선일보, 2020. 8. 18)

| 사례 3 | "벼랑 끝 내몰린 건설업체"

국토교통부 "품질 강화",
고용노동부 "안전 강화",
공정거래위원회 "하도급 불공정 규제"

적자(赤字) 공공공사를 강요하고 있는 정부가 품질, 안전 등의 규제를 강화하면서 건설회사의 시름이 한층 깊어지고 있다. 규제가 강화될수록 공사 기간이 늘어나고 공사비가 올라가는 까닭이다. 적자 공사 대책 마련에 나서기는커녕 건설사 비용 부담을 더 늘리고 있다는 지적이 나온다. 고용노동부가 개정에 나선 산업안전보건법 시행령은 원(原)도급 업체의 안전관리를 강화하는 내용을 담고 있다. 그러나 안전 강화를 위한 별도의 비용부담에 대한 구체적인 기준은 산업안전보건법이나 국가계약법 계약 예규에 반영되지 않았다.

공정거래위원회는 '하도급 관리 프로세스' 등 지속적으로 하도급업체에 대한 원도급업체의 불공정행위를 규제하고 있다. 건설사 관계자는 "하도급업체 관리를 강화하려면 현장에 추가 인력을 투입해야 하고, 이는 공사 원가에도 영향을 미칠 수밖에 없다"고 설명했다. 공공공사 발주 물량의 공사원가 바탕이 되는 '표준품셈' '표준 시장단가' '낙찰률' 등에 대해서도 개 소관부처가 경쟁하듯 규제를 강화하고 있다고 건설업체들은 지적했다. 설계상 원가 산정 기준인 표준품셈과 표준 시장단가는 공공공사의 품질을 책임지는 국토교통부가 매년 고시한다. 공공공사에 대한 국가예산을 책정하는 기획재정부는 이렇게 산정한 설계원가를 근거로 국가계약법에 따라 일정 비율의 낙찰률을 정해 입찰하도록 규정해 놓고 있다. 설계원가가 억 원이고 낙찰률이 %라면 건설사들은 억 원에 입찰해야 한다.

최상호 대한건설협회 계약제도 실장은 "표준품셈과 표준 시장단가가 해마다 떨어져 실제 원가수준인데도 낙찰률은 변동되지 않았다"며 "소관 부처별로 입장이 달라 제도 개선이 이뤄지기 어렵다"고 지적했다. 전영준 한국 건설 산업 연구원 부연구위원은 "부처 입장만 고려해 각종 규제를 강화하고 있는 반면 공사원가에 미치는 영향에 대해선 모두 관심을 두지 않고 있다"고 말했다.

– 이정선(한국경제신문)

현행 규제의 내용을 구체적으로 살펴보면 한두 가지의 문제점을 지적할 수 있다. 첫째, '법률명칭상 동일한 규제'를 관리하는 기관의 사례로서 금융위원회와 금융감독원 소관의 '금융 산업의 구조개선에 관한 법률'을 들 수 있다. 두 기관은 동일한 법률명에도 불구하고 상이한 법률 및 시행령(하위법)을 통해 행정의 효율성을 높이고자 규제기능을 적절히 안배하고 있다. 하지만 금융감독원은 금융위원회의 규제 내용과는 달리 법률의 정의 즉 용어해설만 그 내용으로 포함하고 있다.

〈표 1-4〉 금융 산업 구조개선에 관한 법률(명)의 소관별 내용 비교

금융위원회 및 금융감독원 소관 '금융 산업의 구조개선에 관한 법률'(법률명)	
금융위원회의 법률 · 시행령	금융감독원의 법률
1. (4조 및 7조) 인가사항 2. (8조 및 9조) 합병 및 전환 3. (10조 및 11조) 적기 시정조치 4. (12조) 부실금융기관에 대한 정부 등의 출자 5. (15조) 청산인 또는 파산관재인 6. (23조) 금융기능 제고계획 7. (24조) 다른 회사의 주식소유한도 및 시정조치 등	1. (2조) 법률의 정의(용어의 정의): 금융기관 정의, 부실금융기관, 인수, 파산참관기관, 예금채권, 예금자, 임원, 자금지원 등

〈표 1-5〉 국토교통부 소관 규제 3건

"도시재생 활성화 및 지원을 위한 특별법"의 이하 법률 등	"도시재정비 촉진을 위한 특별법"의 이하 법률 등	"빈집 및 소규모 주택 정비에 관한 특별법"의 이하 법률 등
(법률23조) 행위 등의 제한 (시행령30조) 행위허가의 대상 등	(법률5&6&7조)재정비 촉진지구의 지정 · 요건 · 효력 상실 등) (법률11조)기반시설 설치비용의 분담 등 (법률19조)건축규제 완화 등에 관한 특례 (법률20조)주택규모 및 건설비율에 관한 특례 (법률27조)재정비촉진지구에서의 기반시설 설치 (법률30조)세입자 등을 위한 임대주택 건설 등	(법률16조)소규모 주택정비사업의 시행방법 (법률33조)관리처분계획의 내용 및 수립기준

둘째, 단일 부(部)인 국토교통부에서 '도시재생 활성화 및 지원을 위한 특별법', '도시재정비 촉진을 위한 특별법', '빈집 및 소규모 주택 정비에 관한 특별법' 등 세 가지의 유사한 내용을 법률명으로 관리하고 있는 사례이다. 물론 세분화된 법률 이하의 내용이 관련성을 갖고 "도시 재정비와 도시 재생 활성화"라는 과제를 수행한다고 본다. 하지만 무리한 사안들이 없다면 세 가지 특별법을 합리적으로 조정·정리하여 행정의 효율성을 제고할 수 있는 여지가 남아있다.

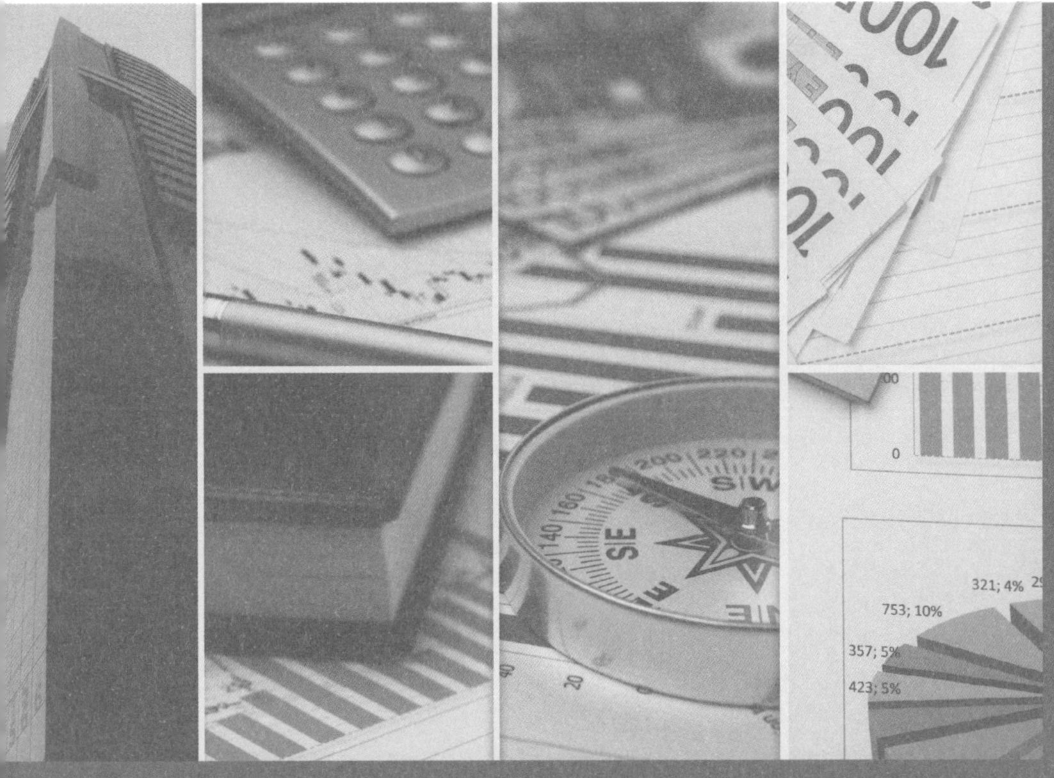

제 2 장

규제영향분석(RIA)과 비용편익분석(CBA)

1. 규제영향분석의 의의와 유형

(1) 의의

규제영향분석(RIA; Regulation Impact Analysis)이란 규제가 국민의 일상생활을 위시하여 경제·사회 등 여러 분야에 미치는 영향을 객관적이고 과학적인 방법을 사용하여 규제의 타당성을 판단하는 기준을 제시하는 것이다. 즉, 새로 제안된 규제 또는 '규제의 변화'가 초래하는 예상효과를 평가하는 도구로서 그것이 바람직한 영향을 미치는지를 확인할 수 있도록 상세한 분석을 필요로 한다. 또 규제영향분석을 통해 규제와 관련된 부작용 또는 숨겨진 비용을 확인할 뿐만 아니라 개인 또는 기업의 규제순응 비용을 계량화하고 국가의 행정집행비용도 함께 파악할 수 있다.

규제영향분석은 국제적으로 통용·적용되는 일반모형은 없지만, 목적에 대한 분명한 인식, 이해관계자와의 구조적 문제에 대한 상담, 그리고 규제영향의 자세한 검토와 규제 대안의 사용을 신중히 고려하는 경향을 나타낸다. 또 특정한 의사결정에 있어 대체재는 아니지만 정치적 또는 행정적인 의사결정의 질을 제고하는 데 가장 적절한 방안으로 작용한다.

규제영향분석의 장점은 첫째, 소비자의 선택과 경쟁을 제약하는 규제 측면을 조명함으로써 경제적 효율성에 기여할 수 있다. 또한 반(反)경쟁적이고 보호주의적인 규제(법)를 제정되기 전에 인식할 수 있다. 왜냐하면 폭넓은 이해관계자들과의 상담이 가능한데다 사전에 예상하지 못한 결과에 대해 조명할 수 있는 기회를 제공하기 때문이다.

둘째, 정부주관 규제에 있어 과정의 투명성과 합법성을 제고하여 '통치의 질'을 개선할 수 있는 수단으로 작용한다. 시민들의 이익이 규제과정과 체계적으로 연계되어 있는 점을 고려하여 규제 제정 시 상담과정을 포함시키는 것이 합당하다. 규제 집행과 그 검토를 중시함으로써 규제의 집행 및 점검에 보다 전략적으로 접근할 수 있다. 이는 규제과정의 책임성을 높일 수 있는 계기가 될 수 있다.

셋째, 규제영향분석은 공공서비스의 효율성과 효과성을 제고시킨다. 즉, 정책수립에서 보다 많은 근거를 사용하고 규제(또는 제안)가 내포하는 시사점에 보다 많은 정보를 제공함으로써 정책의 질을 높일 수 있다. 또 비용과 관련하여 보다 상세한 정보를 생성하고 정책목표의 달성을 위해 보다 확장적인 대안 분석을 허용함으로써 적격성조사(VFM; Value for Money)와 효율성(제고)에도 기여한다.

영국은 2004년에 '보다 나은' 규제(better regulation) 및 규제 설정을 개선(regulating better)하기 위해 여섯 가지 원칙을 제시했다. 이는 제안된 규제를 평가하는 데 지침으로 사용될 수 있다.[1)]

- 필요성: 특정 규제가 필요한가? 해당분야에서 관료적 형식주의(red tape)를 줄일 수 있나? 동 분야를 관장하는 규칙과 구조는 아직 유효한가?
- 효과성: 규제가 적절히 방향성을 가지는가? 적절히 순응하고 집행되는가?
- 균형성: 규제의 이점이 불리한 점을 능가하여 우리를 만족시키는가? 동일한 목적을 달성하는 데 보다 현명한 방법은 없는가?
- 투명성: 규제 시행 시 관계자와 상의하였는가? 특정 분야의 규제는 깨끗하여 모두에게 접근가능한가? 또한 설명 자료로도 유지되고 있는가?
- 책임성: 규제를 통해 정확히 '누가 누구에게 책임이 있고 무엇 때문에'라는 규정이 분명한가? 효과적인 호소 과정이 있는가?
- 일관성: 특정 규제가 이미 동일한 분야에 존재하는 다른 규제에 대해 변칙과 비일관성을 제기할 수 있나? 그리고 다른 분야의 규제 시 한 부문에서 개발된 모범사례를 적용할 수 있나?

---

1) "Regulating Better Better"-A Government White Paper, Stationery Office Dublin, 2004.

(2) 규제의 유형

규제의 성격 즉, 유형을 살펴보면 (1) 전통적인 명령-통제 규제 (2) 자발적 접근 - 자기 규제(Voluntary approach-Self Regulation) (3) 성과기준 규제 (4) 상호규제 등 네 가지 형태를 갖고 있다.[2)]

첫째, '명령-통제' 규제시스템은 필연적으로 "행정부의 정책 집행과 관련된 법이나 입법 활동의 국가중심의 과정으로 볼 수 있다. 이러한 명령-통제 규제는 가장 넓게 인식된 정책도구이며 경제적 또는 사회적 영역을 통해 아주 다양하게 적용되고 있다. 공공에 위험이 존재할 상황에서 이 유형은 가장 적절하지만, 그렇지 않을 경우 보다 유연한 조치가 필요하다. 가장 보편적인 규제 형태 또는 대안을 살펴보면 아래와 같다.

전통적인 '명령 - 통제' 규제	
장점	단점
◦ 신속히 설정된 '고정 기준'과 그에 부합하지 않는 행위/재화는 즉각적인 불법 처리 ◦ 규제를 통해 정부의 강압적인 행위를 표시함으로써 규제활동에 대한 찬성/반대의 입장 표출 ◦ 공공안전에 심각한 위협을 초래하는 행위에 대해 불법 처리 ◦ 일부의 사람들은 규제가 엄격하고 심하게 강요당하는 상황에서 순응 가능	◦ 시간·경비 측면에서 비효율적인 '복잡하고 관료적인' 규칙과 절차 초래 ◦ 집행비용이 과다할 경우 창의적인 순응을 통해 규제회피 가능 ◦ 규제의 기준 및 한계 관련 정보에 대해 기업 의존적인 관계로 인해 규제포획의 위험 증가 ◦ 가장 적절한 성과수준을 결정하기 힘듦 ◦ 과도하게 독단적이며 강제적 성격을 띰 ◦ 정책위험 초래 가능성

둘째, 자발적인 접근방식은 주로 기업 또는 산업에서 시행되며 때로는 정부에 의해 인가된다. 기업이 자발적 접근방식에 참여하는 데는 두 가지 동기가 작용한다. 하나는 회사가 정책적 관심사에 접근하기 위해 자발적 행동을 취할 경우 번거로운 정부규제를 피할 수 있고 또 하나는 회사가 자발적 참여를 통해 그들의 명성과 판매액을 제고할 수 있다는 인식 때문이다.

---

2) RIA GUIDELINES, "How to conduct a Regulatory Impact Analysis", Department of Taoiseach Governemnt Buildings Dublin2, 2005.

자발적인 접근 – 자기 규제	
장점	단점
◦ 국가에 보다 적은 직접비용을 초래할 경우 명령–통제 규제 유형에 비해 적은 비용 초래 ◦ 사회적 및 기술적 변화에 보다 적응적 ◦ 법정 배제(즉, 법정담당 건수를 줄이고 저렴화) ◦ 공공이익을 위해 경쟁자들 간 상호협력 추구 ◦ 산업(기업)에 의해 설계됨으로써 규제 순응비용의 하락	◦ 적합한 실행 부재 시의 비(非)효과성 ◦ 막대한 이윤을 창출하는 행위를 억제/변화시키는데 무력 ◦ 반(反)경쟁적인 여건에서 진입장벽을 유도

셋째, 성과기준 규제는 '자기 규제 또는 상호규제를 통해 집행될 수 있고 또 그로부터 목적이 성취되어야 하는' 수단보다는 요구된 결과물 또는 목적에 대한 표기가 필요하다. 그럼으로써 정부개입의 정도는 경감된다. 개인 또는 기업은 그것으로 법에 순응하게 될 과정을 선택할 수 있다. 이 경우 규제의 초점은 투입물보다는 결과 또는 산출물에 있다.

성과기준 규제	
장점	단점
◦ 기업과 개인은 특별한 결과(성과)를 얻기 위한 효율적이고 비용절약적인 과정을 인식 ◦ 혁신 및 기술의 보다 폭넓은 사용을 독려 ◦ 규제는 규범적인 '세부사항 및 과정' 대신 목적 및 성과만을 표기함으로써 보다 간단하고 명료해짐	◦ 규제의 성격이 그 목적 및 결과에 대해 정확하고 명백한 표기를 요구함으로써 개발하기 쉽지 않음 ◦ 기업 및 개인들이 그것들에 순응하도록 하는 지도서가 필요하다는 의미에서 해당 규제들은 사실상(de facto) 규범적인 성격을 띨 가능성

넷째, 상호규제는 그 역할이 정부와 규제를 받는 산업 또는 부문 간 나누어져 있는 성격이다. 어떤 경우 산업 또는 산업종사자가 정부와 상의하여 실행규범을 형성하며, 그런 상황에서는 정부보다는 산업 또는 전문기관에 의해 부과되는 재가를 통한 실행규범의 직접적인 파기도 가능하다. 다른 경우 정부가 정책의 일부 측면에 대해 통제력을 유지하면서 해당산업에 규제의 다른 요소들을 이전시킨다.

이러한 유형은 가장 보편적이며 그 적절성은 당시 제기되는 정책 문제에 달려있다. 즉, 대세적 문화 및 행정시스템 그리고 다양한 기타요인들이다.

상호 규제	
장점	단점
◦ 통상 전문기관 또는 산업에 의해 비용이 유발되기 때문에 국가의 비용 경감 ◦ 분야 내 또는 산업 내 성과에 대한 책임감 독려 가능 ◦ 산업 또는 전문기관(연합)의 지식과 전문기술 활용 ◦ 점검행위에 포함된 산업과 지적 직업으로 인한 규제순응도 제고	◦ 반경쟁적 행위 및 진입장벽 독려 가능 ◦ 정부와 산업/전문 직업 사이의 밀접한 관계로 규제포획의 위험 증가 ◦ 전문 직업/산업 부문에서의 책임감 및 자기이익의 부족으로 인한 집행력 저하 ◦ 경쟁에의 진입장벽을 회피하기 위한 '투명성 및 책임감에 기초한' 주의 깊은 규제 설계 필요

2. 규제영향평가의 절차[3)]

(1) 규제영향평가의 절차

미국 의회의 정부책임처(GAO)는 규제입법 영향평가에 관한 구체적 절차를 기술하였고, 규제입법을 잠재적 경제영향을 통해 평가하는 데 기본적인 고려 사항을 서술했다.

- 통상적 입법 또는 양원결의안으로부터 초래되는 '규제'가 실제 의도하는 바를 성취할 수 있는가?
- 상기 규제들이 공포되었을 때 어떤 경제적 변화가 일어나는가?
- 고려되는 상황이 현재의 상태(as is)이거나 '보다 규제적 또는 비(非)규제적'일 때 경제적 비용과 편익은 어떻게 될 것인가?
- 입법 등으로 '의도하는 바'를 비용을 절약하여 달성하는 방안은 없는지?

3) A Technical Guide to Assessing and Preparing Economic Impact Analysis of Regulatory Legislature, Government Accountability Office, 1980.

이와 함께 경제영향평가를 시행하는데 필요한 절차를 나열하면 아래와 같다.

첫째, 사안(또는 정황)의 묘사 및 모형 구축이다. 이는 영향평가의 시작 단계로서 제안된 법률이 의도하는 문제 또는 이슈는 무엇인가?" "왜 그것이 왜 문제인가? & 시장실패 때문인가?"를 전제로 사안의 묘사는 '의도된' 경제문제가 어떻게 경제주체의 생산·소비를 변화시켜 재화 및 용역의 분배에 영향을 미치나? 를 서술한다. 또 상기 문제 및 제안된 법률에 맞춰 시장의 논리로써 시행하는 '문제 묘사'를 위한 모형의 설정이다. 이러한 모형은 왜 문제가 존재하고 그들의 논리를 명확히 하여 그에 대한 최선의 정책이 선택될 수 있어야 한다.

첫째 절차와 관련된 질의

ㅇ해당 시장에서 가격과 수급(량)을 결정하는 요인은 무엇인가?(관련하여 보다 완벽한 분석은 '제안 법안의 찬성자와 반대자가 고려하지 않는' 대안의 장점도 찾아낼 수 있다)

ㅇ문제 해결을 위한 실현가능한 다른 대안이 있는가?

ㅇ이러한 대안들이 해당시장에서 갖는 효과는 어떤가?

ㅇ제도적 제약이 대안 집합의 경계를 결정하는가? 이다.

모형은 법률의 가치를 측정하는 수단으로서 문제에 대한 적절한 정책(수행)을 용이하게 한다. 법률 제안의 가치는 두 가지 요소 즉, 입법 목적에 부합하는 "비용과 편익"에 따라 결정된다. 이의 해결은 대안이 무엇인지를 이해하는 것으로부터 시작되며, 모형 구축을 통해 그 목적을 달성할 수 있다. 예로, 모형이 입법 목적을 달성하는데 있어 '보다 저렴한' 방법을 제시할 수 있다면 법 시행 시 채택된 방법은 불필요한 비용을 수반했다고 할 수 있다.

둘째, 비용과 편익의 인식이다. 모형이 일단 표기되면 다양한 대안들과 관련된 주요 비용과 편익이 그를 통해 인식될 수 있다.

둘째 절차와 관련된 질의

- 대안의 비용과 편익을 인식하는데 있어 입법적 개혁과 관련 어떤 시장모형이 고려될 수 있나?
- 대안의 비용과 편익을 인식하기 위해 실제로 어떤 모형이 선택되는가?
- 다양한 대안의 실행 시 예상되는 비용과 편익은 얼마인가?

보충 질의

- 제안 법 또는 대안들에 의해 영향을 받는 주체는 누구인가?
- 주요한 외부효과(즉, 파급효과)는 고려되었는가?
  (비용·편익의 유형과 관련된 질의; 규제로부터의 모든 영향을 검토 시 필요)
- 제안 법 또는 대안들이 '사적 및 사회적 편익이 정도(定道) 또는 범위를 이탈 하는 상황'을 교정할 수 있는가?
- 제안 법 자체가 '정도에서 이탈되는' 사적 및 사회적 영향을 유발하는가?
- 주요한 간접적인 비용·편익이 인식되는가?
- 명시적 그리고 암묵적 비용은 무엇인가?
- 다양한 대안들에 대한 기회비용(opportunity costs)은 무엇인가?
- 명시적 편익은 무엇이며 암묵적 편익은 존재하는가?
- 규제로부터의 영향이 실제로 관찰되기까지 긴 시간이 소요되는 상황에서 비용과 편익은 존재하고 어떻게 산정되는가?
- 제안된 법 또는 대안들과 관련된 동적(dynamic)인 비용과 편익은 존재하는가?

잠재적 영향은 '훼손에 대해 회복이 보다 더딘' 건강 및 안전 그리고 환경 부문에의 영향인 반면, 동적(실재적) 영향은 주로 생산성, 경쟁, 연구개발, 기술변화, 혁신, 기업가적 창조 등에 관련되어 나타난다

셋째, 비용 및 편익의 측정이다. 비용과 편익이 인식된 이후 그들과 대안들에 대한 측정이 필요하다. 이에 대해 측정된 비용과 편익 규모에 영향을 미치는 '제안 법(또는 대안)' 외의 다른 요인들이 있는가? 의 질의가 필요하다. 규제 영향의 측정은 여러 유형으로 나타날 수 있다. 즉, 금전적 영향, 양적 측면, 그리고 질적인 평가 등이다.

화폐적 영향에 대한 질의 사항

- 어떠한 규제 영향이 화폐로 표현되는지?
- 인용하는 가격이 정확하게 비용 및 편익을 반영하는가?
- 시간에 걸친 가격 변동은 고려되는지?
- 적절한 할인율은 무엇인지? 와 그것이 시간에 따라 변하는지?
- 순(純)현재가치가 산출되는지?

특히 화폐로 나타난 영향

- 어떠한 영향이 '화폐가 아닌' 양적 단위로 표현될 수 있는지?
- 화폐로의 전환(monetization)의 근거는?
- 현존하는 규제와의 비교를 통해 새로운 규제의 영향을 암묵적 화폐단위로 평가할 수 있는지?
- 무형의 가치가 가시화될 수 있는지?(※ 제안 법이 특별한 사회집단의 문제를 표출할 때 그들에 대한 편익과 비용은 아래 사항을 고려)
- 소비자, 생산자, 그리고 다른 이해집단을 대상으로 비용과 편익의 범위는 어떻게 설정하는지?
- 중복계산은 없는지?

종전에는 규제의 영향이 확실하게 측정되어야 한다는 것이 암묵적으로 가정되었으나 제대로 실현되지 않았다. 아래는 불확실성 또는 위험을 고려한 사항이다. 이들은 ① 비용과 편익의 측정 시 물가상승률 등 주요 (매개)변수에 대해 어떤 가정을 부여하는가? ② 동 매개변수가 변동할 경우 비용과 편익의 추계는 어떻게 달라지는가? ③ 영향 평가 시 그들의 최대치 또는 최소치 그리고 기대치가 각각 계산되는가? 이다.

통상의 경제영향평가에서 보건·안전·환경문제와 불확실성 또는 위험 등을 다루는 경우는 '확실히 영향을 파악할 수 없는' 상황에 비해 빈번하다. 그리고 다양한 확률적 사안은 특별한 영향을 수반한다.

확률적 사안과 관련된 질의

- 특별한 영향에 관련되는 사건 및 가능성 집합은 무엇인가?
- 확률 개념은 그런 모든 경우에 적용할 수 있는가?
- 그럴 경우 확률 추계는 '반대 사안일 가능성을 과장하는 것'에 비판적인가?
- 화폐로의 가치는 위험 회피를 위해 지불하고자 하는 최대 금액을 반영하는 시장행태에 기반을 두고 있는가?

넷째, 대안 분석 결과의 제시와 순위결정(ordering)이다.

질의

- 순(純)현재가치에 입각하여 고려되는 대안들의 순위가 결정되었는가?
- 대안들은 '양적 영향'의 크기에 따라 각각 독립적으로 순서가 결정되었는가?
- 대안들 간의 다양한 상충관계가 부각되었는가?

3. 우리나라의 행정규제기본법과 규제관리 비용편익분석 틀[4)]

「행정규제기본법 제2조 제1항 제1호」에 의하면 "행정규제"는 국가나 지방자치단체가 특정한 행정목적을 실현하기 위해 국민의 권리를 제한하거나 의무를 부과하는 것으로서 법령 등·조례·규칙에 규정되는 사항을 일컫는다.

또 동법 제3조에서 행정규제의 적용범위와 비(非)적용범위를 나타내는바, 첫째, 적용범위는 규제에 관해 '다른 법률에 특별한 규정이 있는 경우'를 제외하고 아래와 같다.

- 허가·인가·특허·면허·승인·지정·인정·시험·검사·검정·확인·증명 등 일정한 요건과 기준을 정하여 행정기관이 국민으로부터 신청을 받아

4) 「규제영향분석서 작성지침」 국무조정실(2019.7.)

처리하는 행정처분 또는 이와 유사한 사항

- 허가취소 · 영업정지 · 등록말소 · 시정명령 · 확인 · 조사 · 단속 등 행정의무의 이행을 확보하기 위해 행정기관이 행하는 행정처분 또는 감독에 관한 사항
- 고용의무 · 신고의무 · 등록의무 · 보고의무 · 공급의무 · 출자금지 · 명의대여 금지 및 그 밖의 영업 등과 관련하여 일정한 작위 의무 또는 부(不)작위 의무를 부과하는 사항
- 그 밖의 국민의 권리를 제한하거나 의무를 부과하는 행정행위(사실행위를 포함)에 관한 사항이다.

둘째, 비(非)적용범위는 아래와 같다.

- 국회 · 법원 · 헌법재판소 · 선거관리위원회 및 감사원이 하는 사무
- 형사 · 행형(行刑) 및 보완처분 그리고 과징금 · 과태료의 부과 및 징수에 관한 사무
- 「국가정보원법」에 따른 정보보완 업무에 관한 사항
- 각 해당 법에 따른 징집 · 소집 · 동원 · 훈련에 관한 사무
- 군사시설군사기밀 보호 및 방위사업에 관한 사항
- 조세의 종목 · 세율 · 부과 및 징수에 관한 사항

행정규제에 대해 위 사항을 적용한 규제영향분석서를 활용함에 있어 규제자는 중앙행정기관 및 지방자치단체이고 피(被)규제자는 주요 영향집단 및 일반국민에 해당된다. 전자는 사전 규제영향분석을 통해 해당규제와 관련한 문제 및 목표를 정확히 정의하고 대안(규제 대안)을 탐색하는 등 불합리한 규제의 신설강화를 예방하고 최적의 정책대안을 선택하며 후자는 규제의 주요 내용과 영향의 유형 및 정도에 대한 종합적인 정보를 획득하고 다양한 의견을 제안하여 규제관련 입법 및 정책결정과정에 참여한다.

다음으로 규제의 대안 고려 시 각각의 장점과 단점을 구체적으로 서술한다. 예로, 대부업종의 신설문제를 현행 안과 대안1 및 대안2과의 비교를 통해 설명해본다.

〈표 2-1〉 규제 및 규제대안 예시

구분	주요 내용	장점	단점
현행 안(案)	대부 업을 인정하지 않는 현행 업종분류 유지	추가 비용 발생하지 않음	대부업종 양성화 되지 못해 기존 불법대금업자 방치
(대안 1) 허가제	특정요건 충족시키는 자에게 대부 업 허가	◦ 대부업자 통제용이 ◦ 불법채권추심 및 고리 등에 대한 이용자 보호	요건 불충족 시 불법 대금업자 양성화 저조
(대안 2) 신고제	신고만으로 대부 업 허용	사채업자 양성화 효과	◦ 사후 관리 문제 ◦ 무자격 업자 난립

상기의 규제관리 즉 규제비용관리는 비용편익분석과 직접 연계되어있다. 이에 따라 규제에 영향을 받는 집단별로 직접 및 간접의 비용과 편익을 산정하는 절차가 필요하다. 직접 및 간접 구분은 피(被)규제자 중 기업·소상공인에만 적용하고 그 외의 집단에는 적용하지 않는다. 규제영향분석에서는 영향을 받는 전체집단의 순편익{(④ + ⑤ + ⑥) - (① + ② + ③)} 또는 순(純)비용 {(① + ② + ③) - (④ + ⑤ + ⑥)}을 산정해 규제시행 여부를 판단하지만, 규제

〈표 2-2〉 규제의 영향집단과 직접 및 간접의 비용/편익

영향을 받는 집단		비용·편익분석			
		직접비용	간접비용	직접편익	간접편익
피(被)규제자	기업·소상공인	①	②	④	⑤
	일반 국민	비용 ③		편익 ⑥	
피(被)규제자 이외	기업·소상공인				
	일반 국민				
정부					

구분		개념
비용	직접비용	규제로 인해 피(被)규제자가 직접적으로 부담하는 비용
	간접비용	규제로 인해 피(被)규제자가 2차로 부담하는 비용
편익	직접편익	규제로 인해 피(被)규제자가 직접적으로 부담하는 편익
	간접편익	규제로 인해 피(被)규제자가 2차로 부담하는 비용

비용관리제에서는 피규제자의 간접적인 비용·편익과 제3자에 해당하는 '피규제자 이외'의 직·간접적 비용·편익을 제외하고 피규제자인 기업·소상공인의 순(純)비용(①-④; 직접비용–직접편익)을 연간비용으로 환산해 규제비용을 관리한다.

〈표 2-3〉 비용/편익의 직·간접 범위

구분		개념
비용	직접비용	행정부담, 노동(인건비), 교육훈련, 외부서비스(자문비용 등), 설비구입비, 원재료, 운영비(용품비용, 운영비용), 지연비용(규제로 인한 사업지연 등에 의한 영업 손실 등), 기타
	간접비용	수요 감소, 매출감소(상품단가 인상), 기회비용(규제로 인한 생산 및 영업 방식의 전환에 기인하는 이익의 감소)
편익	직접편익	비용절감, 규제 기인 정부보조금, 기타 영업이익(변경된 규제의 시행에 기인한 영업이익)
	간접편익	수요 증가(피(被)규제기업의 인지도·신뢰도 제고 및 품질향상에 기인), 매출증가(특정 원료 사용 근지 및 대체원료 매출증가), 환경오염·국민안전·삶의 질 등 개선

자료: 규제영향분석서 작성지침(2019. 7), 국무조정실.

4. 규제영향분석 사례

규제영향분석을 원만히 수행하려면 두 단계로의 접근이 필요하다. 규제의 영향 또는 충격이 상대적으로 작을 경우 분석방법이 덜 구체적이며 '점검 차원의' 규제영향분석(Screening RIA)을 시행한다. 반면, 규제의 영향이 중대한 경우 확대된 범위에서 구체적인 평가(또는 분석)를 요구하는 '완전한 수준'의 규제영향분석(Full RIA)을 사용한다. 점검수준의 규제영향분석 단계는 아래와 같다.[5)]

5) GAO(1980), 전게서.

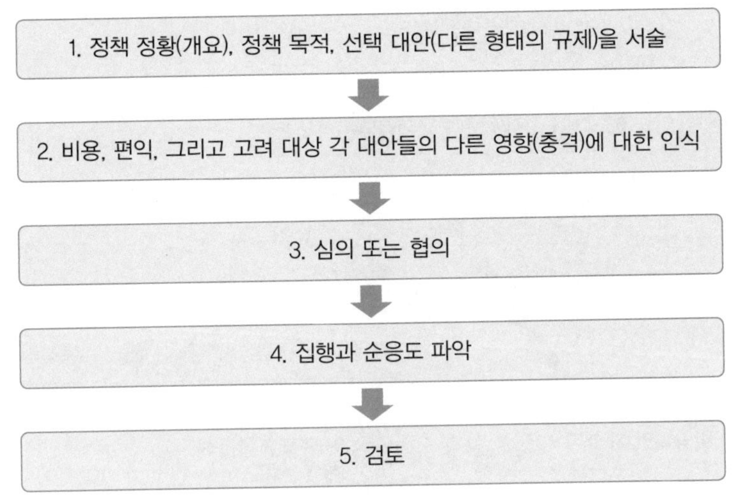

[그림 2-1] **점검수준의 규제영향분석 이행 단계**

하지만 '점검수준'의 규제영향분석 결과 '아래 조건 중 하나라도' 예상될 경우 아래의 '완전한 수준'의 규제영향분석(Full RIA)이 필요하다.

- 국가경쟁력에 부정적 영향이 존재할 때
- 사회적으로 소외되거나 위험에 노출된 계층에 부정적 영향이 존재할 때
- 환경적으로 심각한 파괴가 노출될 때 - '심각한' 영향은 경제 또는 사회 및 환경 부문에 실질적이고 가시적인 영향을 미치는 정도를 의미
- 해당 정책 또는 규제가 시장에 심각한 변화를 초래하거나 경쟁 또는 소비자에게 심각한 영향을 미칠 때
- 해당 규제가 시민 권리와 공정치 못한 관점으로 충돌할 때
- 해당규제가 편파적으로 순응부담(compliance)을 지울 때

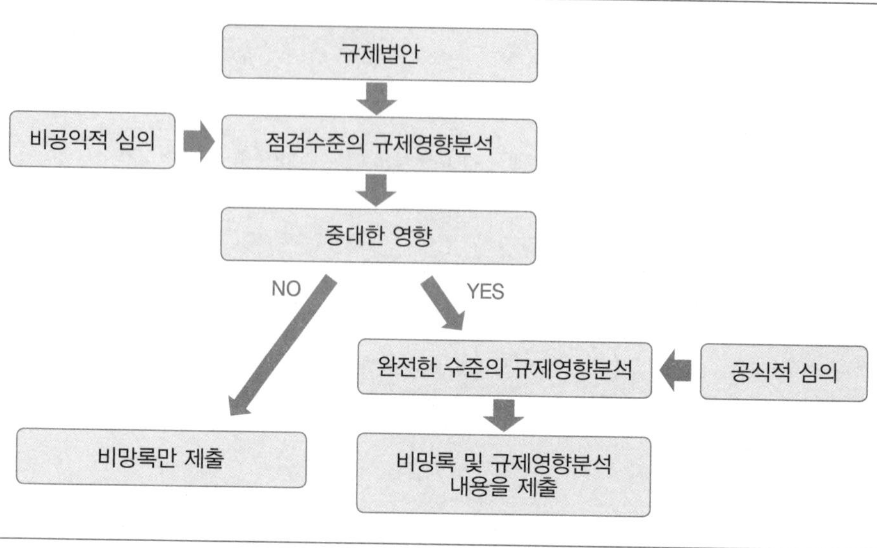

[그림 2-2] **규제영향분석 과정**

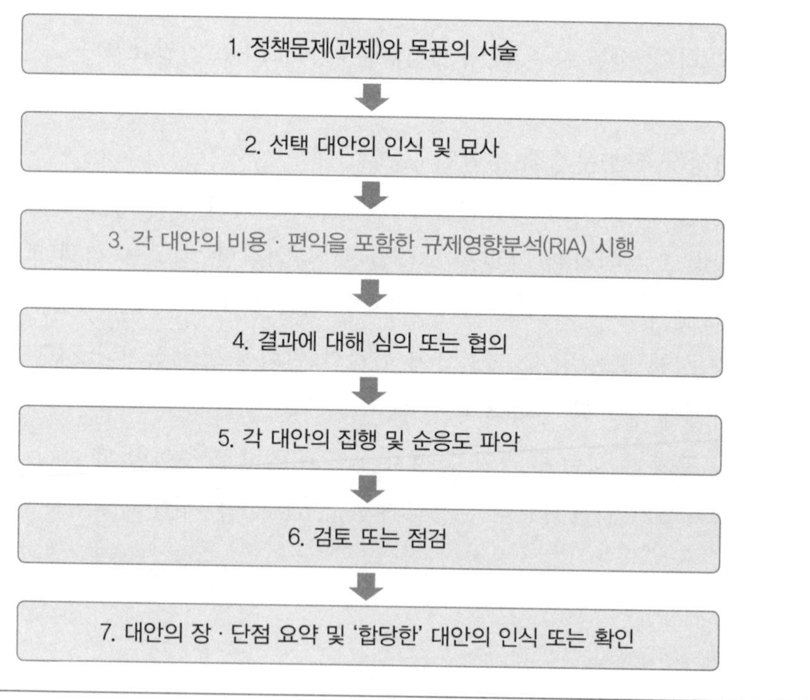

[그림 2-3] **완전한 수준의 규제영향분석(Full RIA)**[6]

6) '점검수준'의 규제영향분석은 '완전한 수준'의 규제영향분석(RIA)의 한 과정으로 볼 수 있다.

상기 방법론적 원칙을 감안한 규제영향분석의 3가지 결과(하나는 수익성분석)를 살펴본다.[7)]

- 항공운송시장에서의 규제 해제가 미치는 경제적 영향
- 해당산업에의 진입 유연성이 시장점유율 상위 5개 회사(Big Five)와 하위 5개 회사(Small Five)의 수익성에 미치는 경제적 영향
- 아황산가스의 규제 해제가 미치는 경제적 영향을 각각 분석한 것이다.

〈표 2-4〉 항공 산업 규제 해제의 경제적 영향

경제적 영향 (economic impact)	편익	비용	해당항목의 규모	비고 (특기 사항)
실제 및 추가 승객에 대한 연간항공료 경감(1974년 달러 기준)	○		5억~34억 달러의 범위에서 기대 값은 18억 달러	가정은 GAO 연구를 인용, 기대 값은 탄력도 -1.3을 기초로 산정
현존 '신축적 진입'제도로부터의 연간 세전이윤 증가(1974년 달러 기준)	○		기대 값 8억 달러, 상황이 나쁠 경우 2억 달러	가정은 DOT의 연구, 항공료 가변성 및 새 기업 진입의 효과는 계산하지 않음
항공료(운임)자유화로부터의 연간 세전이윤 증가(1973년 달러 기준)	○	○	-4천억 달러 12억 달러 -7억 달러	탄력도 -1.3 탄력도 -2.5 탄력도 -0.7
차선상태(suboptimal)기준 비가격 경쟁의 제거에 기인한 연간 이윤 증가	○		큼(large)	추정치 규모는 산업의 구조상 경쟁 정도에 의존
작은 마을에의 항공서비스 붕괴		○	연간 1백만 달러	작은 마을을 위한 수송부(DOT)에 의한 항공서비스 보조금 유지, 규제보조금은 무시
안전 위험		○	알 수 없음	규제철폐 · 이윤 · 안전지출 간의 관련성(tie)에 따라 결정

자료: GAO.

7) GAO(1980), 전게서. 동 RIA 결과들은 자료가 오래된데다 서술 목적을 결과의 예시(例示)에 두었으므로 배경과 도출과정을 생각하였다.

〈표 2-5〉 항공 산업의 진입 신축성(규제)이 '상이한 규모'의 항공사(Big Five, Small Five)의 수익성에 미치는 영향

(단위: $)

항공사	기준연도 (1974)	처음 기간	중간기간 (최악의 경우)	중간기간 (기대 결과)
American	17.4	48.2	21.7	97.9
Eastern	33.7	21.5	40.5	103.9
Delta	150.1	174.8	139.5	198.7
TWA	(0.4)	26.3	31.6	90.5
United	201.5	271.7	196.9	301.6
소계(Big Five)-세전(歲前)	402.4	542.5	430.2	792.6
Braniff	24.5	33.8	70.1	93.9
Continental	13.5	25.1	42.2	67.8
National	47.4	67.3	66.2	89.0
Northwest	76.3	120.8	129.2	158.1
Western	37.5	31.9	39.2	66.1
소계(Big Five)-세전(歲前)	199.2	278.8	346.8	474.9

〈표 2-6〉 아황산가스 규제 해제의 경제적 영향

경제적 영향	편익	비용	해당항목의 규모	비고(특기 사항)
역(逆) 건강		○	현시된 효과 없음	국가 AAQS(대기 질 기준 또는 허용한도)를 충족할 만한 대기 질(추정)
부식(腐食)		○	(비용) 연간 1.6~1.7백만 달러(특정연도 기준)	국가 AAQS 기준을 만족할 정도의 대기 질
식물(성장) 파괴		○	(비용) 소량	◦ 국가 AAQS에 근접한 이산화황·이산화질소의 일정 복합 량에 기인하는 수확 량 감소 증거 ◦ 국가 AAQS에 근접한 이산화황·이산화질소의 일정 복합 량에 기인하는 화훼파손 증거
가시성(可視性) 훼손		○		해당규모는 크게 또는 상대적으로 습도에 의존
경제성장	○		(편익) 알 수 없음	실질개인소득의 증가는 '현존하고 가망 있는' 메릴랜드(Md.) 기업의 탈규제에의 반응에 의존적

비용절감	○		연간 70~8백만 달러(특정 연도 기준) 또는 700~6,200만 달러	국가 AAQS를 정확히 충족시키는 대기 질
소득-건강 효과	○		(편익) 알 수 없음	-
이전사항(Transfers)	-	-	알 수 없음	-

자료: 미국 의회 GAO.

규제영향분석(RIA) 수행 시 규칙[8]

1. 수행할 것(DO)

◦ 규제영향분석을 정책개발과정에 가능하면 빨리 적용

◦ 초기단계에서 의견 청취

◦ "RIA의 결과를 읽는 사람들이 해당정책 영역에 친숙하지 않을 수 있음"을 인지

◦ 명백하고 이해 가능한 언어를 사용

◦ 가장 특징적이고 타당한 쟁점을 요약

◦ 규제영향 평가 시 조성되는 가정들을 상세히 서술

◦ '균형 잡힌 분석' 원칙을 준수

2. 수행하지 않을 것(DO NOT)

◦ 설명 없이 기술적 특수 용어 또는 약어(略語)의 사용

◦ 한 가지 선택대안에만 분석을 제한

◦ 최선의 시나리오에 바탕을 둔 비용추계에 바탕

◦ 사회적 · 환경적 그리고 다른 무형(intangible)의 영향을 무시

규제영향평가(RIA) 관련 분석기술

■ 비용편익분석(Cost-Benefit Analysis)

비용편익분석(비용편익분석)은 제안된 규제 또는 정책(안)의 비용 · 편익을 조사하는데 사용되는 분석기술이다. 직접적인 비용 · 편익을 포함하여 모든 관련된 비

8) Department of the Taoiseach(2005), 전게서.

용 · 편익이 고려대상이며 비용편익분석의 일반적 원칙은 규제 또는 정책안의 경제적 · 사회적 편익이 경제적 · 사회적 비용보다 클 경우 바람직하다는 사실을 전제로 한다.

■ 비용-효과분석(Cost-Effectiveness Analysis)

실제로 비용편익분석에 비해 자주 사용되는 기법으로서 특정 정책목표를 달성할 수 있는 대안들 비용을 비교하는 기법이며 규제가 초래하는 주요 비용 · 편익이 금액으로 표시될 수 없는 경우에 사용된다. 단점은 당연히 검토되어야 할 편익에 대해 통찰력을 제공하지 못하고 또한 바람직한 수준의 편익이 가치가 있는 것인지 그리고 '예기치 못한 간접적인' 영향을 인식하지 못하는 것이다.

■ 다중기준분석(MCA; Multi-Criteria Analysis)

다중기준분석은 정책(규제)목표를 얼마나 잘 달성하는지를 일련의 기준을 바탕으로 평가하는 분석기술이다. 목표 달성을 위한 각 대안의 상대적 성과는 그들의 상대적 비용을 검토함으로써 가능하다. 즉, 정책대안의 비교는 어느 대안이 확인된 기준을 잘 충족시키면서 전반적인 목표를 잘 달성하느냐는 것이며, 그 같은 의미에서 기준들의 가중치 개발이 중요하다.

■ 시나리오 분석(Scenario Analysis)

시나리오분석은 특정의 규제 또는 정책(안)과 관련하여 다양한 불확실성 또는 위험이 존재할 때 유용하게 사용하는 분석기법이다. 이는 다수의 변수 또는 요인들의 값이 동시에 변동할 때 규제안 또는 정책안의 예상되는 결과를 비교한다.

■ 민감도분석(Sensitivity Analysis)

민감도분석은 규제 또는 정책안의 결과들이 하나의 변수 또는 요인의 값이 변동할 때 순(純)현재가치 또는 내부수익률이 어떻게 영향을 받는지를 분석하는 기법이다.

■ 일몰제도(Sunsetting)

하나의 규제가 생성될 때 그것이 재생되지 않음을 전제로 특정 날짜에 파기되도록 지정하는 것이다. 이로써 해당 규제가 미래의 합의된 날짜에 공식적으로 검토될 수 있기 때문에 그것이 여전히 유효한지 아니면 개선 · 경감 또는 폐지될 수 있는지를 판단할 수 있다.

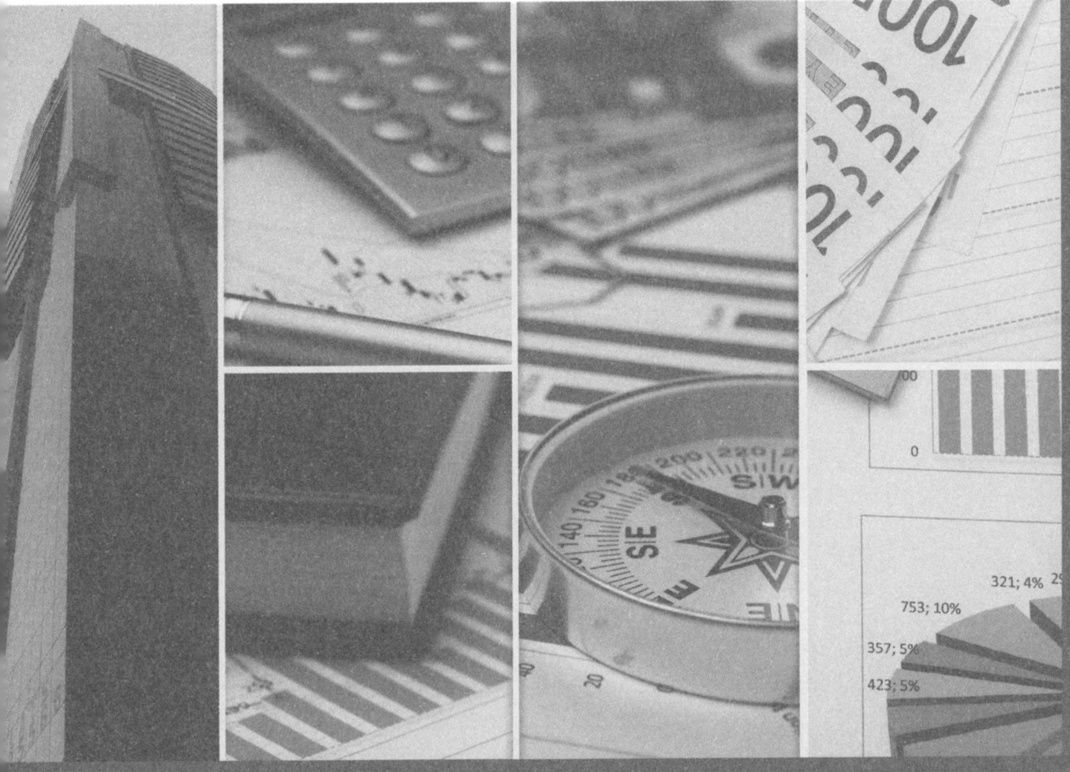

제 3 장

합리적인 규제 관리

합리적인 규제관리는 객관적이고 정확한 규제영향분석을 전제로 한다. 규제영향분석은 행정적 차원에서 규제담당자가 민간 경제주체에 의해 제기된 문제를 해결하기 위해 규제 또는 비(非)규제대안을 대상으로 경제 및 사회 전반에 미치는 영향을 비교·검토함으로써 선택이 가능하도록 하는 일련의 의사결정수단이다. 우리나라는 행정규제기본법 제7조에 의해 신설되거나 강화되는 모든 행정규제는 규제영향분석서를 작성하도록 되어있다.

이러한 여건에서 현행의 규제관리체계를 합리적으로 운영하여 규제의 목표 또는 성과 를 효과적으로 달성하기 위해 필요한 몇 가지 요건이 있다.[1)]

예로, 국무조정실에서 제시한 바 첫째, 규제영향분석 시 비용 및 편익에 대한 정확하고 객관적인 결과 치 산출이 필요하다. 시행 예정인 규제의 각 건(件)에 대해 '규제영향분석서 작성지침'에 제시되어 있는 '정부, 피(被)규제자, 피(被)규제자 이외' 등 영향집단을 잘 정의하고 해당 비용·편익의 신뢰성 있는 결과 치를 제시하도록 한다. 구체적으로 비용 및 편익(또는 비용절감)의 측정에 있어서는 복잡한 현실을 고려해 앞의 사례(〈표 2-4〉~〈표 2-6〉)에서 보듯 단일 값이 아니라 주어진 여건을 전제로 일정범위의 기대치 또는 '상황이 나쁠 경우' 등 시나리오 형식으로 다양하게('알수 없음'까지 포함) 결과 치를 제시할 수 있다.

둘째, 규제 현황에서 보듯 현행 42개 중앙행정기관들이 그 설치근거 또는 기능에 맞춰 독립적으로 규제를 관리하고 있는바, 유사한 행정기능을 수행하는 부처 간 또는 동일 부처 내에서 규제 내용 역시 유사하거나 중복될 가능성을 배제할 수 없다. 국민경제에 미치는 규제의 기능 또는 역할을 기준으로 중복성이 있다면 부처 간 또는 부처 내로 통합하여 관리하는 것이 바람직하다.

셋째, 국가마다 규제관리방식은 다양하게 나타난다. 크게 두 가지 유형이

---

1) 『규제개혁에 있어 행정부와 입법부 간 협력방안에 관한 연구 – 한국·미국의 제도 비교를 중심으로–』, 한국행정연구원 수시과제(이영환·이남수·이환성, 2016) 중에서 작성했던 일부분을 인용·정리했다.

있다. 하나는 우리나라처럼 중앙부처별(또는 기관별)로 규제를 설치하고 관리하는 방식이고, 다른 하나는 미국연방정부처럼 기능 또는 주제별로 규합해 관리하는 방식이다. 나름대로 장단점을 갖고 있지만 후자의 경우 개별 주제를 중심으로 '각 부처들의 규제'들을 통합 관리하는 방식이라는 점에서 전자에 비해 효율적으로 판단된다.

미국의 연방규제법전(CFR)에 의하면 연방정부 차원에서 50개 영역(또는 주제)의 틀을 통해 규제를 관리하고 있다(부록 1). 지방정부 차원에서도 규제틀을 운영한다. 호주(연방 국가)의 퀸즈랜드(Queen's Land) 주(州) 정부는, 우리나라 지자체가 중앙정부 규제를 운영하고 그 개선사항을 점검·건의하는 것과는 달리, 재정사업 등 지방정부 운영 관련 총 20개 장(章: 항목)으로 구성된 틀을 갖고 있다.[2)]

〈표 3-1〉 호주 퀸즈랜드 지방정부 규제 현황(2012년 기준)

장(chapter)	1 (서문)	2 (지방정부)	3 (지방정부 사업)	4 (지방세 및 이용료)	5 (재정계획 및 책임성)
항(part)의 내용	(항의 내용은 없지만 세부내용은 존재)	(1항)지방정부 지역, 명칭 및 묘사 (2항)지방정부 지역 변경, 명칭 및 묘사	(1항)지방 법 (2항)'경쟁'을 포함한 사업개혁 (3항)도로 및 기타 사회간접자본 등 4개 항	(2항)비과세토지 (3항)과세용 토지의 가치 (9항)지방세 및 이용료의 부과 및 조정 등 13개 항	(1항)재정 관리시스템 (2항)재정계획 (3항)재정 책임성 등 12개 항
장(chapter)	6 (계약)	7 (지반정부 법의 점검 및 실행)	8 (관리)	9 (기타 규정)	10 (보조금위원회)
항(part)의 내용	(2항)전략적 계약절차 (3항)계약절차의 불이행 (4항)특별한 계약관리 등 5개 항	(항의 내용 없고 세부내용 생략)	(1항)시의회의원 (2항)지방정부 회합 및 위원회 (3항)지방정부 피고용인 등 5개 항	(1항)청문회 개최방법 (2항)노년(정년)퇴직 (6항)지방정부의 자산손실 등 6개 항	(항의 내용은 없지만 세부내용은 존재)

2) 호주 Queen's Land 지방(州)정부소관 규제 현황은 「Local Government Regulation 2012」에 의해 작성된다. 서문을 포함하여 총 20개 장(chapter)과 그에 따른 세부내용(항, 절, 명세서 등)으로 구성되어있다.

미국처럼 규제 틀을 정해 놓으면 국민이 그 내용을 쉽게 파악할 수 있을뿐더러 자체로서 규제 틀이 쉽게 변하지 않는 장점을 가지게 된다. 2020년 10월에 개정된 미국연방정부 규제도 다른 항목(49개)은 그 내용 및 나열 순서의 변동 없이 그대로이지만 35번째 항목은 종전 "파나마운하관리법"에서 현행은 "유보(Reserved)"로 표시되어 있다. 이는 규제의 전체 틀이 바뀌지 않은 채 그 자리에 '다른 주제의 규제'가 편입됨을 시사한다.

이 같은 미국·호주의 규제관리시스템이 갖는 장점은 새로운 규제가 신설될 때 기존의 주제에 맞는지 또는 기존 주제와 중복되는지 여부를 쉽게 판단할 수 있으므로 새로운 규제의 설치가 용이하지 않다는 데 있다. 물론 규제관리시스템은 해당 국가의 정치제도 등 여러 요인에 따라 다를 뿐 아니라 규제는 경제·사회적 상황의 변화 또는 필요성에 따라 그 수가 증가하거나 감소할 수 있다. 하지만, 합리적인 규제관리를 위해 국정운영 방향과 경제상황·기업여건에 부응하는 적절한 규제로써 규제 틀을 구축하고 규제 간 중복적이지 않는 등 자체로서 정합성(整合性)과 타당성을 구비하는 것이 바람직하다.

부록

미국 연방규제법전(CFR) 목록 - 2020. 10. 1 개정 기준

순서	목록(끝에 '법' 표기를 생략)	주요 내용
1	일반규정 (General Provisions)	◦ 미국 정부 편람 ◦ 연방정부 내 공식적인 배급(물) ◦ 일반 정부서류의 준비 및 전달 등
2	연방지원금과 협정 (Grants and Agreements)	◦ 마약 없는 일터에 대한 범정부적 요청(금융 지원) ◦ 적(敵)과의 절대 불가한 계약 ◦ 정부 시상(施賞)에 대한 균등한 행정 요구, 비용원칙, 그리고 회계감사(audit) 요구 등
3	대통령 (President)	◦ 행동의 표준 또는 규범 ◦ 행정절차법의 공공정보 규정 ◦ 대통령 집무실 활동 또는 프로그램에서의 불리한 조건(handicap)에 근거한 차별 금지 강화 등
4	회계 (Accounts)	◦ 피고용인 성과와 활용 ◦ 보험과 연금 ◦ 정부책임처(GAO) 건물 내 및 그 구내(區內)에서의 행동 등
5	인사처 (Administrative Personnel)	◦ 경쟁시스템을 통한 임명 ◦ 규제, 조사, 집행 ◦ 총 노동력(workforce) 정보 등
6	국내안보 (Domestic Security)	◦ 기록과 정보의 공개 또는 열람 ◦ 분류된 국가보안정보 ◦ 로비활동에 대한 제한 등
7	농업 (Agriculture)	◦ 국가 환경 정책 법 ◦ 채무 관리 ◦ 패리티(농산물가격과 생필품가격 비율)가격의 결정 등
8	외국인과 귀화인 (Aliens and Nationality)	◦ 이민자 편익, 수명 측정 요구, 기록의 유용성 ◦ 이민자 청원 ◦ 망명자(refugee) 허가 등
9	동물과 동물생성물 (Animal and Animal Product)	◦ 동물복지 법에서의 절차를 관리하는 실행규칙 ◦ 말 보호 규제 ◦ 결핵으로 인해 목숨을 잃은 동물 등
10	에너지 (Energy)	◦ 연방정부 보조를 받는 교육프로그램 또는 활동에서의 성차별 금지 ◦ 채무 수금(收金) 절차 ◦ 기관의 법적 절차에서 정의 법(Justice Act)에의 동등한 접근 보장 등

9	동물과 동물생성물 (Animal and Animal Product)	◦ 동물복지 법에서의 절차를 관리하는 실행규칙 ◦ 말 보호 규제 ◦ 결핵으로 인해 목숨을 잃은 동물 등
10	에너지 (Energy)	◦ 연방정부 보조를 받는 교육프로그램 또는 활동에서의 성차별 금지 ◦ 채무 수금(收金) 절차 ◦ 기관의 법적 절차에서 정의 법(Justice Act)에의 동등한 접근 보장 등
11	연방선거 (Federal Election)	◦ 공공기록과 정보 법의 독립 ◦ 행위의 기준(또는 표준) ◦ 행정부 채무의 수금(收金) 등
12	은행 및 금융 (Bank and Banking)	◦ 자본 적절성 기준 ◦ 기업 활동의 규칙 · 정책 · 절차 ◦ 국가 은행의 수탁자로서의 활동 등
13	기업신용과 보조 (Business Credit and Assistance)	◦ 기록 공개와 비밀 ◦ 소기업 투자 동반자들 ◦ 새로운 시장 모험자본 프로그램 등
14	항공 및 우주항공 (Aeronautics and Space)	◦ 안전관리시스템 ◦ 일반적인 규칙창출 절차 ◦ 항의 및 계약분쟁 절차 등
15	상업과 무역 (Commerce and Foreign Trade)	◦ 불법행위 청구 법 하(下)의 소송 중재 및 처리 절차 ◦ 국가보안정보의 분류 · 비분류 및 공적 가용성 ◦ 인플레이션에 대한 공공의 금전적 · 처벌적 조정 등
16	실제상거래 (Commercial Practice)	◦ 판결절차에 대한 실행 규칙 ◦ 불법적 사례의 예방에 대한 지침서 적용 ◦ 보석 · 귀금속 · 백랍 산업에 대한 지침서 등
17	증권 상품 및 증권거래소 (Commodity and Security Exchange)	◦ 증권상품 공동출자금 운용자와 거래 자문 ◦ 비교환(off-exchange) 외환거래 ◦ 해당위원회의 보완 · 개정된 재산등록규칙 등
18	전력 및 수자원의 보존 (Conservation of Power and Water Resources)	◦ 사업비용의 면허 · 증명 · 예외 그리고 결정 ◦ 면허의 양도 또는 종결 ◦ 허가증의 이전과 사업재산의 차용 등
19	관세 (Custom Duties)	◦ 상품의 특별 유형 ◦ 한시적으로 무관세 처리되는 특정 수입품 ◦ 원산지 규정 등
20	피고용인 혜택 (Employee' Benefit)	◦ 연방 피고용인 개정보상법에 따른 보상청구 ◦ 미국 밖 비(非)시민 피고용인의 죽음과 불구에 대한 보상 ◦ 전쟁위험보상법(개정)에 따른 보상청구 등

21	식료품과 의약품 (Food and Drugs)	◦ 혼합제품에 대한 규제 ◦ 식품·약품 투여 이전의 규정된 청문회 ◦ 환경적 영향 고려 등
22	국제관계 (Foreign Relations)	◦ 해외 정부로부터의 선물과 장식물 ◦ 특정 국제에너지프로그램에 적용되는 보안정보 규제 ◦ 외무부직원 임명 등
23	고속도로 (Highways)	◦ 교육 및 훈련프로그램 ◦ 고속도로 안전기금 지정을 위한 공공도로 마일 수 (mileage) ◦ 국가적 성과관리수단 등
24	주택 및 도시개발 (Housing and Urban Development)	◦ 주택도시개발부 직원에 대한 보상 ◦ 행정부 전체의 금지와 중지(非 조달) ◦ 저당심사위원회 등
25	인디언보호 (Indians)	◦ 재정보조 및 사회봉사 프로그램 ◦ 인디안 아동복지법 ◦ 직업 배치 및 훈련프로그램 등
26	연방세수 (Internal Revenue)	◦ 자본건설펀드 ◦ 1978 정부수입 법에 따른 일시소득세 규정 ◦ 일시소득세 규정과 의원 여행경비 등
27	알코올, 담배제품 및 총기류 (Acohol, Tobacco Products and Firearm)	◦ 맥아음료의 명칭 부여 및 광고 ◦ 미국의 포도재배(viti-cultural) 지역 ◦ 알코올음료의 건강 경고 발언 등
28	사법행정 (Judicial Administration)	◦ 행정적이며 공민(公民)적 범죄로 인한 재산몰수에 대한 사면·경감과 관련된 규제 ◦ 미국 내 특정 활동조직의 등록 ◦ 핵무기 및 특별한 핵물질(반환)에 대한 보상관련 규제 등
29	노동 (Labor)	◦ 계약자를 위한 최저임금 설정 ◦ 노동부소관 국가 환경정책 법 승낙 절차 ◦ 연방정부직원의 유급병가제도 유치 등
30	광물자원 (Mineral Resources)	◦ 휴대용 메탄 탐색기 ◦ 내화성을 지닌 유압 유체 ◦ 허가 가능한 디젤연로 이동 수송 장비에 대한 승인요건 등
31	화폐와 재정: 재무부 소관 (Money and Finance: Treasury)	◦ 부재·불구·결원의 발생 시 특정 사무의 기능 및 의무를 대신 수행하는 지정 공무원 ◦ 로비활동에 대한 새로운 제약 ◦ 연방정부 재정보조를 받는 활동 또는 프로그램에 있어 인종·피부색·출신국가 등에 근거한 차별 금지 등

32	국방 (National Defence)	◦ 이익단체의 교부 및 동의에 대한 행정적 요구사항 ◦ 기술투자협정 ◦ 국방부 설비(설치)에 대한 개인적·상업적 간원(懇願) 등
33	근해항공 및 연안항해수로 (Navigation and Navigable Waters)	◦ 해안경비정 및 항공기에 대한 차별적 표시 ◦ 해안경비대 사관후보생 ◦ 항해시스템에 대한 미국의 보조 등
34	교육 (Education)	◦ 정의에 대한 동등한 접근 ◦ 교육부장관이 수행한 교육프로그램에 의해 미국정부에 채무를 진 공무원의 임금 상계 ◦ 프로그램 사기(詐欺)에 대한 공공대처 법 등
35	유보(Reserved)	-
36	공원, 산림, 연방공공재산 (Parks, Forests, Public Property)	◦ 국립공원의 구내매점 피고용인에게 적용되는 노동기준 ◦ 광물 관리 ◦ 특정 야생동물의 처리 등
37	특허, 상표등록 및 출원 (Patent, Trademark, Copyrights)	◦ 상표법에 따른 재화 및 용역의 분류 ◦ 저작권(판권) 청구의 예비등록 및 등록 ◦ 함정 디자인 방지 또는 예방 등
38	연금, 상여금, 제대군인지원(Pension, Bonus, Veteran's Relief)	◦ 미국정부 생명보험 ◦ 군인 및 항해사에 대한 공민으로서의 구제 ◦ 퇴역군인의 개인 자금의 성격과 효과 등
39	우편서비스 (Postal Service)	◦ 우체국 보호 ◦ 우체국 재산 관리 ◦ 국방부와의 관계 등
40	환경보호 (Protection of Environment)	◦ 인간 실체(human subject)의 보호 ◦ 환경보호기관의 프로그램 및 활동이 대상인 정부간 검토 또는 심사 ◦ 주 또는 지방정부의 보조 등
41	공공계약 및 재산관리 (Public Contract and Property Management)	◦ 성별 차별 ◦ 피고용인 선택 절차에 대한 일률적인 지침서 ◦ 종교 또는 국적에 근거한 차별에 대한 지침서 등
42	공공보건 (Public Health)	◦ 약값 프로그램 ◦ 합성마취약(opioid)의 사용 혼란에 대한 사려 깊은 처리 ◦ 외국인에 대한 의학적 조사 등
43	공공택지- 내무부 소관 (Public Lands: Interior)	◦ 유보사업 토지에 대한 내무부·국방부의 상호 정책 ◦ 자연자원 파괴 평가 ◦ 내무부의 연방정부 보조 프로그램의 차별 금지 등

41	공공계약 및 재산관리 (Public Contract and Property Management)	◦ 성별 차별 ◦ 피고용인 선택 절차에 대한 일률적인 지침서 ◦ 종교 또는 국적에 근거한 차별에 대한 지침서 등
42	공공보건 (Public Health)	◦ 약값 프로그램 ◦ 합성마취약(opioid)의 사용 혼란에 대한 사려 깊은 처리 ◦ 외국인에 대한 의학적 조사 등
43	공공택지- 내무부 소관 (Public Lands: Interior)	◦ 유보사업 토지에 대한 내무부·국방부의 상호정책 ◦ 자연자원 파괴 평가 ◦ 내무부의 연방정부 보조 프로그램의 차별 금지 등
44	연방재난관리 및 보조 (Emergency Management and Assistance)	◦ 기후 비상사태 지원 센터와 비상사태 국립훈련센터의 관리 ◦ 변함없는 재배치 보조와 연방정부 및 연방정부 보조 프로그램을 위한 재산 획득 ◦ 토지 관리 및 사용에 대한 범위 등
45	공공복지 (Public Welfare)	◦ 정부에 대한 불법행위 청구권 ◦ 외국인 의사에의 의존도 경감을 위한 포괄적 계획의 평가 범위 ◦ 국가 개업의(開業醫) 데이터은행 등
46	해운 (Shipping)	◦ 배 또는 상선(商船) 조사의 대안 ◦ 선원 상인의 선적(船積)과 하선(下船) ◦ 민간 어선에의 요구 사항 등
47	통신 (Telecommunication)	◦ 주파수 할당과 라디오방송의 약정 문제; 일반적 규칙과 규제 ◦ 교신에 대한 일시 불통 ◦ 오픈 인터넷의 보호 등
48	연방정부조달 규제시스템 (Federal Acquisition Regulation System)	◦ 사생활 보호와 정보의 자유 ◦ 다른 사회경제적인 프로그램 ◦ 비용회계 기준 관리 등
49	수송 (Transportation)	◦ 불구자 개인의 수송; 승객 이용 배 ◦ 수송 현장의 마약 및 알코올 검사프로그램 절차 ◦ 지상(surface) 수송사업의 신용보조 등
50	야생조수 및 어업자원보호 (Wildlife and Fisheries)	◦ 식물의 수입과 수출 ◦ 동식물의 서식 범위와 야생동물 관리 ◦ 자연환경 보전지역 보호 및 관리 등

주: 상기 규제 항목의 자세한 내용은 미국 연방정부의 "Code of Federal Regulation List of Subject"(2020.10.01.)을 참조.

국무조정실, 「규제영향분석서 작성지침」, 2019.
김동건, 「비용·편익분석」, 박영사, 2016.
김연진(2015). 「문화시설 건립타당성 조사 가이드라인 개발을 위한 기초연구」, 한국문화관광연구원.
나성린·전영섭·홍성훈, 「공공경제학」, 박영사.
문경일·임창호(2003). 「도시여가공간으로서 고궁의 이용가치 평가」, 『국토계획』, 대한국토·도시계획학회, 38(2); 191-201.
배득종·김성수·유평준(1995). 민자유치론: 도시 및 사회공익시설을 중심으로. 박영사.
배득종·유승원(2014), 신재무행정(제3개정판), 박영사.
예비타당성조사 운용지침(기획재정부 훈령 제526호)
옥성수 외(2009). 「문화재의 공익적·경제적 가치분석 연구」, 한국문화관광연구원.
이만우·주병기, 「재정학」, 율곡출판사, 2015.
이희승·조민·박종구(2006). 「창덕궁의 사용가치 추정-조건부시장 가치평가법의 적용」, 『관광레저연구』, 한국관광레저학회, 18(2);211-225.
임봉욱, 「공공경제학」, 율곡출판사, 2015.
임상오·유승훈(2009). 「안성 남사당 바우덕이 풍물단의 비시장적 가치」, 『문화경제연구』, 한국문화경제학회, 12(2); 143-169.
정민섭·박선희·한혜숙(2008). 「CVM을 이용한 근대문화유산의 가치평가에 관한 연구: 인천 최초사 박물관의 건립사례를 중심으로」, 『호텔경영학연구』, 한국호텔경영학회, 17(3); 175-195.
지방재정투자사업 심사규칙(행정안전부령 제200호)
한국정부회계학회. 2009. 한국정부회계 인프라 구축과 과제. 춘계세미나
한국지방행정연구원, 「지방재정투자사업 타당성 조사 수행을 위한 일반지침」, 2016.
한국지방행정연구원. 2020. 지방자치단체 재정분석 편람.
한국행정연구원, 「규제개혁에 있어 행정부와 입법부 간 협력방안에 관한 연구 – 한국·미국의 제도 비교를 중심으로-」, 수시 과제(이영환·이남수·이환성), 2016
한상현(2007). 「이중양분선택형 조건부 가치추정법을 이용한 문화유산 관광자원의 가치평가」, 『관광학연구』, 한국관광학회, 31; 443-464.
행정안전부, 「지방재정투자사업 심사 및 타당성 조사 매뉴얼」, 2019.
KDI 공공투자관리센터. 2008. 도로 철도 부문 사업의 예비타당성조사 표준지침 수정 보완 연구(제5판)
KDI 공공투자관리센터. 2008. 수자원부문 사업의 예비타당성조사 표준지침 수정 보완 연구(제4판)

KDI 공공투자관리센터. 2008. 연구개발부문 사업의 예비타당성조사 표준지침 연구-연구기반구축 사업을 중심으로.

LIMAC(2016). '○○실내체육관건립 및 ○○공원조성 타당성조사'(비공개자료).

上田 孝行(편저). 홍성희. 홍창국(역). 2016. 엑셀로 배우는 지역 도시경제 분석: 비용편익분석 길잡이. 도서출판 씨아이알.

A Government White Paper, *Regulating Better*, Stationary Office Dublin, 2004.

Baumol. W.J., & W.G. Bowen,(1996), *Performin Arts-The Economic Dilemma*, MIT Press.

Belli, P., Anderson, J. R., Barmum, H.,N., Dixon, J.A., Tan, J-P(2001), *Economic Analysis of Investment Operations. Analytical Tools and Practical Applications*, WBI, World Bank, Washington D.C.

Boardman, A.E., Greenberg, D.H., Vining, A.,R. and Weimer, D.L. (2006), *Cost-Benefit Analysis Concept and Practice*, 3rd edition, Upper Saddle River, New Jersey: Peaeson Prentice Hall.

Bordman, Anthony E; David H. Greenberg; Aidan R. Vining; David R, Weimer (2001) *Cost-benefit Analysis*: Concepts and Practice, Person Education.

Campbell, H. and Brown, R. 2009. *Benefit-Cost Analysis: Financial and Economic Appraisal Using Spreadsheets*. Cambridge University Press.

European Commission, *Guide to Cost-Benefit Analysis of Investment Project-Economic Appraisal tool for Cohesion Policy 2014-202*0, 2015.

Evans, D. (2007), 'Social Discount Rates for the European Union', in Florio, M., (ed.), *Cost-Benefit Analysis and Incentives in Evaluation. The Structural Funds of the European Union*, Cheltenham, U.K.: Edward Elgar Publishing.

Florio, M. (2014), Applied Welfare Economics: Cost-Benefit Analysis of Project and Policies, Routledge.

GAO, "A Technical Guide to Assessing and Preparing Economic Impact Analysis of Regulatory Legislature", 1980. pp. 52-85.

Government of Italy and the World Bank in cooperation with NESCO(1999), Culture Conts: Finanicing, Resources, and the Economics of Culturein Sustainable Development(Proceedings from the conference held in Florence, Italy, Oct. 4-7).

Guillemo-Peon, S.B. and Harberger, A.C. (2012), "Measuring The Social Opportunity Cost of Labor in Mexico", *Journal of Benefit-Cost Analysis:* vol. 3, Issue 2, Article 1.

Hepburn, C. (2007), Use of discount rates in the estimation of the cost of inaction with respect to selected environmental concerns, Working Party on National Environmental Policies, OECD.

Lalli, W. 2006. *Handbook of Budgeting*. Fith Edition. Wiley.

Maddison David and Terry Foster(2003) "Valuing congestion costs in the Ritish Museum", Oxford Economic Paper, 55:173-190.

Morisugi, H. and Miyagi, T. 1993. Benefit Incidence of Urban Ring Road – Theory and Case Study of the Gifi Ring Road. *Transportation,* 20: 285-303.

Musgrave and Musgrave. 1984. *Public Finance in Theory and Practice.* New York: McGraw Hill.

Nas.F. Tevfik(1996), *Cost-Benefit Analysis-Theory and Application-*, Sage Publications.

Noonan, Doug(2002) "Contingent Valuation Studies in the Arts and Culture: An Annotated Bibliography," The Cultural Policy Center (the University of Chicago),Working Paper, No.11.

RIA GUIDELINES, *How to conduct a Regulatory Impact Analysis*, Department of Taoiseach Government Buildings Dublin 2, 2005. pp. 11-16, 67-78, 106-112.

Saebeck, R. (1990), "Economic Appraisal of project. Guidelines for a simplified cost-benefit analysis", *EIB Paper No 15*, Luxemberg: European Investment Bank.

Serageldin, I.(1999), "very special places : The architecture and economics of intervening in historic Cities", Culture in Sustainable Development/The World Bank.

Snowball, J. D.(2008), Measuring the Value of Culture, Spinger.

________(2010) Measuring the Value of Culture-Methods and Examples in Cultural Economics-, Springer.

Stiglitz, J. 1986. *Economics of the Public Sector*. New York: W. W. Norton and Company.

Throsby. D.(1991), *Economics and Culture*, Cambridge University Press, London.

________(1999), Cultural Capital, Journal of cultural Economics 23;3-12.

Walsh, C. 2008. *Key Management Ratios. 4th Edition: The 100 ratios every manager needs to know*. London: Prentice Hall.

Walter Santagata & Giovanni Signorello(2000), "Contingent Valuation of a Cultural Public Good and Policy Design: The Case of Napoli Musei Aperti", Journal of Cultural Economics, 24; 181 – 204.

Winston Harrington, Lisa Heinzerling, Richard D. Morgenstern (2009), Reforming *Regulatory Impact Analysis*, Resource for Futuer Report.

규제정보포털(www.better.go.kr)
동아일보
조선일보
한국경제신문
Google.co.kr.

찾아보기

ㄷ

ㅁ

ㅂ

ㅅ

ㅇ

ㅈ

ㅊ

ㅋ

ㅌ

ㅍ

ㅎ

기타

공저자 약력

이남수

연세대학교 경제학과
연세대학원 대학원 경제학과
연세대학교 강사
연세대학교 경제대학원 강사
한양대학교 경영대학원 강사
국회 예산정책국, 예산정책처 근무
현재 연세대학교 미래캠퍼스 경제학과 겸임교수

배득종

연세대학교 미래캠퍼스 글로벌행정학과 교수
한국정부회계학회장 역임
NASPAA 논문상
대통령표창장

이 효

한국지방행정연구원 선임연구위원
행정학 박사(경희대학교)
한국정부회계학회지 편집위원장
지방재정공개 국민자문단 위원
지방투자사업관리센터(LIMAC) 소장

신두섭

일본 Kyoto University/Nagoya University 대학원(경제학 박사)
대통령직속국가균형발전위원회 정책연구관
행정안전부 정부합동평가단 평가위원
Australia RMIT University visiting fellow
한국지방행정연구원 기획조정본부장

비용편익분석 엑셀로 배우고 사례로 익힌다

발행일 2021년 2월 17일 초판 인쇄
2021년 2월 24일 초판 발행

지은이 이남수 · 배득종 · 이효 · 신두섭
발행인 황인욱
발행처 도서출판 오래

저자와 협의하여 인지첩부를 생략함

주 소 서울특별시 마포구 토정로 222 한국출판콘텐츠센터 406호
전 화 02-797-8786, 8787, 070-4109-9966
팩 스 02-797-9911
이메일 orebook@naver.com
블로그 blog.naver.com/orebook
출판신고번호 제 2016-000355호

ISBN 979-11-5829-200-3 93320

가 격 22,000원